吴晓明 / 著

论中国学术的自我主张

复旦大学出版社

国家社会科学基金重大项目"马克思主义与当代社会政治哲学发展趋势"
（项目批准号：12&ZD106）
教育部人文社会科学重点研究基地项目"西方马克思主义与黑格尔哲学研究"
（项目批准号：10JJD710003）

作者介绍

吴晓明　1957年生。1978年春就读于复旦大学哲学系，先后获哲学学士、硕士、博士学位。英国利兹大学，美国麻省理工学院、哈佛大学访问学者。现为复旦大学本科生院院长、复旦大学马克思主义研究院院长，复旦大学哲学学院教授、教育部长江学者特聘教授；国务院学位委员会第七届学科评议组成员，教育部哲学学科教学指导委员会副主任委员，上海市哲学学会会长。主要研究方向为马克思主义哲学、国外马克思主义以及中西哲学比较研究。著有《历史唯物主义的主体概念》《马克思早期思想的逻辑发展》《科学与社会》《形而上学的没落》等；在《中国社会科学》《哲学研究》《复旦学报》等杂志发表论文百余篇。

内容提要

　　由于世界历史的形成，由于现代性在其特定阶段上的绝对权利，中国自近代以来的人文学术和社会科学是从总体上进入一种对外部学术的学徒状态中去了。这种学徒状态在极为广泛的对外学习过程中取得了巨大的收获，并使学术在特定的境况中逐渐成长起来。但任何一种学术的真正成熟，总是伴随着它开始摆脱其学徒状态并获得自我主张，从而成为一种"自律的"或"自我-授权的"学术。学徒状态的不成熟性特别表现在学术上的外部依赖或单纯模仿，因而习惯于采用"外部反思"的思维方式，即仅仅知道一般的抽象原则，并把这样的抽象原则先验地强加到任何内容之上。为了能够摆脱学术上的学徒状态并获得自我主张，首先必须从外部反思这样一种主观意识的立场中解放出来；而在这方面能够给予我们深刻教益的，首先是黑格尔和马克思。因为正是这两位大哲在同主观意识的观点进行持续不断的斗争中，开辟了一条理解人类社会现实的道路。中国学术形成自我主张的确切标记，正在于它能够切中并把握中国的社会现实，能够深入这一社会的实体性内容之中，能够通过"文化结合"的锻炼使习得者成为能思的和批判的。

目 录

001/ 序言

001/ 一、论中国学术的自我主张

019/ 二、论中国学术话语体系的当代建构

035/ 三、论当代中国的精神重建及其思想资源

059/ 四、论中国的和平主义发展道路及其世界历史意义

085/ 五、"中国学派"及其学术话语权

091/ 六、"中国学派"如何成为可能

099/ 七、论学术阐释的客观性问题

117/ 八、论中国学术的理论自觉

131/ 九、马克思的现实观与中国道路

155/ 十、论马克思学说的黑格尔渊源

173/ 十一、马克思的历史道路理论及其具体化纲领

197/ 十二、论马克思主义哲学的学术向度

213/ 附录　马克思的存在论革命与通达社会现实的道路——我的学术路径回顾

序 言

由于几位朋友的积极推动,使我有机会把近年来关于当代中国学术的一些论文搜罗起来,结集出版。这些论文的主旨是对当今中国的人文学术和社会科学进行总体上的反省式思考,以便能够深入地把握其现状,并由之出发来论说它正在经历着的重大转向。

这一转向最为简要地说来,便是我们的人文学术和社会科学将从其长期所处的"学徒状态"中摆脱出来,并获得它的自我主张。由于现代性在其特定阶段上的绝对权力,中国自近代以来的学术是从总体上进入对外部学术的学徒状态中去了。毫无疑问,这样的学徒状态史无前例地开展出一种大规模的对外学习进程——由之而来的获取对于我们的学术来说不仅是高度有益的,而且是成果丰硕的。但是,任何一种学术的真正成熟却总是伴随着它能够逐渐摆脱其学徒状态并开始获得它的自我主张,从而构成一种所谓"自律的"或"自我—授权的"学术。

我们将以何种方式去理解这样一种重大转向呢?很显然,它根本不可能是一个轻而易举的,在浮夸的辞令编织中便能够实现的目标。如果说,这一转向之最大的动因来源于中国自近代以来开展出来的波澜壮阔的历史性实践,那么,对于当今中国的人文学术和社会科学来说,从其学徒状态中摆脱出来并获得它的自我主张,就不能不表现为一项艰巨的思想任务,一项唯经历"文化结合"之艰苦锻炼方能够实现的思想任务。当这样的思想任务还完全滞留于晦暗中时,中国的人文学术和社会科学就根本不可能朝着未来做出真正的筹划。

这样的思想任务首先表现为与主观意识之观点的批判性脱离,而主观意识之观点在当今的知识形态中最为集中地表现在"外部反思"中。所谓外部反思,总是作为一种忽此忽彼的推理能力,却从来不深入事物的实体性内容之中;但它知道一般原则,而且知道把一般原则抽象地运用到任何内容之上。不难看出,那种仅仅知道把抽象原则先验地强加到一切内容之上的外部反思就是我们通常称之为教条主义的东西。如果说我们在先前教条主义的马克思主义那里曾经见识过这种东西,那么,在当今中国的学术界,外部反思不仅依然盛行,而且几乎广泛地硬化为一种知识常态了。这种情形部分地来自于理智形而上学未经触碰的本质,更多的来自于中国学术界之长期的学徒状态。因为学徒状态在现成地、非批判地取得各种知识的地方,也最易于形成并巩固脱离实体性内容的外部反思。虽说外部反思的抽象原则似乎具有最坚实的客观性外观,然而,其本质恰恰是分割了"应当"与"现有"的主观主义。就像教条主义很正确地被理解为主观主义一样,黑格尔把仅仅知道外部反思的人称为"门外汉",把外部反思看作诡辩论的现代形式,看作浪漫主义虚弱本质的病态表现。

对于当今中国学术转向的思想任务而言,如果说解除其学徒状态的首要之点在于同主观意识立场的批判性脱离,那么,获得其自我主张的根本要义则在于深入并切中当今中国的社会现实。这是一项更为重要也更为艰巨的思想任务,因为"现实"绝不像某种轻易的和无根基的见解所设想的那样,是可以通过知觉直接给予我们的东西(那只是一般的"实存"或"事实");相反,现实(Wirklichkeit)是指实存与本质的统一,是指在展开过程中的必然性。因此,黑格尔的逻辑学将现实概念放在"本质论"中，而不是放在"有论"中。而在马克思看来，如果事物的表现形式和事物的本质会直接合而为一，那么一切科学也就成为多余的了。不难看出，为了把握住实存中本质的东西和在展开过程中必然的东西，是需要理论而且需要具有原则高度的理论的。同样不难看出，当我们把中国学术之自我主张的枢纽建立在切中"当今中国的社会现实"这一基点上时，如此这般的现实便不能不与当今的世界以及中国的传统建立决定性的联系，因为，该现实本身正就是在这样的联系中方始获得其本质的和必然的规定的。照此看来，中国学术的自我主张就不仅意味着"讲中国语的学术"，要去研究中国问题、把握中国经验，而且意味着这种学术要真正深入本质性和必然性的领域之中，从而使当今中国的社会现实能够被揭示着前来同我们照面。

对于中国的人文学术和社会科学来说，上述两方面的思想任务并不是彼此分离隔绝的，毋宁说，它们实际上只是同一件事情，就像中国学术之摆脱学徒状态与获得自我主张乃是同一件事情一样。在外部反思的主观立场未被中止的任何地方，社会现实就根本不可能映入我们的眼帘。同样，在社会现实尚未能够被把捉之际，以外部反思为基本特征的主观主义学术就是不可避免的；而在这样的学术中，甚至连真正的中国问题和中国经验也不可能被构成。因此，中国学术之赢得其自我主张的转向必须伴随着同外部反思之主观立场的脱离，并经由这种脱离而使社会生活的实体性内容能够在我们的学术活动中积极地绽出。就此而言的思想资源将首先与黑格尔和马克思相关，因为，正是这两位思想家在对主观意识的观点进行最不妥协的持续批判的同时，开辟了一条理解人类社会现实的道路。虽说马克思在现实本身的问题上彻底纠正了黑格尔，但恰恰是这一纠正方才拯救了黑格尔哲学的伟大遗产——对于我们来说，这笔遗产的核心正在于通过社会生活的实体性内容及其全面的具体化来摆脱外部反思的主观主义。如果说，当今中国的历史性实践正在敦促着建基其上的学术能够逐渐摆脱其学徒状态并获得它的自我主张；如果说，这种自我主张绝不满足于空疏散宕的虚张声势，那么，黑格尔和马克思的遗产——作为某种哲学定向或方法论标记——对于这一转向来说就会是本质重要的。

  以上的叙述可以被看作是一个梗概，一种基本思路，收集在此文集中的各种讨论大体是依循着这一思路来展开的。虽说就论文的内容而言大多是尝试性和探索性的，但我仍然愿望着以此来参与到中国学术之重大转向的历史性筹划之中。因为我真诚地相信，只要这一转向真实地发生并开展出来，中国的人文学术和社会科学就能坚定地获得它的自我主张，就能由此而使习得者成为能思的和批判的，就能在中华文明再度青春化的行程中迎来它在各个学术领域中的繁花盛开。

吴晓明

2016 年仲夏

一、论中国学术的自我主张

对于当今中国的人文学术和社会科学来说，一种意义重大的反省性自觉正在逐渐生成。这种发展起来的反省最为切近地牵涉到中国学术的自我理解，亦即牵涉到中国学术对于自身之当下处境和总体性质的基本判断：它是自律的，还是他律的？是自我主张的，还是依仗外部权威的？虽说这一问题从根本上来说深深地植根于当今中国的历史性实践中，但它在理论上无疑将直接成为中国的人文学术和社会科学日益关切并不断经受考验的重大问题。

一

任何一种真正的学术都有其自身的发展经历，而几乎所有发展成熟并产生伟大成果的学术都在自身的发展进程中经历一个决定性的转折，即逐渐摆脱它对于外部学术的"学徒状态"，并从而提出它的自我主张——其本己的自律性要求。这里所谓的自我主张或自律性要求，意味着某种学术批判地脱离自身以外的权威，意味着它是"自我—授权"的。很明显，只有当一种学术已然摆脱了它对于外部学术的学徒状态时，这种学术才开始达于其成熟阶段；同样明显的是，只有当一种学术坚定地获得了它的自我主张时，这种学术所取得的成果才从实质上来说是本己的，并因而才能成为伟大的。

近代西方哲学从笛卡儿的"我思"（cogito）开始。这一决定性的开端意味着什么呢？它无非意味着：哲学摆脱了它对哲理神学的依傍，而使思维——理性的思维——获得了它的自我主张。黑格尔因此把笛卡儿称作一个"彻底从头做起，带头重建哲学基础"的英雄人物。笛卡儿的原则是思维，是从自身出发的思维；近代哲学正是从这一根本之点上，获得了它的自我主张，并开辟出它的繁盛时期。与中世纪的哲理神学完全不同，近代哲学把从自身出发的思维（内在性本身）当作最基本的立脚点，从而"抛弃僵死的外在性和权威"。因此,"从笛卡儿起,我们踏进了一种独立的哲学。这种哲学明白:它自己是独立地从理性而来的,自我意识是真理的主要环节"①。与此相类似,十九世纪末的历史哲学运动力图使"历史科学"摆脱它对自然科学的学徒状态,从而要求成为自律的、自我主张的学术体系。这种自我主张意味着:"历史思想是不受自然科学统治的,而且是一种自律的科学。"②按照柯林伍德的说法,近代以来的历史科学显然一开始在基本立场和方法上依赖于并模仿着她的"长姐"(即自然科学),并长期处于一种显而易见的"学徒状态"。唯当所谓历史批判清楚地意识到:历史学家对"过去"唯一可能的知识乃是转手的或推论的(绝不是经验的),而这种转手性的知识也不能由经验来证实或实现时,史学理论方始获得了它的自我主张——这一转折被称之为史学理论中的哥白尼革命:"那就是发现,历史学家远不是依赖自身以外的权威……而且他的思想是自律的,自我—授权的,享有一种他所谓的权威们必须与之相符的、并且据之而受到批判的标准。"③

就不同民族的学术发展和学术成果而言,情形同样如此。在某种更为广泛的意义上,任何一个民族之充满活力并能取得伟大成果的文化建构及其学术,只要它遭遇到足够强大的外来影响或冲击,都一方面表明它具有充分的容受性并因而能够积极地对外学习,另一方面(也是更重要的方面)则必然表明它在发展进程中有能力获得其最坚决的自我主张。就此而言的一个典型例证就是希腊文化。尼采曾这样描述道:在很长的时间内,希腊人似乎要被外来的东西压倒了。他们的文化是一大堆外来形式和观念的混杂——包括闪族的、巴比伦的、吕底亚的、埃及的等等,而他们的宗教则仿佛是东方诸神的一场混战。但希腊文化并没有因此成为一种机械的混合物或一种"装饰性文化",因为希腊人听从了德尔斐神庙"认识你自己"

---

① [德]黑格尔:《哲学史讲演录》第4卷,贺麟、王太庆译,商务印书馆,1978年,第59页;并参看第59—63页。
② [英]柯林伍德:《历史的观念》,何兆武、张文杰译,中国社会科学出版社,1986年,第361页。
③ 同上书,第268页;并参看第269、319页。

的箴言,坚定而诚实地反省了自己真实的需要,换言之,希腊人终于取得了其文化上的自我主张。"由此他们逐渐学会了整理好这堆杂物,这样,他们又重新把握了自己,而没有长时间地背负着自己的遗产做整个东方的追随者。"①

由此可以清楚地看到,当我们以这种方式来谈论某一民族之文化和学术的自我主张并强调其意义时,决不意味着任何一种意义上的孤立主义或民族主义。事实上,一个伟大的文明及其恒久的学术,虽说必有其独特的起源和传统,但往往都经历与其他世界历史民族的接触,并将自身置于"文化结合"的锻炼之中。所以黑格尔在谈到"希腊世界"时说,虽说希腊民族的来源和它的语言学的特质可以追溯到其他民族(甚至追溯到印度),但是"精神"之真实的再生,却首先要在希腊寻求。之所以如此,是因为希腊人一方面具有自己原有的文化,另一方面又面对东方世界的外来文化;正是通过这两重文化之结合的艰苦锻炼,才产生其"现实的和正当的活力",并开辟出自身的"胜利和繁荣的时期"②。这一过程的真正核心是希腊民族取得其文化上和学术上的自我主张。唯因其具备了这样的自我主张,所谓文化结合才显示其积极的和原创的意义来。世界史上真正伟大的复兴运动都必然是一个自我主张的原创性的胜利,而不是单纯的容受性。如卡西尔所说,文化精神史上最引人入胜的主题之一,便是去探寻自主性和容受性这两个方面如何彼此交织并相互决定③。

中国自近代以来的人文学术和社会科学,一方面背负着自己过去的遗产,另一方面也面对着、容受着各种外来的学说、思想和观念。就其基本的潮流和趋势而言,中国的学术无疑是普遍地进入一种"学徒状态"中去了,并由此而开展出一种史无前例的和内容丰富的学习进程。这一学习进程

---

① [德]尼采:《历史的用途与滥用》,陈涛、周辉荣译,上海世纪出版集团 上海人民出版社,2005年,第98页;并参看第97—99页。
② 参看[德]黑格尔:《历史哲学》,王造时译,上海世纪出版集团 上海书店出版社,2006年,第209—210页。
③ 参看[德]卡西尔:《人文科学的逻辑》,关子尹译,上海译文出版社,2004年,第177页。

是如此地波澜壮阔和激动人心,以至于我们对它的积极意义无论怎样估计都不会过高。然而,即便是在这样的学徒状态中,中国学术的对外学习从根本上来说也始终伴随着一种紧张的思虑,一种以"古—今""中—西"为枢轴的思虑;它深刻地出现在近代以来中国人文学术和社会科学的各个领域——无论是采取追问的形式,还是采取争论的形式。这种情形清晰地表明:中国的学术不能不处于所谓"文化结合"的锻炼之中,即便是最诚挚、最虚心的对外学习,也不可能趋避于这种锻炼的艰难困苦。无论如何,中国学术的学徒状态绝不是无谓的,由之而来的一切都可能成为一种积极的酝酿,也就是说,可能成为一种成果丰硕的积累;但其根本的前提是,中国学术必须在其发展的特定阶段中成为能思的和批判的,并从而获得它的自我主张。

就形式方面而言,学术之取得其自我主张的标记首先关涉到语言现象。因为学术从本质上来说采取思想的形式,而思想总是为一定的民族精神所规模,并植根于这一民族之"活的语言"中。威廉·冯·洪堡曾深刻地指证了语言在整个民族生活中的奠基作用:语言是一个民族生存的"呼吸",它和民族精神是高度同一的;不同的语言是不同的"有机体",并具有不同的从内部进行创造的原则——每一语言的内在形式甚至可以说是一种独特的"世界观"①。因此,学术在特定语言中的发育、成熟、繁盛乃是该民族的学术取得其自我主张的显著标志之一。我们知道,德国人曾对马丁·路德的《圣经》德译表示了无穷无尽的感激之情,而黑格尔则盛赞在哲学上罕有建树的沃尔夫所作出的"不朽的贡献":因为这位"德国人的教师"开始让哲学讲德语,从而使哲学成了普遍的、属于德意志民族的科学。"只有当一个民族用自己的语言掌握了一门科学的时候,我们才能说这门科学属于这个民族;这一点,对于哲学来说最有必要。"②

这个简要的提示性说法比通常的想象具有深刻得多的内容。就人文

---

① 参看[德]洪堡特:《论人类语言结构的差异及其对人类精神发展的影响》,姚小平译,商务印书馆,1999年,第25、33、49—50、52、72页。
② [德]黑格尔:《哲学史讲演录》第4卷,贺麟、王太庆译,第187页;并参看第188页。

学术和社会科学的本质而言，根本不存在抽象的和无内容的"真理"，就像它根本不可能诉诸纯形式的或机械性质的"人工语言"一样。一种具有真正的生长力和自我主张的学术，只可能居留于特定民族之"活的语言"中。在这样的意义上，海德格尔力图表明：语言是对先行于一切反思态度的世界进行解释的模式。"一切思维都被限制在语言中，它既是一种限制也是一种可能性。"①反之，当某种学术的语言脱离其自然生长的可能性而僵化时，就像它把理论形式化和抽象化为"坏的无限性"时，这总是意味着思想的倾颓，意味着这种学术已然进入其终结阶段了（大体类似于斯宾格勒所说的由"大地"转变为"石化的世界都市"）。进而言之，当我们说"让某种学术讲某种语言"时，绝不是说只要一个民族操自己的母语来讲述或谈论某种学术，就标志着这种学术是自我主张的。海德格尔曾引述洪堡的观点说：一个民族有可能给予它所继承的语言另一种形式，使之完全变成另一种崭新的语言；换言之，它可能不改变语言的语音、形式和规律，而把崭新的东西赋予语言，使同一个外壳获得另一个意义。但这种转化的条件是：(1)内在澄明——即让存在自身显示出来；(2)外部境况的守护——即防止语言脱离其自然生长的可能性而僵化②。事实上，在所谓"文化结合"的场合，这种转化不仅发生在一个民族的当代语言与它所继承下来的语言之间，而且也发生在这个民族的语言与另一民族的语言之间。唯当上述两个条件具备时，一种语言上以开新为定向的建设性转化才是可能的；而唯当这样的转化实际地开展出来之时，我们才能说，某种学术在特定语言中是发育成熟了；它现在属于这个民族，并成为其学术之自我主张的形式标志。

二

如果说，自我主张的中国学术从形式上来说必然是讲"中国语"的，那

---

① [德]伽达默尔：《哲学解释学》，夏镇平、宋建平译，上海译文出版社，1994年，第126页。
② 参看丁耘摘译：《晚期海德格尔的三天讨论班纪要》，载《哲学译丛》2001年第3期，第52—53页。

么,就内容方面而言,中国的人文学术和社会科学之取得其自我主张的标志是:能够批判地脱离"主观思想",特别是批判地脱离主观思想之最主要、最基本的形式,即"外部反思"。

"反思通常是以主观的意义被认为是判断力的运动。"①用哲学的方式来说,外部反思表现为一种忽此忽彼的推理能力,它不知道如何深入于特定的内容之中,而仅仅知道把一般的抽象原则运用到任何内容之上。在这个意义上,外部反思只是在"玩弄抽象空疏的形式",而完全脱离于作为现实性的内容本身,即"自在自为地规定了的实质(Sache)"②。在黑格尔看来,这种外部反思不仅从属于主观思想,而且不过是诡辩论的现代形式,是浪漫主义思想及其虚弱本质的病态表现。他很准确地把仅仅知道外部反思的学者叫做"门外汉"。

外部反思并不是离我们十分遥远或我们不熟悉的东西。恰好相反,我们很容易发现,在当今中国的人文学术和社会科学中,非常普遍地流行着那种"仅仅知道把一般原则运用到任何内容之上"的外部反思。其主要表现无非就是通常被称作形式主义或教条主义的东西。如果说,我们先前的外部反思曾特别地借重过来自苏联的一般原则,那么,当今中国的学术则更多地从西方世界取得其抽象原则,并把它们运用到——实则是先验地强加到——中国社会的任何内容之上。这种外部反思盛行的状况,部分地起源于中国学界自近代以来对于外部学术的依赖或"学徒状态",部分地植根于现代理智形而上学本身的抽象性质。就后者而言,这种形而上学意味着"反思的知性"占据了哲学,意味着一般的现代学术总体上只是立足于这种反思的知性之上。"在这个名词下,一般所了解的,是进行抽象的、因而是进行分离的知性,它在它的分离中僵化了。……理性限于只去认识主观的真理,只去认识现象,只去认识某种与事情本性不符的东西;知识降低为意

---

① [德]黑格尔:《逻辑学》下卷,杨一之译,商务印书馆,1976年,第20页。
② 参看[德]黑格尔:《小逻辑》,贺麟译,商务印书馆,1980年,第300—305页。

见。"① 这个批判性观点的重要性在于：它指明了外部反思的现代形而上学本质，从而也指明了占主导地位的现代性学术立足其上的哲学根据。

正如我们在前面已经说过的那样，中国学术的学徒状态是有其重要性和意义的，它意味着学术成长的特定阶段以及对外学习的必要开展。同样，外部反思以及反思的知性也不是无谓的，它意味着理论思维的特定阶段，意味着通过主观性来建立形式的分解和抽象的普遍性，等等。然而，正像更加深入的哲学不可能滞留于反思的知性一样，中国学术的成长也不可能长久地满足于它对于外部学术的学徒状态。当这种不满足充分地发展起来并被清楚地意识到时，中国学术的自我主张便会首先表现为与外部反思的批判性脱离。不仅如此，由于外部反思深深地植根于一般现代形而上学的本质之中，由于这种形而上学甚至构成现代性学术的主要根据，所以，中国学术的自我主张还必须同时表现为与现代性学术之形而上学根据的批判性脱离。

正是在这里，黑格尔批判"反思哲学"（Reflexionsphilosophie）的意义，便突出地显现出来。"……黑格尔殚精竭虑同这种哲学斗争了一生，他曾用他的整个哲学方法、过程和具体总体、辩证法和历史与之相对抗。"② 这一斗争和对抗的实质是：作为主观思想的外部反思只是拘执于一般的抽象原则，而与现实的内容分离隔绝，所以只是表现为纯粹空疏的理智；并且由于它仅仅从属于理智之抽象的同一性，所以最终完全是形式主义的③。约言之，外部反思是以一般的抽象原则阉割了内容，亦即遮蔽了作为内容本身的现实（Wirklichkeit）。这里的真正要点是"现实"——它不是在知觉中能够被直接给予我们的东西，用黑格尔的话来说，它是"本质与实存的统一"（因此在《逻辑学》中，"现实"的概念出现在"本质论"中）④。主观思

---

① ［德］黑格尔：《逻辑学》上卷，杨一之译，商务印书馆，1966年，第26页。
② ［匈牙利］卢卡奇：《历史与阶级意识》，杜章智等译，商务印书馆，1992年，第67页。
③ 参看［德］黑格尔：《小逻辑》，贺麟译，第142—144页；并参看［德］黑格尔：《哲学史讲演录》第4卷，贺麟、王太庆译，第287—294页。
④ 参看［德］黑格尔：《逻辑学》下卷，杨一之译，第177—178页。

想—外部反思的要害在于使现实滞留于晦暗之中,而问题正在于揭示现实本身。伽达默尔曾就此写道:"因为黑格尔哲学通过对主观意识观点进行清晰的批判,开辟了一条理解人类社会现实的道路,而我们今天仍然生活在这样的社会现实中。"①

马克思与黑格尔哲学的联系——无论是肯定性的联系还是否定性的联系——都是从这一根本之点发源的,亦即都是围绕着"社会现实"的真正发现而开展出来的。正是通过对主观思想—外部反思的全面批判,黑格尔把深入于社会现实当作一项根本的哲学任务提示出来了。就此而言,马克思乃是黑格尔哲学遗产的真正继承者。至于他们之间的根本差别,卢卡奇和洛维特说得对,两者是在"现实本身"上分道扬镳的②。当黑格尔把现实的本质性置放在客观精神中,而客观精神又在为绝对精神的超越中找到其真正的哲学证明时,他是把现实本身神秘化了。而在马克思看来,社会现实固然意味着某种普遍者的决定性意义,意味着人们并不对之具有反思自由的境域,但其本质性却在"人们的现实生活过程"中。因此,社会现实便被把握为具体化了的社会关系和经济关系,被把握为在人们的历史性实践中不断生成的社会变动结构。这意味着社会现实在新的存在论(ontology)基础上被重新开启:当黑格尔把所谓"现实"的内容最终转变为理性思辨的形而上学本质时,马克思将它导回到理性前的物质生活过程之中。历史唯物主义的全部深刻洞见都是从重新开启通达于社会现实的道路这一点上起源的。1969年,海德格尔在其晚期讨论班中,指证了现代性意识形态对社会现实的强势掩盖,从而提示了马克思主义在社会现实这个主题上的优越性和重要意义:现今的所谓"哲学",只是满足于跟在知性科学后面亦步亦趋;这种哲学完全误解了我们时代的两重独特的现实,即经济发展以及这种发展所需要的架构;而马克思主义懂得这双重的现实③。

---

① [德]伽达默尔:《哲学解释学》,夏镇平、宋建平译,第111页。
② 参看[匈牙利]卢卡奇:《历史与阶级意识》,杜章智等译,第67页;参看[德]洛维特:《从黑格尔到尼采》,李秋零译,生活·读书·新知三联书店,2006年,第183—185、195—197页。
③ 参看丁耘摘译:《晚期海德格尔的三天讨论班纪要》,载《哲学译丛》2001年第3期,第53页。

由此可见,与主观思想—外部反思的批判性脱离,必然意味着进入这样一个领域,一个具有实体性内容的领域,即"社会现实"的领域。如果说,中国学术的自我主张由摆脱其对于外部学术的学徒状态肇其始端,那么,这种自我主张从根本上来说就不能不要求从外部反思的抽象主观性中解放出来,因而就不能不要求深入于社会现实本身的内容之中。换言之,只要社会现实(特别是当今中国的社会现实)还不能被揭示着前来同我们照面,外部反思在学术中的垄断地位就是不可动摇的;而只要作为主观思想的外部反思依然盛行,则中国学术的自我主张就是根本不可能的。因此,就事情之总体的本质根据而言,中国的人文学术和社会科学之取得其自我主张的决定性标志是:能够真正深入社会现实的实体性内容之中,能够真正揭示并切中当今中国的社会现实。

可以举一个简单的例子来说明,主观思想—外部反思如何阻断了通达社会现实的道路,从而使得思想上或学术上的自我主张成为不可能。黑格尔曾多次论述拿破仑的伟大功业。他说,这位巨人打发掉一班舞文弄墨和只知道抽象原则的人,迅速解决掉法国内政的纠纷。不仅如此,他还征服了整个欧洲,使其开明的政制广为流布。可以说,古往今来没有人在征战中表现过更大的天才,但"军事胜利"的无能为力,也没有比此时显现得更为清楚了。一个突出的例证是:拿破仑想要先验地把自由制度强加给西班牙,结果他不可避免地失败了①。由此可以大略比拟的是:拿破仑的这种想法本身只能是先验的主观思想;如果此时有一个西班牙的拿破仑主义者也持相同的想法,那么他只是在进行抽象的外部反思。而在这里被抹杀、被遗忘的乃是西班牙的社会现实,是这一现实之全部实体性的内容。所以黑格尔的结论是:没有一种国家制度是单由主体制造出来的,每一个民族的国家制度总是取决于该民族的自我意识的性质和形成。"如果要先验地给一个民族以一种国家制度,即使其内容多少是合乎理性的,

---

① 参看[德]黑格尔:《历史哲学》,王造时译,第421—423页;并参看[德]黑格尔:《法哲学原理》,范扬、张企泰译,商务印书馆,1961年,第291—292页。

这种想法恰恰忽视了一个因素,这个因素使国家制度成为不仅仅是一个思想上的事物而已。所以每一个民族都有适合于它本身而属于它的国家制度。"①

由此可见,思想上或学术上的自我主张根本不意味着什么可以任意进行"自由反思"的权利,这种浮薄庸浅的自由反思只能表明它自身的无头脑和无根基,表明它屈从于幻想、任意和武断。与"形式的意志"及"形式的自由"相反,真正具有自我主张的学术懂得哲学上的"客观性(Sachlichkeit)告诫",即事物有其自身的存在并在自身中活动,并不受主观反思过程的自由游戏的支配②。因此,中国人文学术和社会科学的自我主张,只是在主观任意的外部反思被彻底中止的地方,从而是在社会现实得到理解和把握的地方,才有可能现实地成长起来。

如果说,中国学术的自我主张从总体上和根本上要求着揭示并切中当今中国的社会现实,那么,只有在这种自我主张开始起作用并具有积极效准的地方,所谓"中国经验"(或"中国问题")才可能被真正构成。海德格尔在对意识进行存在论的批判时说:重要的是做出关于物自身的基本经验;但如果从"我思"出发,那就根本无法做出这种经验③。我们可以在类似的意义上说:对于自我主张的中国学术来说,重要的是做出关于中国自身的基本经验;但只要从主观思想——外部反思出发,就再也不可能做出这种经验了。之所以如此,是因为在这样的场合,对象是通过外部的反思规定被构成的;而只要中国自身的事物仅仅通过这样的反思规定从外部来构成,那它们就绝不可能"首先由自身而在场"了。因此,中国学术之自我主张的题中应有之义是:揭示并把握中国的社会现实,从而使构成中国自身的基本经验真正成为可能。

---

① [德]黑格尔:《法哲学原理》,范扬、张企泰译,第191页。
② 参看[德]伽达默尔:《哲学解释学》,夏镇平、宋建平译,第71—72页。
③ 参看丁耘摘译:《晚期海德格尔的三天讨论班纪要》,载《哲学译丛》2001年第3期,第55页。

三

也许有人会问：虽说中国学术的自我主张要求摆脱主观思想—外部反思，并深入社会现实中去，但这种自我主张的诉求本身是否只是一种单纯主观的想象或愿望呢？

为了从根本上回答这一问题，必须首先明确的一点是：一般所谓学术本身的纯粹自律性（亦即学术仅仅依其自身而活动），是根本不存在的。现今依然颇为流行的所谓"纯学术"——为学术而学术——的观念，虽说有其形式上的理由和根源，但当它把自身设想为学术本身的纯粹自律性时，便成为一种意识形态幻觉了。这种幻觉将思想、意识等等仅仅置放在它的"内部自身"，仿佛学术是纯粹由"无人身的理性"孕育出来的，而且还如此这般地永远躺在这种无人身理性的怀抱中。由这种神话而产生的另一种幻觉是，学术本身的"客观性"在于：就其不为内容所动是纯粹形式的和自律的，就其无所偏袒则是完全中性的、中立的。然而，这样一种所谓的学术客观性，难道不是稀薄到极顶的抽象，难道不是德罗伊森颇为尖刻地称之为"阉人般的客观性"吗？事实上，每一种人文学术和社会科学都在社会内部的冲突和历史实践的处境中有其现实的根苗。学术的真正客观性当然是存在的，但其深厚的基础和强大的保障，恰恰是由不断生成的社会现实来提供的，并且是经由特定的历史性实践来实现的。

那么，笔者所谓的学术的"自我主张""自我—授权"或"自律性"等等，是什么意思呢？所有这些说法是在下述意义上使用的：（1）仅就学术的形式方面而言；（2）所有在形式上能够自我主张的学术必有其现实的根据——若没有这样的根据，则任何一种所谓的自我主张都不过是幻想、幻觉、自夸自大。因此，尽管我们特别强调学术植根其中的现实基础，却一点也不想否认学术本身的"形式方面"。就学术而言，这种形式方面同样是非常重要的，并且总是会作为形式的"学术规律"显现出来。放弃或丧失这种形式方面，我们所谈论的内容可以是任何别的什么东西，但唯独不再是学术了,就像放弃韵文之形式或规律的内容再也不可能是诗或词一样。然而,从根本上来说,任何一种人文学术和社会科学都有其实体性的内容,这样的内容是从特定的历史性实践发源并从而被具体化的——由此得到体现的乃是最关本质的学术规律。如果撇开特定历史进程中开展出来的实体性内容,虽说某些从过去或外部假借前提的形式推演还能暂时维持,但学术就其总体来说则必已成为无源之水、无本之木,并因而不得不滞留于既缺失当下定向又没有现实内容之主观的、形式的和抽象的反思中。

因此,除非中国学术的自我主张有其决定性的现实基础,否则的话,这种主张就根本不可能真正持立。然而,中国自近代以来的学术是有其自身的现实基础的,这个基础就是一百多年来中国已然开展出来的历史性实践。就总体的根据而言,中国自近代以来的整个学术深深地植根于这一实践,植根于由之而来的社会生活的持续改变。而中国学术的自我主张,则特别是以当今中国的发展实践为基础来定向的。如果说,中国近代以来的学术既在相应的时期较为持久地保持其对于外来学术的学徒状态,又在一定的阶段上开始意识到并诉求其自我主张,那么这两个方面归根到底都是从我们的历史性实践之命运的转折发源的。在这个意义上,如果没有一百多年来中国的整个发展实践,就不会有近代以来中国的人文学术和社会科学;如果没有当今中国在这一实践中所开启的独特阶段和面临的独特问题,就不会需要并欲求中国学术的自我主张。

然而,当我们将当今中国的历史性实践指证为中国学术之自我主张的现实基础时,必须避免对这一基础的狭隘理解。一方面,当今中国的历史性实践无疑是处于当代世界中的,是与当代世界的整个发展过程——包括它的基本状况,它所面临的问题、矛盾和挑战——密切相联、息息相关的,约言之,是与现代文明所开辟的"世界历史"进程不可避免地共属一体的。另一方面,当今中国的发展实践又绝不是其自身历史的简单中断,仿佛它为了取得现代性而能够一笔抹杀其几千年文明的积累和整个文化传统似的。当今中国的历史性实践既意味着它的现代化任务是在相当独特的历史—文化的基地上被执行并得以展开的,又特别意味着中国自近代以来各发展阶段之多重经验的汇合与实践探索的聚集。除此之外,似乎本不必再提及的尽人皆知的一点是:作为思想、意识、理论形式的学术与其实践基础的联结是非常遥远、曲折和繁复的,我们根本不可能也不必去寻找两者之间一一对应的关系,但却有必要指明其总体趋势上的呼应与比照。

那么,在怎样一种现实的基础之上,中国学术的自我主张方始能够积极地生成并内在巩固地建立起来呢?我们的回答大体包括以下三个方面。

第一,只有在其历史性实践中,中国现代化发展的独特道路(取向、途径)得到充分的发育并成熟起来,从而能够被整体的学术意识牢牢地把握住时,中国学术的自我主张才是现实地可能的。毫无疑问,中国自近代以来的历史性实践首先就包含着现代化的诉求,也就是说,包含着进入现代世界并赢得现代发展的基本诉求。这种诉求有力地开辟了向西方资本主义国家寻求真理的广阔局面。然而,中国的现代发展在其实践中得到确凿证明的历史客观性在于:除非中国经历一场决定性的社会革命,否则就根本不可能取得其现代发展的稳固立脚点;而这场社会革命唯通过社会主义的道路方始能够真正实现。费正清在《伟大的中国革命》中曾这样写道:杜威对胡适说,军阀和教育不可能并行不悖;而我们的结论是,美国式的自由主义和中国革命也不可能并行不悖。对于中国必须经历的社会革命而言,它最需要的不是杜威的教义,而是一些别的东西[①]。如果说,中国的现代发展只有通过一场真正的社会革命才能获得其客观的奠基,那么正是由于这一基础本身,社会主义的定向乃历史地成为其现代化发展进程的本质规定。很显然,这样的定向又特别地促成了向苏联学习的极大热情,就像改革开放以来的实践转向有力地推动了向发达国家的大规模借鉴一样。虽说这样的历史境遇使中国学术在一定阶段上主要地——并且也曾有益地——处于"学徒状态"中,但其实践基础的展开却总是持续不断地揭示出中国发展在其根本上的特殊性质,并通过一系列的调整步伐而强有力地开

---

① 参看[美]费正清:《伟大的中国革命(1800—1985)》,刘尊棋译,世界知识出版社,2001年,第242—243页。

辟出中国道路的独特进程。当这样的进程在特定的关节点上无可置疑地赢得了其实践本身的自我主张,并达到其充分的自我意识和自我理解时,中国学术的自我主张就成为不可避免的了。

第二,就学术的现实基础而言,中国的历史性实践本身之取得自我主张的关节点在于:其发展的目标已不再可能从外部的任何一种形式中现成地取得,甚至不再可能从现代性(作为现代世界的本质根据即资本和现代形而上学)本身中现成地取得。当中国的历史性实践在其展开过程中终于意识到,它的发展将迅速地并且不可避免地超越(扬弃)现代性本身时,换言之,当它的未来可能性将从其整全地进入现代文明(西方—资本主义文明)的不可能性中产生出来时,则它在实践基础上的自我主张便会牢固地建立起来。这样的转折正在我们的眼前发生。最近三十多年的历史表明,我国当前阶段的发展实践处于一个巨大的经济—社会转型过程中,而这样的发展实践正在产生两方面的重大后果。一方面是中国近期以来在经济领域获得了无与伦比的快速增长,伴随着这一举世瞩目的"经济奇迹"而来的乃是物质财富的极大扩展。另一方面,由于中国之全力而迅猛地投入(而不是拒斥)现代化进程,现代性本身的历史限度正在快速向我们临近,并正以一种独特的方式不可遏止地进入其终结阶段。因为正是在当今中国的历史性实践中,现代性本身的自然限度——生态、资源、能源的限度——正在迅速显现,我们已经不难看到:"人类和地球的欧洲化如何在源泉那里消耗着一切本质性的东西。"[①]与此同时,现代性本身的社会生活限度也以一种紧张的形式表现出来。这就是马克思在现代社会的"犹太本质"或"犹太精神"(Judentum)一词中所揭示的"市民社会的原则"[②],即"唯利是图"的原则所具有的限度。在一个完全没有例如基督教实体性教义的社会中,如果仅由唯利是图引申出主观的"为所欲为",则这种主观性的无

---

① [德]海德格尔:《海德格尔选集》下卷,孙周兴译,上海三联书店,1996年,第1019—1020页。
② 参看《马克思恩格斯全集》第3卷,人民出版社,2002年,第191—198页。

度发展适足以破坏性地瓦解整个社会生活①。这意味着,中国的历史性实践将很快面临一个根本的转折点,在这个转折点上,它实际地参与到现代世界中去的发展因素,将不可避免地转化为使现代资本主义文明处于解体状态的因素。因此,中国的未来要么仅仅作为从属的一支而一并(甚至更快)进入此种解体状态中去,要么是在其历史性实践的自我主张中开启出新的文明类型。在这个意义上,中国的人文学术和社会科学如果有远大前程的话,就必将从这种新文明类型的可能性中,来获取其形式和内容之充分而完备的自我主张。

第三,中国学术之取得其自我主张的现实前提是:其实践基础本身在展开过程中形成一种汇聚其各个部分、各种要素的强大的统摄力,从而能够在实践中把它的传统质素和外来成果积极地加以占有,并整合成一种具有丰沛活力的有机体。这意味着在生活—实践的领域中形成一种向着未来筹划的、并且是能够贯彻全体的生命力。尼采把这种具有强大统摄作用和成长因子的力量称为"可塑力"(plastic power),即一种"明确地改变自身的力量,那种将过去、陌生的东西与身边的、现在的东西融为一体的力量,那种治愈创伤、弥补损失、修补破碎模型的力量"②。要言之,就是形成一种出自生活本身的自主成长的生命力。只有当这种力量充分地发展起来,中国的人文学术和社会科学才有可能将它自近代以来多方撷取的思想资源当作必要的原料来使用,才有能力将各种零乱堆积的"杂物"——表现为一系列外部对抗及尖锐冲突的传统物或外来物——加以陶冶和熔铸,从而开展出立足于自身之上的学术创制。这种情形,用陆象山的话来说,就叫作"收拾精神,自作主宰"。

综上所述,中国学术的自我主张意味着自觉地意识到它所采取的思想形式植根于当今中国的历史性实践中,意味着这种思想的开展力图积极地深入于当今中国的社会现实中,并将自己的对象领域具体化为真正的"中

---

① 参看吴晓明:《当代中国的精神建设及其思想资源》,载《中国社会科学》2012年第5期。
② [德]尼采:《历史的用途与滥用》,陈涛、周辉荣译,第4—5页。

国经验"和"中国问题"。不仅如此,这样的自我主张必定具有广泛的世界视野,在学术上是高度谦逊并采取学习态度的;但唯有通过它的自我主张,其博大的容受性才会切近地引导到自主的综合创新,引导到当代中国学术之真正的繁花盛开。可以肯定的是,中国学术的自我主张只能是中华民族之复兴事业的一部分,因为其积极的动力只能生成于当今中国历史性实践之进一步的展开过程中。这一过程的希望既意味着中华民族所具有的实体性内容的再度青春化,又意味着在此基础上这一民族将守护和开启思想的任务托付给自我主张的中国学术了。

(2012 年)

二、论中国学术话语体系的当代建构

近年来,"中国学术话语体系的当代建构"已作为一项重要的学术议题而受到愈来愈广泛的关注。在人文学术和社会科学的几乎每一个领域,这一议题都以多重方式表现出来,并实际上引起了一系列颇为激烈的学术争论。虽说这样的争论还主要围绕着一些具体而专门的学科内容来展开,但有关当代中国学术话语体系的议题本身却正在逐渐显示出某种更加深刻的东西。因此,有待进一步思索和追究的问题是:(1)这一议题的实际生成和展开究竟意味着什么?(2)应当在怎样的视域中揭示其本质并引申出进一步的结论?(3)该议题在其本质定向中将提出何种思想任务?我们试图依循这样一些问题,来使"中国学术话语体系的当代建构"在哲学上得到更加深入的探讨。

一

关于中国学术话语体系之当代建构的讨论和争论,将会以一种独特的方式在当今中国的学术发展史上产生重要影响并具有深远意义。因为虽说不同的意见可以众说纷纭,但这一议题本身的探索过程却意味着开启出一种积极的自觉,即对于自身学术话语体系的反省性的自觉。这种自觉实际上具有双重取向:它一方面是批评性的,即要求批评性地检讨当今中国人文—社会科学的学术话语;另一方面则是建设性的,它要求建设性地引领当代中国学术话语体系的重新建构。由此二途所显现出来的更加重要的事情在于:当今中国的人文学术和社会科学正试图逐渐摆脱它对于外来学术的"学徒状态",并从而提出其本己的"自律性"要求。这里所谓的自律性要求,用柯林伍德的话来说,意味着批判地脱离自身以外的权威,意味着它是"自我—授权的"[①]。

---

① 参看[英]柯林伍德:《历史的观念》,何兆武、张文杰译,中国社会科学出版社,1986年,第268—269页。

二、论中国学术话语体系的当代建构

因此，这里所要讨论的绝不仅仅是束缚于狭义的语文学或术语学中的那些问题，尽管这样的问题也是存在的，并同样可以在所谓学术话语体系的视域中加以探讨。真正意义上的学术话语问题从来不是（也不可能是）一个仅仅表面的、纯粹形式的议题，它具有"实体性"的内容，并总是最经常地与某种"学徒状态"的脱离和特定的自律性要求相吻合、相表里的。在近代思想史上经常可以看到这样的情形。例如，我们可以说，中世纪哲学的话语体系是以外在性和权威来定向的（哲理神学或经院哲学），而自笛卡儿以来的近代哲学的话语体系，则是以"我思"（cogito）这样一种内在性本身来定向的，亦即是以自我意识（"从自身出发的思维"）来定向的。这里所发生的哲学话语体系的改弦更张，意味着哲学思想的一个根本性的变革，意味着哲学摆脱了它对哲理神学的依傍而使理性的思维取回了它的完全的自律性。所以黑格尔不仅称笛卡儿是近代哲学的真正创始人，是"一个彻底从头做起、带头重建哲学的基础的英雄人物"；而且说，"从笛卡儿起，我们踏进了一种独立的哲学。这种哲学明白：它自己是独立地从理性而来的，自我意识是真理的主要环节"①。在同样的意义上，海德格尔将"我思"把握为近代形而上学的"基本建制"。这就是说，作为自我意识的"我思"构成新哲学之话语体系的真正本质与核心，亦即近代西方哲学全部话语围绕着旋转的那个枢轴。

在某种多少有差别的层面上，可以看到类似的情形。十七世纪形而上学的论证话语是取自数学—几何学的形式，换言之，它是通过模仿数学—几何学来制定话语体系并从而论证自身的：笛卡儿和斯宾诺莎是如此，莱布尼茨和沃尔夫也是如此。"然而自康德以后，数学的形式已不再出现在哲学之中了。他在《纯粹理性批判》中对数学的形式毫不留情地宣判了死刑。"②这里的哲学话语问题显然并不仅仅牵涉到表面的形式，因为康德正

---

① ［德］黑格尔：《哲学史讲演录》第4卷，贺麟、王太庆译，商务印书馆，1978年，第59页；并请参看第59—60、63—66页。
② ［德］海涅：《论德国宗教和哲学的历史》，海安译，商务印书馆，1974年，第105页。

是在解除这种话语桎梏的同时摧毁了整个独断论形而上学的大厦,并从而使哲学方法及其话语体系脱离了对数学—几何学的模仿而获得了它的自律性①。同样,在十九世纪末二十世纪初,我们可以观察到一场历史哲学—史学理论的巨大运动,这一运动是与文德尔班、李凯尔特、狄尔泰、席美尔以及克罗齐等人的名字相联系的;它要求对"历史科学"[或"文化科学"(Kulturwissenschaft)、"精神科学"(Geisteswissenschaft)等]的整个话语体系进行根本的变革,而这一变革的实质在于:使历史科学摆脱它对于自然科学的"学徒状态",从而成为自律的、自我—授权的学术体系。"历史思想是不受自然科学的统治的,并且是一种自律的科学";柯林伍德甚至把此一转变称之为"史学理论中的哥白尼式的革命"②。

也许有人会问,"中国学术话语体系的当代建构"这一议题究竟在何种意义上能够与上述那些话语体系的重大变革相比拟呢?如果说,我们的问题仅只牵扯到语文学上的表面修辞,或术语学上无关紧要的斟酌取舍,那么,确实没有必要在这里小题大作并且无类比附了。然而,当今中国的人文学术和社会科学在其快速的扩展进程中,却正在遭遇到学术话语上的真正困难——这种困难并不是个别的或偶然的,毋宁说,它们是整体性的并且是关乎本质的。这意味着:如此这般地形成的学术话语问题是具有真正"实体性"内容的;所以,除非这样的内容本身能够相应地得到深入追究,否则的话,所谓学术话语体系的问题就将始终是徒有其表的和无关紧要的。

因此,重要之点恰恰在于辨明我们的议题是从何种实体性内容发源的。较为便捷的方式是从某种实际存在的困难中来探寻话语问题的现实根据。举例来说,我们现在能够很清楚地意识到西医学和传统中医学之间彼此对话的高度困难,因为——就其一点而言——两者所谓的心、肝、脾、胃、肾等等所意指者根本不同,它们是在全然相异的话语体系中被言说、被

---

① 参看[德]康德:《纯粹理性批判》,蓝公武译,商务印书馆,1960年,第498—512页。
② 参看[英]柯林伍德:《历史的观念》,何兆武、张文杰译,第360—361、268—269页。

领会，并从而被规定的。与此相类似，当有的学者把中国传统哲学的"天"定义为"超越的、形而上学的实体"时，这样的定义也开始变得非常可疑了；因为除非中国传统哲学同样依循于范畴论性质的理智劈分，并从而依循所谓超越和内在、形而上学和形而下学、实体和属性等等二元对立的话语体系，否则的话，上述的定义就是根本不可能的。在这里出现的是全然相异的话语体系，这样的差异当然可以被简单地归结为根本不同的思想体系。然而由此还可以进一步追问的是：如此这般的话语体系的差别缘何以一种如此引人注目的方式来同我们照面？它们是依何种定向被我们领会到并从而展开其意义领域的？

下面的例证或许具有进一步的提示作用。众所周知，作为西方现代世界之本质根据的一个基本前提是所谓"原子个人"，这样的个人是以抽象化的"人格"或"人格性"（personality）为基准的，并且从文化上来说是一千多年基督教教化的产物，正像这种抽象人格最终取得了其近代的形式并表现为伦理—宗法社会的实际解体一样。如果我们的人文学术和社会科学依照此例便不假思索地来谈论当今中国的"个人"，并把它当作研究的自然前提，而不是使之进入真正的批判性分析之中，那么，这样的"个人"——它被附会于近代西方的"自我意识"，并与康德意义上的"法权主体"和"道德主体"没有分别——似乎就被理所当然地设定为出发点了。不难发现，这样的出发点在我们的学术话语中是极其普遍地被滥用的——或者公开，或者隐蔽，但更经常地是在完全无意识的情形下被滥用的。然而，我们能够指望这样的"个人"由于一个漫不经心的用词就奇迹般地降临到中国吗？我们能够指望在完全未经澄清前提的脆弱基础上来建造人文—社会科学研究的庞大建筑吗？由此可见，如果不限于言说传统思想而论及当今事情的广大区域，学术话语问题就会表现得更加纷繁复杂。因为正是在这里，似乎任何一个名称、定义、观念、主张都会牵扯到整个相异的话语体系，从而任何一个问题都会牵扯到诸思想体系间更加错综的多重关系。能够表明此种情形的典型症候是：只要是一个对于我们来说具有真正重要性的事物、事情或事件，几乎都会无法幸免地卷入"古今之辩"和"中西之辩"中去。

这是一种持续不断的挑战,对于我们的人文学术和社会科学来说,这样的挑战还会长期存在。事实上,正是这种由来已久的挑战在当今的机缘中把我们引导到"中国学术话语体系之当代建构"的任务上来。

于是,我们所面对的学术话语问题便在此处显示出它们与实体性内容的本质联系。从根本上来说,它们并不是完全抽象的话语形式问题,也不是封闭在所谓"纯学术"自身中的问题,因为它们根本不可能始终胎息于"无人身的理性的怀抱"之中。这里的学术话语问题具有确凿无疑的社会—历史内容:它们植根于中国自近代以来一百多年的历史性实践之中,植根于中国独特的现代化发展道路之中,并且也植根于中华民族向着未来筹划的复兴事业之中。正是由于联结着这种实体性的内容本身,我们的议题方才能够摆脱各种空疏散宕和肤浅贫乏的议论,并从而显示其重大而深远的时代意义。

二

在一种力图达于社会—历史内容的理解要求中,学术话语问题便不再能够仅仅局限于自身,而必须被置放到一个更加广泛也更加深入的领域中去加以领会和探讨——这个领域便是"语言"(Sprache)的领域。黑格尔把语言称之为"为别人而存在着的自我意识":"我"(Ich)仅仅存在于语言之中(自我本身的特定存在),而在语言中自我意识的"自为存在"同时也就是"为他的存在"①。这意味着黑格尔以思辨唯心主义的方式指认语言是一个具有社会—历史内容的领域,并且唯因这种内容,语言乃成为"教化的现实"。就此而言,马克思批判地继承并决定性地纠正了黑格尔。在《1844年经济学哲学手稿》中,马克思对主体哲学的批判引人注目地把思想、观念、意识等等的本质性导回到语言,而语言又被特别重要地理解为"感性的

---

① 参看[德]黑格尔:《精神现象学》下卷,贺麟、王玖兴译,商务印书馆,1979年,第161、55—56页。

自然界":"思维本身的要素,思想的生命表现的要素,即语言,是感性的自然界。"①在这里,"感性的自然界"并不是指传统形而上学可能指认的东西,而是表示"自然界的社会的现实",即"感性意识"或"实践意识"②。于是,我们在《德意志意识形态》中读到:"'精神'从一开始就很倒霉,受到物质的'纠缠',物质在这里表现为振动的空气层、声音,简言之,即语言。语言和意识具有同样长久的历史;语言是一种实践的、既为别人存在因而也为我自身而存在的、现实的意识。"③这一论断意味着"纯粹的意识"深深地扎根于"感性的意识"中,意味着"我思"——纯粹的思——深深地扎根于语言现象中;而如此这般的"扎根"一事又意味着意识的存在特性以超出现代形而上学建制的方式得到了存在论上的追究:作为感性意识的语言根本不是从属于意识的内在性并从中流溢出来的东西,也根本不是"我思"的外在形式或工具;相反,正是语言现象重新揭示出思想、意识、观念等等立足其上的社会存在的根基,并开展出一个"具有划时代意义的存在秩序"④。

当学术话语问题被置放到这样一种视域中去考察时,我们将引申出怎样的一些基本结论呢?

第一,学术话语体系是整个地建立在"现实生活的语言"的基础之上的。只是在这种语言发展的特定阶段上,才谈得上后来被建立起来的、派生的学术话语体系。任何一种学术话语体系的生成与繁盛、持存与衰败,都是人们的实际生活过程及其语言现象的或者较为切近或者较为遥远的结果。虽然学术话语在其自身的发展过程中逐渐赢得了某种独立性的外观,但它们依然从根本上来说完全从属于现实生活的语言。因此,那种以

---

① 《马克思恩格斯全集》第3卷,人民出版社,2002年,第308页。
② 同上。
③ 《马克思恩格斯选集》第一卷,人民出版社,1995年,第81页。
④ 就此我们可以参考海德格尔对意识所作的存在论批判。这一批判"改变了形而上学任务的本质",而从中引申出来的结论是:"一切思维都被限制在语言之中,它既是一种限制也是一种可能性。"准此,则语言乃是"对先行于一切反思态度的世界进行解释的模式"。按照伽达默尔的概括,由"事物的语言"所指示和揭示的"事物自身的存在",这一思想乃是海德格尔后期著作中的系统的出发点(参看[德]伽达默尔:《哲学解释学》,夏镇平、宋建平译,上海译文出版社,1994年,第72页)。

为学术话语体系是本身自足的和纯全独立的,是可以在象牙塔或水晶宫中被制造出来和保存起来的观点,实在是一种乌托邦式的幻想。维特根斯坦曾说过,那构成逻辑之基础的东西是非常"不逻辑的";我们确实可以在同样的意义上说,那构成学术话语之基础的东西是非常"不学术的"。众所周知,在近代语言学或语言哲学中,一种长期存在的图谋就是设计"人工语言"和创造"理想语言"(建立普遍适用的代码),而这种已被证明是完全失败了的"完美语言的梦想",在法国语言学家海然热看来,不过是西方意识形态中的巴别塔神话,是与上帝制造语言的说法相吻合的;其实质无非是试图解除"社会性语言"的纠缠,也就是说,试图取消"语言系统施加于人的社会规范"①。

如果我们的学术话语体系希望以这样一种方式来设计和建构的话,那么其结果也许会非常晶莹高雅——不沾染丝毫世俗的粉尘,并且会非常地合乎"纯逻辑"与"纯学术"。然而,只要如此这般的建构试图弃绝现实生活的语言,也就是说,试图褫夺其真正的实体性内容以及这种内容之最关本质的社会—历史向度,那么,这种话语体系终究不过是海市蜃楼,并且注定是要成为孤鸿哀鸣的——因为它所能达到的似乎是最纯正的"客观性",用德罗伊森的话来说,无非是某种"阉人般的客观性"。伽达默尔在《语义学和解释学》一文中曾特别提到"专门术语"与"活的语言"之间的对峙。他指出,专门术语的技术性表述是受"我们同世界的语言关系的世界定向"所制约的;也就是说,唯当专门术语应和着"活的语言"并实际地参与其生活时,它们才可能是积极的和有效准的。"这种精确定义的、明确的术语只有当

---

① [法]海然热:《语言人——论语言学对人文科学的贡献》,张祖健译,生活·读书·新知三联书店,1999年,第246—248页。关于这个问题,还可参考伽达默尔的说法:"在我看来,语义学分析的功绩在于,它使我们注意到语言的结构总体性,并由此指出了一种虚假理想的局限,即有关清楚明确的符号和象征以及逻辑地构成语言的可能性的理想。"([德]伽达默尔:《哲学解释学》,夏镇平、宋建平译,第83页)此外,海德格尔在《语言的本质》中写道:"新近的语言科学和语言哲学研究越来越明显地把目标定在所谓的'元语言'(Metasprache)的制作上了。致力于这种'超语言'(Übersprache)之制作的科学哲学,被认为是'元语言学'(Metalinguistik)。这是很顺理成章的了。元语言学······其实它就是形而上学。因为元语言学即是把一切语言普遍地转变为单一地运转的全球性信息工具这样一种技术化过程的形而上学。"([德]海德格尔:《在通向语言的途中》,孙周兴译,商务印书馆,1997年,第128页)

它们嵌入语言的生活时才能生存并起交往的作用。"①

因此,第二,中国学术话语体系的当代建构只有立足于我们民族自身的语言(所谓"中国语")的基础之上,才有可能实际地开展出来并积极地被构成。一言以蔽之:中国学术话语必然是说"中国语"的。初看起来这是一种限制,然而在"单一语言"的形而上学幻觉破灭之后,恰恰是这种限制本身方始开展出建构学术话语体系的现实的可能性。威廉·冯·洪堡以其恢宏的才能指证了语言在整个民族生活中的奠基作用:语言是一个民族生存永远不能须臾相失的"呼吸"(Odem);正是通过一种语言,一个民族才得以凝聚,其基本的特性方始被完整地铸刻下来。不同的民族说不同的语言,而不同的语言乃是不同的"有机体"(Organismus),从而具有不同的从内部进行创造的原则。"语言仿佛是民族精神的外在表现;民族的语言即民族的精神,民族的精神即民族的语言,二者的同一程度超过了人们的任何想象。"②洪堡甚至将每一语言的内在形式阐说为一种独特的"世界观"(Weltanschauung)③——我们可以在葛兰西、伽达默尔等人关于语言的哲学论述中听到这一思想的遥远回声④。由此便可以理解,尽管黑格尔在哲学上对沃尔夫评价不高,但却盛赞他的"不朽的贡献",称他为"德国人的教师"。因为沃尔夫开始让哲学讲德语,从而使哲学成了"普遍的、属于德意志民族的科学"。黑格尔就此评论说:"只有当一个民族用自己的语言掌握了一门科学的时候,我们才能说这门科学属于这个民族;这一点,对于哲学来说最有必要。"⑤

---

① [德]伽达默尔:《哲学解释学》,夏镇平、宋建平译,第86页。
② [德]洪堡特:《论人类语言结构的差异及其对人类精神发展的影响》,姚小平译,商务印书馆,1999年,第52页;并请参看第33页。
③ 参看同上书,第25、72页;以及第49—50页。
④ 参看[意]葛兰西:《狱中札记》,葆煦译,人民出版社,1983年,第32—33页。[德]伽达默尔:《真理与方法》下卷,洪汉鼎译,上海译文出版社,1999年,第563—564、571—573页。
⑤ [德]黑格尔:《哲学史讲演录》第4卷,贺麟、王太庆译,第187页,并参看第188页。在此可以补充的是,当海涅以同样的口吻褒扬沃尔夫的时候,他将更大的荣誉归于马丁·路德:这位巨匠的《圣经》翻译,是将一种已死的语言译成一种完全还没有出生的语言。就此而言,"他给精神一个肉体。他也给思想一种语言。他创造了德语"(参看[德]海涅:《论德国宗教和哲学的历史》,海安译,商务印书馆,2000年,第45—47、76—77页)。

这里需要立即指出的是：当我们强调学术话语体系的建构必依循于某种"活的语言"并只能以某种民族语言为起点和基准时，决不意味着任何语言学上的"民族主义"和"孤立主义"。事实上，语言的真正模式首先就意味着说和听，亦即意味着对话和交流①。因此，原生语言的多样性不仅不与人类语言能力的单一性相抵牾，相反却是彼此互为前提的，就像在洪堡那里人类语言的普遍性是与个别化的具体语言（民族语言乃至个人语言）互为前提一样。在这个意义上，若论到当今中国学术话语体系的建构必以其民族语言为基点，那么这话的意思同时是说：唯从这一基点出发我们同外部世界的真正对话和交流（包括学习和模仿）才是现实地可能的。如果说，每一语言都包含着属于每个人类群体的概念和想象方式的完整体系，那么，"学会一种外语就意味着在业已形成的世界观的领域里赢得一个新的立足点"②。这当然意味着先前视域的扩展和能力的增益，用较为晚近的术语来说，意味着某种"视域融合"（Horizont-verschmelzung），但决不意味着自身立场的丧失或消除。伽达默尔说得对："所谓理解就是在语言上取得相互一致（Sich in der Sprache Verstndigen），而不是说使自己置身于他人的思想之中并设身处地地领会他人的体验。"③

最后，第三，中国学术话语体系的当代建构将表现为一项持续的任务，这项任务只有在那种唤起此议题的实体性内容本身得到充分发展，而我们的人文学术和社会科学又有能力深入到这种内容之中并开始思想时，方才有可能逐渐地完成。这是因为：只有当我们的历史性实践充分地开辟出自己的道路并开始积极地显示（即"道说"）其自身的时候，一种真正的"语

---

① "词语的交流是决定所有其他交流形式的源头。因为，智人（homo sapiens）首先是作为语言人（homo loquens），即会讲话的人类出现的。"[法]海然热：《语言人——论语言学对人文科学的贡献》，张祖健译，第 5 页)此外，可参考伽达默尔的说法："……语言的实际存在就在它所说的东西里面。人们所说的话语构成了一个我们生活于其中的共同世界。外语（活语言和死语言）的文学作品传给我们的整个传统的长链也属于这个世界。语言的真实存在就是，当我们听到话语时，我们就能接受并参加进去。"[德]伽达默尔：《哲学解释学》，夏镇平、宋建平译，第 65 页）

② [德]洪堡特：《论人类语言结构的差异及其对人类精神发展的影响》，姚小平译，第 72—73 页。

③ [德]伽达默尔：《真理与方法》下卷，洪汉鼎译，第 489—490 页。

言转换"(Wandel der Sprache)才是可能的,从而植根于此种"活的语言"之中的学术话语体系方始能够生成、发育并繁盛起来。因此之故,我们根本不可能撇开中国自近代以来之独特的现代化发展道路,而以一种实质上是完全无内容的和抽象的"理想语言"来构造出某种学术话语体系。"我们既不能强行也不能发明这种语言转换。转换并不是由创造新型的词语和词序来实现的。转换触及我们与语言的关系。此种关系……取决于我们作为被使用者如何归属于大道[Ereignis]。"①晚年海德格尔曾明确地说过,荷尔德林使他领会到,自铸新词是无益的②。为此他还以十分敬佩的口吻一再引用洪堡的两段话,其中的一段是说:"在语言构形的中间阶段……既有的语音形式对于语言的内在目的的适用性可以被看成是可能的。一个民族也许可以通过内在澄明与对外部境况的守护,给予它所继承的语言另一种形式,以至于它借此完全变成了另一种崭新的语言。"③

因此,中国学术话语体系的当代建构从根本上来说,将不可避免地从这一民族的历史性实践中取得其本己的实体性内容;至于这种话语体系的形式方面,我们可以在实现上述"语言转换"的进程中期待它自行造成。然而,即便是这样一种语言转换本身也并不是无条件的,其条件就是前面所说的"内在澄明与对外部境况的守护"。正因为如此,所以学术话语体系的建构任务同时也就会成为一项亟待深化的思想任务。

三

作为一项思想任务,中国学术话语体系之当代建构的核心点在于:当今的学术话语如何能够深入于我们的历史性实践所开启的特定内容之中,

---

① [德]海德格尔:《在通向语言的途中》,孙周兴译,第229页。
② 参看丁耘摘译:《晚期海德格尔的三天讨论班纪要》,载《哲学译丛》2001年第3期,第52页。
③ 该译文选自丁耘摘译:《晚期海德格尔的三天讨论班纪要》,载《哲学译丛》2001年第3期,第52页。原著的译文可参看[德]洪堡特:《论人类语言结构的差异及其对人类精神发展的影响》,姚小平译,第95—96页。

从而使这样的内容能够被真正的思想所把捉，并能够以学术的方式被课题化。由于这种实体性内容首先意味着"社会现实"，意味着由社会现实所规定的整个问题领域，所以，关于中国学术话语体系之当代建构的全部探讨最终都不能不归结为"社会现实"这个主题，即归结为：这样的现实是被不断切近地揭示出来呢，还是被日益疏隔地掩盖起来？由此便形成一个基本的尺度，依循这一尺度方始能够对学术话语进行深入的思想权衡，并对其体系之建构做出探索性的定向。

如前所述，学术话语体系的建构并不是单纯技术性质的，也不是能够通过某种外在的设计来进行人为安排的。如若把它当作一种理智的技术操作来理解，那么这几乎必错无疑。学术话语的建构肯定与此不同。在当下的议程中，它首先是思想的事业，而真正的思想不能不以切中现实为指归。约言之，当中国学术话语体系的当代建构体现为一项思想的任务时，这项任务的主旨就是：揭示并切中当今中国的社会现实。

这一点必须给予最突出的强调。因为在我们所谈论的建构任务中，目前面临的主要危险和障碍就是黑格尔所谓的"主观思想"及其"外部反思"——正是这种外部反思完全遮蔽了"现实"（Wirklichkeit）并使之陷入晦暗之中。按照黑格尔的看法，主观思想（或主观意识）的观点集中表现为抽象的"外部反思"：它是作为忽此忽彼地活动着的推理能力，却从来不知道如何深入于特定的内容之中，而仅仅知道如何把一般的原则运用到任何内容之上。因此，外部反思只是在"玩弄抽象空疏的形式"，而完全疏离于作为现实性的内容本身，即"自在自为地规定了的实质（Sache）"[1]。毋庸讳言，当今中国的人文学术和社会科学在相当大的程度上仍局限于这种"外部反思"的语境中。其突出的表现就是对于外来学术（尽管它们可以是"最新的"和"最先进的"学术）的盲从，亦即完全无批判、无反省地从中取得一般的原则，却从来不曾深入于特定的内容本身，而只是将这种抽象原则外

---

[1] 参看[德]黑格尔：《小逻辑》，贺麟译，商务印书馆，1981年，第300—305页；并请参看[德]黑格尔：《逻辑学》下卷，杨一之译，商务印书馆，1976年，第449—451页。

在地运用到任何内容之上。这是一种实质上的"无思想"状态;在这种状态中,中国学术话语的议题就会是根本不必要的和完全无意义的——因为我们似乎可以从外部现成地取得某种毋庸置疑的和已然完备的话语体系。无怪乎佩里·安德森曾引人注目地提示说,"中国需要的是一个有批判和反省能力的、拒绝盲从的知识界"。

因此,思想的任务就是要继续对从属于主观意识的外部反思进行最坚决的批判,并从这种批判中开启出社会现实的"新大陆"。这两个方面初始是从黑格尔哲学的遗产发源的:"因为黑格尔哲学通过对主观意识观点进行清晰的批判,开辟了一条理解人类社会现实的道路,而我们今天依然生活在这样的社会现实中。"[1]卡尔·洛维特曾正确地指出,当黑格尔把"现实"领会为本质与实存的统一时,他便史无前例地把现实的、当前的世界提升为哲学的内容。因此,最关紧要的事情就在于:弄清楚哲学的内容如何就是世界的或者可经验的现实的内容[2]。黑格尔的方案是:理性与现实在绝对唯心主义基础上的和解;也就是说,作为真理的现实乃是理念,而把握到理念就意味着揭示出最深刻的现实。如果说,黑格尔哲学正是从这里背弃了自己深入于真正的社会现实的初衷,那么,马克思由此而开展出来的诸多批判,以及伴随着这些批判的存在论革命及其主要成果——历史唯物主义,正在于拯救并重新开启社会现实本身。因此可以说,无论是思辨唯心主义还是历史唯物主义,都力图决定性地超出作为外部反思的主观思想,从而使"现实"的一度能够积极地绽露出来。然而对于前者来说,社会现实只是在理念自身的运动中获得其颠倒的反映并最终被溶解在依然是抽象的思想中;而对于后者来说,社会现实乃是在人们的生活—实践过程中形成和实现的全部社会关系的总和。历史唯物主义揭示出一个极其广阔的现实领域,虽说它已经培育出一些有价值的学术成果,但它在更大的

---

[1] [德]伽达默尔:《哲学解释学》,夏镇平、宋建平译,第111页。
[2] 参看[德]洛维特:《从黑格尔到尼采》,李秋零译,生活·读书·新知三联书店,2006年,第183—185页。

程度上还有待于我们的人文—社会科学去进一步理解、消化和吸收。海德格尔在1969年的一个讨论班上曾这样评论说：现今的"哲学"只是满足于跟在知性科学后面亦步亦趋，而完全误解了我们这个时代的"两重独特现实"，即经济发展以及这种发展所需要的架构；与此相反，马克思主义懂得这双重的现实①。

只有当主观思想及其外部反思彻底丧失其在思想领域中的支配权时，人文学术和社会科学才有可能深入"社会现实"中去；而只有当我们的学术研究能够真正契合、切近和开启社会现实的那一度时，中国学术话语体系的当代建构才算是在思想方面做好了准备，从而具有必要的基础。因为只有在这样的境域中，所谓"中国经验"才有可能被实际地构成，在此经验基础上的"中国问题"才有可能以其真相来同我们照面。抽象的外部反思只是扼杀或阻断真正的"中国经验"，只是通过先行的阉割而使这种经验的取得从根本上成为不可能。"按词语的准确意义讲，经验意味着 eundo assequi，亦即在行进中、在途中通达某物，通过一条道路上的行进去获得某物。"②在这里出现的就是哲学中所谓的"客观性（Sachlichkeit）告诫"：事物在自身中活动，事物是有自身存在的东西；我们对于事物所作的主观反思的自由游戏在真正的哲学思考中不起作用③。海德格尔在批判现代形而上学的基本建制时说，重要的是做出关于物自身的基本经验；但如果从我思（意识）出发，就根本无法做出这种经验④。与此相类似，我们可以说，对于中国的人文—社会科学而言，重要的是做出关于中国自身的基本经验；但只要从外部反思的主观意识出发，也就根本不可能再来做出这样的经

---

① 参看丁耘摘译：《晚期海德格尔的三天讨论班纪要》，载《哲学译丛》2001年第3期，第53页。
② ［德］海德格尔：《在通向语言的途中》，孙周兴译，第137页。此外，可参看该书第127页上的一段话："在某事（可以是物，人或神）上取得一种经验意谓：某事与我们遭遇、与我们照面、造访我们、震动我们、改变我们。'取得'（machen）一词在此短语中恰恰并不意味着，我们由自己去作成经验，'取得'在此意谓：就我们顺从与我们照面的某事而言，我们经受之、遭受之、接受之。这就是适合、适应和顺从于某事。"
③ 参看［德］伽达默尔：《哲学解释学》，夏镇平、宋建平译，第71—72页。
④ 参看丁耘摘译：《晚期海德格尔的三天讨论班纪要》，载《哲学译丛》2001年第3期，第55页。

验。总之,在当今中国的社会现实本身蔽而不明的情形下,也就无所谓真正的"中国经验"以及与之相勾连的"中国问题"了。在此必须认真思考的是：如果这样的经验和问题都不复存在了,我们的人文—社会科学将在何处措其手足呢？这难道不是意味着我们连自己的研究对象都已然要丧失殆尽吗？如果事情是这样的话,也就谈不上任何有意义的学术话语问题了。

由此便显示出批判方法的绝对必要性。"批判"之最简要、最基本的含义是：澄清前提,划定界限。黑格尔说,什么叫自由的思想？自由的思想就是不接受未经审查其前提的思想。马克思的"政治经济学批判"所做的工作无非是：揭示现代资本主义生产方式的现实前提和历史界限。而外部反思的观点则是完全非批判的。它从未试图真正触动并深入现实的内容之中,因而它对于社会—历史现象的现实前提和根本界限是完全无知的。当这种无知被普遍地当成是某种学术的"良知"时,我们的学术研究便不得不屈从于完全抽象的、无内容的形式主义和教条主义(不管是哪一种形式主义和教条主义,都无条件地从属于抽象的外部反思)。对于当今中国的人文—社会科学来说,批判一事的根本重要性就在于：舍此便不可能揭示当今中国的社会现实,从而便不可能再来构成真正的中国经验和中国问题。如果说,为了从外部反思的桎梏中解放出来,我们将特别地倚重批判的方法,那么,人文—社会科学的诸多学术路径——例如学习、研究、对话等等——就不能不是批判性的。然而,就学术的总体来说,无论是批判的方法本身,还是批判性的学习、研究和对话,归根到底都服从于切中社会现实这一主旨。唯因这一主旨,中国学术话语体系的当代建构方始成为一项具有原则高度和深刻内容的思想任务。

既然这一思想任务的目标是揭示当今中国的社会现实,既然这一思想任务的本原动力是由我们的历史性实践、独特的发展道路和民族复兴的筹划所源源提供的,那么,它就根本不可能局限于单纯的模仿或承继,而将是不可避免地指向一种意义深远的开拓与创造。卡西尔在概述古典文化的复兴时说,世界史上真正伟大的复兴运动都必然是一个原创性的胜利

(Triumphe der Spontaneitt),而不是单纯的容受性(Rezeptivitt)。文化精神史上最引人入胜的主题之一,就是去探寻这两个方面如何彼此交织并相互决定①。与之相应,当一种内部的革新需求达于其全面的力量与强度时,语言便会成为某个再度青春化的机体之生命感受的一种表达,并唤醒沉睡在语言中的潜能,从而使日常表达中的单纯偏离转变为某种形式上的崭新建构(Neugestaltung)②。如果说,我们正处在与之相类似的文明复兴的可能性中,如果说,我们的历史性实践已然开辟出来的道路正在不断提示着这一复兴事业所具有的世界历史意义,那么,中国人文—社会科学的学术前途就将被决定性地置于这一命运之中,就像其学术话语体系的建构将不可避免地由此命运来制定方向一样。对于我们的人文学术和社会科学来说,这既意味着一项使命,又意味着一种考验——历史给出一个艰巨的任务,以便来考验其承担者是否有足够的智慧和勇气能够胜任之,并从而完成之。

(2011 年)

---

① 参看[德]卡西尔:《人文科学的逻辑》,关子尹译,上海译文出版社,2004 年,第 177 页。
② 参看同上书,第 184 页。

三、论当代中国的精神重建及其思想资源

一段时间以来，我国哲学学术界一方面开始表现出破除学科壁垒并进行彼此对话的浓厚兴趣，另一方面又提出了深化思想并使之切中当今中国社会现实的更高要求。这两个方面实际上是互为表里的：它们植根于当今中国生气勃勃的历史性实践，植根于在这一实践过程中已经产生并且还在不断产生出来的思想任务①。

　　我们目前所面临的最紧迫、最重大的思想任务之一是：当代中国的精神重建。之所以这么说，一方面是因为中国近期以来在经济方面的快速增长，以及伴随着这一举世瞩目的"经济奇迹"而来的物质财富的巨大扩展；另一方面则是因为在这一发展过程中精神领域所面临的日益尖锐的挑战——这种情形可以被描述为精神的"普遍困境"：它正在成为一种能够被明显感觉到的普遍而深刻的缺失。这种缺失意味着：以往的或既与的精神样式已不再具有普遍的约束力了；虽说某些部分或片段依然在起作用，但我们却缺乏一种已然成熟的定型的精神形态，缺乏一种足以掌握并协调日益巨大的物质力量并使之获得自由表现的精神形态。正是这种普遍缺失的困境将精神重建的任务提到了思想面前。因此，我们关于当代中国之精神重建的探讨，完全是在当下历史性实践的基础之上并通过这种实践而被揭示出来的思想课题。

一

　　一般来说，精神建设也就是文化建设，或更确切些说，是文化建设的主

---

① 例如，自2001年以来，由《中国社会科学》杂志社创办的哲学学科间的对话论坛已历三届。而2011年论坛的主题是："融合中国哲学、西方哲学、马克思主义哲学三大学科资源，面对当下的中国问题，建构当代中国哲学的新形态"。这一主题本身表明，上述学科间对话的必要性已不仅仅出自一般所谓学科交叉与融合的形式要求，而且更多地服务于由当今中国的历史性实践而来的思想任务。

干。狭义的文化概念意指精神文化,而广义的文化概念则把精神领域把握为它的一个部分——一个可以被理解为"普照之光"的主导部分或枢纽部分。因此,任何一种文化建设都势必以精神建设为核心、为鹄的,并总已先行地依循此等精神的性质来设定和规范其整个文化的基本样态了。

既然"精神"作为文化的主干具有如此这般的重要性,那么,精神的建构将应如何来加以探讨并积极地开展出来呢?我们在这里首先遇到的障碍就是哲学上所谓的"主观思想"——也就是说,人们可以完全撇开事情本身的实体性的内容,可以根本不顾及这种内容在展开过程中的必然性,而仅只根据自己的主观想象、偏好、任意和武断来发表关于精神走向的各种各样的意见,并且"自由地"设计出各种各样的方案来。事实上,在当今知识界关于这个主题的诸多议论和观念中,我们很容易识别出各种类型的主观思想。其典型的形式就是完全抽象地设想出来的"应有",而根本不顾及这种"应有"与"现有"之间存在多么遥远的距离。需要指出的是,"应有"与"现有"的关系问题不仅是哲学上的根本问题之一,而且同我们目前的讨论有莫大的关联。从一个方面来说,整个德国古典哲学始终专注于此一问题,并最终将"应有"与"现有"的外部分离和对立归结为主观主义。就此而言,我们有理由提到黑格尔,因为正是这位哲学家对主观思想进行了持续不断的、有时甚至是苛刻的批判。黑格尔指出,在国家内表现自身的普遍原则,就是构成一国文化的那个一般原则;而这个原则在具体现实里的确定的内容,就是"民族精神"本身。它可以被理解为最广义的"宗教",即"一个民族对于它认为是'真'的东西所下的定义"①。然而,这样的"宗教"恰恰是具有实体性内容的,它根本不可能被主观地构成,被任意地设计出来,甚至也不可能按照假借的现成模式来加以复制或订造。"它的产生是自己产生(除此以外别无他道),它的含义是要深远得多。"②在这里得到显现的正是哲学上所谓的"客观性(Sachlichkeit)告诫"——伽达默尔称之为"我们

---

① [德]黑格尔:《历史哲学》,王造时译,上海世纪出版集团 上海书店出版社,2006年,第46页。
② 同上书,第47—48页。

所知道的哲学特有态度的起源"①。

在黑格尔看来,"民族精神"并不是抽象的、主观的和空洞的形式,毋宁说,它构成一国文化的真正实体性的内容,或径直就是其"实体"本身。民族精神是一"成熟的全体",反映一个民族的本质。作为一种"决定的精神",它构成"一个民族意识的其他种种形式的基础和内容"②。在这个领域中,实体性的民族精神乃是"自我决定",而主观思想及其外部反思的"自由游戏"是不起作用的,相反,它们倒只能是被决定的意识。因此,若说到精神重建的主题,任何仅只从属于主观思想而无意于深入实体性内容本身中去的"意见"——各种各样的想象、模仿、设计或安排,以及总是伴随这一切的高谈阔论,说到底乃是完全非批判的虚构。与此相类似,在谈到某种试图以主观的方式来人为地制造宗教的企图时,马克斯·韦伯曾不无讥讽地写道:"文化人、学者或咖啡馆里的知识分子总爱将宗教情绪纳入自己印象与感觉的库存。可这种嗜好从未导致新宗教的出现。宗教复兴也不可能因作家们写书的冲动,或精明出版商的销售愿望,而突然降临人世。无论知识分子多么能从表面上激起广泛的宗教热情,他们的兴致和闲谈从未制造出任何宗教。"③

为了能够恰当地理解和谈论所谓"精神"和"精神建设"的主题,必须首先超越主观思想,并把这一超越牢牢地置入哲学的观念中。扬弃主观思想或主观意识的概念在黑格尔那里被突出地表述为客观精神。"……这是一种围绕着我们所有人,但谁对它都不具有一种反思自由的精神。这个概念的含义对黑格尔具有根本的意义。道德精神、民族精神的概念,黑格尔的

---

① 参看[德]伽达默尔:《哲学解释学》,夏镇平、宋建平译,上海译文出版社,1994年,第71页。
② 参看[德]黑格尔:《历史哲学》,王造时译,第48页。黑格尔在另一处还写道:"……每一个民族的国家制度总是取决于该民族的自我意识的性质和形成;民族的自我意识包含着民族的主观自由,因而也包含着国家制度的现实性。""因此,没有一种国家制度是单由主体制造出来的。"([德]黑格尔:《法哲学原理》,范扬、张企泰译,商务印书馆,1961年,第291页)
③ [德]韦伯:《宗教社会学》,康乐、简惠美译,广西师范大学出版社,2011年,第175页。(这里的中文译文采用另一文本,参看[美]丹尼尔·贝尔:《资本主义文化矛盾》,赵一凡等译,生活·读书·新知三联书店,1989年,第39页。)

整个法哲学——所有这一切都依赖存在于人类共同体秩序中的主观精神的超越性。"①正是立足于客观精神的概念,黑格尔批判了形式的知性、形式的意志和自由、外部反思、无内容的推理和空洞的抽象,一句话,批判了主观思想的各种表现形式。这样的批判表明,主观思想在存在论(ontology)上的要害在于:"我们的思想"与"物自体"之间被设定了无限的分离;在此分离的基础上则造成包括"应有"与"现有"在内的一系列的外部对立,并导致了对实体性内容的真正疏远和遗忘②。

尽管黑格尔对主观思想进行了深刻的和卓有成效的批判,但他却把精神的本质仍然置放在精神的"内部自身"(绝对精神),就像他把思想的本质理解为思想的"内部自身"(思辨的思维)一样。主观思想在客观精神的概念中被扬弃,而客观精神本身则由于它被绝对精神所超越而获得真正的哲学证明。这样一来,实体性的内容本身作为绝对(永恒、神圣、真理)就被神秘化了。对于绝对唯心主义的具有决定意义的批判来自马克思,正是这一批判彻底改变了对于整个"精神"世界的理解方式。

洛维特曾经指出,马克思在某种意义上针对费尔巴哈而捍卫黑格尔,是因为黑格尔在客观精神的学说中把握了普遍者的决定性意义;而马克思之所以又赞同费尔巴哈而反对黑格尔,是因为黑格尔在哲学上把历史的普遍关系神秘化了③。在马克思看来,这种神秘化的真正领域乃是精神的"内部自身",也就是精神的自我决定和自我活动(围绕自身的不停息的旋转),是精神的外化(从自己的"纯粹活动"转而创造对象),因而是作为思维的思维、作为知识的知识,即意识,直接地冒充为它自身的他物(感性、现

---

① [德]伽达默尔:《哲学解释学》,夏镇平、宋建平译,第113页。对于作为客观精神的民族精神,黑格尔这样写道:"它是具有严格规定的一种特殊的精神,它把自己建筑在一个客观世界里,它生存和持续在一种特殊方式的信仰、风俗、宪法和政治法律里——它的全部制度的范围里——和作成它的历史的许多事变和行动里。"([德]黑格尔:《历史哲学》,王造时译,第68页)
② 参看[德]黑格尔:《小逻辑》,贺麟译,商务印书馆,1980年,第120、34页。
③ 参看[德]洛维特:《从黑格尔到尼采》,李秋零译,生活·读书·新知三联书店,2006年,第127页,注①。

实、生命)①。而解除这种神秘化的存在论批判则从根本上表明:"意识[das Bewutsein]在任何时候都只能是被意识到了的存在[das bewußt Sein],而人们的存在就是他们的现实生活过程。"②这意味着,所谓精神世界的本质性并不在于它的"内部自身",而在于人们的现实生活过程(我们可以把它简要地称之为"人民生活")。这样一来,那些一般地归属于精神领域并被看作是"民族精神"之基本样式的道德、宗教、哲学等等,便被把握为"意识形态";而意识形态及其与之相适应的意识形式便丧失了其独立性的外观。"它们没有历史,没有发展,而发展着自己的物质生产和物质交往的人们,在改变自己的这个现实的同时也改变着自己的思维和思维的产物。"③

正是这一哲学存在论的变革以及在此基础上的意识形态批判,开辟了一条深入地理解整个精神世界及其演化之现实基础的道路。由于这条道路本质地要求着深入于"人民生活"本身并从而切中真正的"社会现实",所以它一方面坚决拒斥那些完全无视或遮蔽现实(Wirklichkeit)的主观思想,另一方面则深刻瓦解了精神世界仅仅立足于自身之上的神话学,从而把对精神—意识形态的分析和研究置放在作为"人民生活"的社会现实这一牢固的基础之上。这是一个首先必须明确的根本之点。由于精神的"建构"既不可能依循主观的猜度或设计,也不可能局限于精神之所谓绝对性的内部自身,所以,我们关于"当代中国之精神重建"的探讨便将采取这样一种方式:从中国当下发展的现实境况出发,来探究其在展开过程中表现为必然性的东西,从而来阐说这一发展之未来的现实可能性,并在此基础上指证其精神建构的基本定向和思想资源。

二

当今中国的发展往往被最为通常地概括在"现代化"一词中,而现代化

---

① 参看《马克思恩格斯全集》第 3 卷,人民出版社,2002 年,第 333、324、328 页。
② 《马克思恩格斯选集》第一卷,人民出版社,1995 年,第 72 页。
③ 同上书,第 73 页。

一词又往往最为通常地意指进入"现代文明"之中。于是,未被深究的"现代文明"便经常作为一种纯粹形式的和空洞的抽象,来构成一种与实体性内容完全分离隔绝的普遍性。依照这种普遍性,我们仿佛能够用"现代化"的符咒把任何一个民族或国家驱迫进"现代文明"的标准尺度中。然而,除了某些极为稀薄的抽象之外,这种空洞的普遍性却实际地意味着某种普遍的意识形态幻觉。

为了从这种幻觉之中摆脱出来,我们首先必须从内容本身来思"现代文明",特别是那些以抽象形式表现自身的文明尺度。由此不难发现,"现代文明"之被定义的内容与实质,它获得理解的基础与根据,以及被用来进行推理和想象的标准与法则,无一不将此一文明揭示为西方文明、欧洲文明,更确切些说,资本主义文明。所谓"现代文明"首先是——而且不能不是——地域性的。所以马克思在阐说资本主义的起源时,将这一历史概述明确地限制在西欧的范围内①;而海德格尔在谈到形而上学的历史"天命"时,尼采在指证虚无主义的兴起时,胡塞尔在论说现代科学的危机时,同样严格地将其限制在"欧洲"或"西方"的范围内②。至于黑格尔,则用"日耳曼世界"(第三期)赋予现代文明以同样的规定③。

然而,这一文明的一个更加重要的——事实上是本质重要的——规定是:资本主义文明。就此而言,似乎本不必再提许多前辈思想家已然作出的根本性的思想贡献。只是当现代性意识形态及其最为空洞的抽象将这一本质规定掩盖起来时,才意味着有必要重新揭示真相。因此,沃勒斯坦尖锐地抨击了"现代化理论"——这一理论的"现代化"范式遮蔽了"现代世界"的资本主义性质,严重地模糊了其中实际存在着的冲突和斗争。"我们并非生活在一个现代化的世界,而是在一个资本主义的世界。"④类似的观

---

① 参看《马克思恩格斯选集》第三卷,人民出版社,1995年,第341—342页。
② 参看海德格尔《哲学的终结与思的任务》、尼采《权力意志》、胡塞尔《欧洲科学危机和超验现象学》等。
③ 参看[德]黑格尔:《历史哲学》,王造时译,第324页,第386页以下。
④ [美]伊曼纽尔·沃勒斯坦:《沃勒斯坦精粹》,黄光耀、洪霞译,南京大学出版社,2003年,第137页;并参看第135—138页。

点也出现在伊格尔顿最近的新著中,而詹姆逊则明确声称,"现代性唯一令人满意的语义学意义在于它与资本主义的联系"①。

当其现实的和根本的内容被真正把握住时,"现代文明"这个术语本身是完全无害的:它是西方—资本主义文明,是一种特殊的、具体的文明,是一个复杂的有机的整体。因此,熊彼特是有理由把西方资本主义当作一种"文明"来谈论的,他把这种文明理解为与基督教有联系的、"不平等的和家庭财产的文明",理解为一种由独特的价值体系、生活方式和生活态度而获得具体化的文明②。然而,当我们把西方资本主义文明作为一种特殊的、具体的和历史性的文明来理解时,是否因此就否认了它的"普遍性"呢?不,恰好相反,一种真实的和有内容的普遍性只是在上述理解的基础上才开始显现出来。这种普遍性就是由某一"世界历史民族"所开创、所缔造、所代表的文明必然具有的"世界历史意义"③。就一种现实的和具体的文明而言,它所具有的"世界历史意义"乃是唯一一种得到恰当领会的普遍性。如果说,黑格尔是通过精神在自我运动中展开其各环节的具体化来规定诸文明的世界历史意义,那么,马克思则首先根据人们的现实生活本身所获得的推动与改造以及这一过程的实践展开来揭示现代文明的普遍性,亦即其世界历史意义:它创造出巨大的生产力和史无前例的文明成就,它摧毁了一切封建的和宗法的关系并使整个社会生活得到革命性的改造,它彻底变革了传统的生产方式并使生产日益社会化……最后,它把历史转变成真正的"世界历史":由于开拓了世界市场,它使一切国家的物质生产和精神生产都成为世界性的了④。关于现代文明之世界历史意义的论断,在马克思的著作中几乎到处都可以读到,以至于阿伦特曾不无惊叹地说过,马克思是给予资本主义以最高的褒奖了。

---

① 参看[英]伊格尔顿:《马克思为什么是对的》,李杨、任文科、郑义译,新星出版社,2011年,第3页;[美]詹姆逊:《单一的现代性》,王逢振译,中国人民大学出版社,2009年,第11页。
② 参看[美]熊彼特:《资本主义、社会主义与民主》,吴良健译,商务印书馆,1999年,第16、31、38页。
③ 参看[德]黑格尔:《历史哲学》,王造时译,第59、64、70页。
④ 参看《马克思恩格斯选集》第一卷,第274—277页。

然而,只要一种文明的真正普遍性在于它所具有的"世界历史意义",那么,这种普遍性本身就不能不是历史的。正像每一种文明都是历史地生成并且也历史地繁盛和衰老一样,它所具有的世界历史意义同样是历史地获得并且也历史地辉煌和耗尽的,尽管其成果得以恒久地持存于历史的记忆中。那些记忆中的成果时而可能被"复活",但这种复活本身仍然是为历史所开启并且由历史来重新制定方向的。也许有人会问,难道真正的普遍性能够是历史的吗?是的,就每一种文明实体来说,它所具有的普遍性只能是历史的,否则就谈不上任何一种有意义的普遍性。那种非历史的、抽象的普遍性对于我们的论题来说不过是纯粹的意识形态神话,它们至多只能是——如德罗伊森颇为尖刻地所说——"阉人般的客观性"那种意义上的普遍性。以历史为原则的黑格尔哲学首先将任何一种文明实体的普遍性把握为历史的:一个世界历史性民族的独特历史,一方面包含着其作为世界精神之环节的原则的发展,另一方面则包含着衰颓灭亡的时期;"这种情况指出,精神过渡到了那个更高原则,而另一个民族获得了世界历史的意义"①。我们很容易想见的一个世界历史性的转折是:当罗马世界在其伟大文明的巅峰上跌落并趋于瓦解时,是"野蛮的"日耳曼人为欧洲重新注入了活力,从而开启出生气勃勃的新文明类型。

正是在"历史的本质性的一度"②上,现代文明(或西方—资本主义文明)的历史限度乃是不言而喻的。因此,在哲学上真正重要的是:在揭示现代文明所具有的世界历史意义的同时,指证其如何在展开过程中不可避免地进入其终结阶段,就像海德格尔试图在追踪形而上学之世界历史天命的行程中来追究它如何在现时代进入其终结阶段一样。至于这样的"终结阶段"如何到来以及将趋向何方,还会有不同的主张和持久的争论。我们一点都不想否认资本主义文明的历史性成就,也不想否认近一百年来资本主义的继续发展(包括其在各个方面的改进与完善),但这一发展却不可能

---

① [德]黑格尔:《法哲学原理》,范扬、张企泰译,商务印书馆,1961年,第354页。
② 参看[德]海德格尔:《海德格尔选集》上卷,孙周兴译,上海三联书店,1996年,第383页。

改变其整体的性质及根本的命运，也绝不意味着这一文明具有无限制发展的可能性。总之，唯有当历史事物的本质性被思想充分地吸收并且为一般的社会科学意识所消化时，才有可能真正把握当代世界的社会现实，才有可能真正深入于中国当下的实际发展处境，并在展开过程的必然性方面来寻绎此一发展之未来的现实可能性。

近代以来的中国发展确实部分地从属于现代文明的普遍性，这首先是由于西方—资本主义文明"在它的那个阶段获得它的绝对权利"①。海德格尔把这种情形称之为西方历史"扩张为世界历史"，或地球和人类的欧洲化（Europisierung）②。而马克思则明确写道：现代资本主义文明"使未开化的和半开化的国家从属于文明的国家，使农民的民族从属于资产阶级的民族，使东方从属于西方"③。这是一种必然的但也始终是历史性的从属关系。我们可以从近代西方的早期海外贸易、整个殖民主义的历史、世界市场的开拓、各种形式的战争，一直迄于当今时代的经济和政治的世界格局中，观察到这样的从属关系，以及这种关系的递嬗演变。很显然，特别是自 1840 年以来，中国是无可争议地进入这样一种命运般的从属关系中去了。我们在这里感兴趣的不是中国在这种从属关系中的整个演进过程，而是这一过程的历史性结果及其对当今中国的发展所提供出来的可能性指向。

正是由于中国的发展对于西方—资本主义文明的部分从属，所以它在发展进程中能够不断地吸收并占有这一文明已然提供出来的主要成果，并构成当今中国由以发展的本质重要的一部分。尽管这个部分的构成必然是对象性的，也就是说，只能依循此一发展道路本身所形成的需要和可能来实际地构成，但它的重要性却是毋庸置疑的。马克思在谈到各民族发展道路的独特性时，特别是在谈到俄国的发展有可能越过"资本主义制度的

---

① 参看［德］黑格尔：《法哲学原理》，范扬、张企泰译，第 353 页。
② 参看［德］海德格尔：《海德格尔选集》下卷，孙周兴译，上海三联书店，1996 年，第 811、1019 页。并参看［德］海德格尔：《同一与差异》，孙周兴译，商务印书馆，2011 年，第 148—150 页。
③ 《马克思恩格斯选集》第一卷，第 277 页。

卡夫丁峡谷"时，几乎在每一处都标明这样一个根本前提，即充分占有资本主义文明所创造的一切积极成果——"使人类丰富起来的那些成果"①。很明显，如果没有世界历史的开辟，没有东方的农业民族对于西方—资本主义文明的部分从属，这种现成占有就是根本不可能的。同样明显的是，如果没有这样的占有，东方的农业民族就不能分享现代文明所具有的世界历史意义，就会使自身居留于支离破碎的停滞、纷乱和瓦解中，或将自己的前途设定在浪漫主义倒退的定向中。

然而，世界历史的开启所造成的影响并不是一义性的，中国的发展同样由于它的"部分从属"而极大地反作用于现代资本主义文明本身。正像马克思在1853年引用黑格尔的"两极相通"来谈论这种作用时所说的那样：当西方列强用军舰把"秩序"送到上海、南京时，中国却把"动乱"送往西方世界②。而目前正在逐渐呈现出来的一个具有极端重要性的反作用是：中国当下的快速发展正在驱迫现代文明迅速地、不可遏制地抵达其终结阶段。

现代资本主义文明是有其历史界限的。就像西斯蒙第从经济学上指证过这种界限一样，马克思、尼采、海德格尔等大哲都曾以各自的方式论证了这一文明之不可避免的历史界限。然而，未曾料到的是：当今中国的发展竟然如此迅捷、如此直接地将这种界限凸显出来，以至于这种界限的极端甚至在实践的现实性方面都变得清晰可见了。一方面是自然界限的极端，由于人口的众多和体量的巨大，中国的发展已经揭示并且还在不断地揭示此一极端的快速临近。只要我们的发展目标暗中指望美国式的资本主义及其生活方式，我们就会在自然方面需要一整个"地球表面"，而2025年的印度则需要另一个……这是可以用自然科学的精确性来加以描述的。虽说其间或许存在某些可以争议和调整的空间，但地球本身及其资源的有限性是绝对不可能满足资本原则和主体性哲学之无限扩张欲望的。如果

---

① 参看《马克思恩格斯选集》第三卷，第340—342、761—773页。
② 参看《马克思恩格斯选集》第一卷，第690—697页。

这一对立终于以其高度紧张的形式显现出来，那么我们就很容易看到：
"人类和地球的欧洲化如何在源泉那里消耗着一切本质性的东西。"①

另一方面是：伴随着当今中国的快速发展，现代文明本身的社会生活界限也以其特有的方式显现出来了。在以资本为原则的整个经济领域中通行的唯一法则是"唯利是图"，这正是马克思在现代社会的"犹太本质"或"犹太精神"（Judentum）一词中所揭示的"市民的社会原则"②，也是一切经济学解决所有问题的最终原理（所谓最大净收入原理或最低成本原理）③。然而建立在一个唯利是图的经济—市场结构基础之上的社会生活是有其限度和条件的。在西方，其精神和文化的条件就是作为救赎宗教的基督教；而在完全没有这种救赎宗教传统的中国，若无相应的并且有足够平衡力量的精神—文化建制，则这种唯利是图的结构适足以毁灭性地瓦解整个社会生活。很明显，由这一结构自发地产生的意识形态只能是利己主义，是利己主义的无限制的发展，即为所欲为；因此，如果没有对罗马世界的宗教和法律传统进行现代的改造和利用，就是西方资本主义社会也早就自行瓦解了。托克维尔曾这样写道："……法律虽然允许美国人自行决定一切，但宗教却阻止他们想入非非，并禁止他们恣意妄为。"④

当马克斯·韦伯指证新教伦理与现代资本主义精神的内在联系时，他确实颇有识见地提示了欧洲资本主义得以形成和发展的重要的精神—文化条件⑤。这种提示在另一个方面也意味着：在没有这种条件的地方之所以不会自发地发展出现代资本主义，是因为作为一个有机体的社会往往会

---

① [德]海德格尔：《海德格尔选集》下卷，孙周兴译，第1019—1020页。
② 参看《马克思恩格斯全集》第3卷，第191—198页。
③ 参看[美]熊彼特：《经济分析史》第3卷，朱泱等译，商务印书馆，1994年，第247—248页。此外，韦伯在谈到当代资本主义诸先决条件时写道："总起来说，对于各种需要的供应必须有可能完全以市场机会和净收益测算为基础。"（[德]韦伯：《经济通史》，姚曾廙译，上海人民出版社，2006年，第174页）
④ [美]托克维尔：《论美国的民主》上卷，董果良译，商务印书馆，1988年，第339页。
⑤ 参看[德]韦伯：《新教伦理与资本主义精神》，康乐、简惠美译，广西师范大学出版社，2010年，前言第4—13页，第23—24、173—185页；[德]韦伯：《经济通史》，姚曾廙译，第173—174、210、212—214、228—231页；[德]韦伯：《儒教与道教》，洪天富译，江苏人民出版社，1995年，第123—124、256—260页。

"本能地"倾向于避开它的自行崩溃。只有那种如柯尔施所说的"对意识形态的先验蔑视"①的观点,才会完全无视此一精神—文化条件的重要性。总之,当今中国的快速发展使现代文明的社会生活界限也清晰地显现出来了,我们在前述所谓普遍的精神困境中不能不意识到:如果没有一种既对我们本身具有积极的效准、又能真正"消化"资本原则的精神—文化建制,那么,由唯利是图所开展出来的为所欲为,将会使整个社会及日常生活自行瓦解,并陷入一场全面的危机中。"当政治纽带松弛而道德纽带并未加强时,社会怎么能免于崩溃呢?"②

三

需要指出的是:现代文明之界限的迅速临近,并不是我们自外于或趋避于这一文明,而是在中国的发展大规模地进入这一文明所打开的区域中并与之具有"部分从属"关系的情况下,才得以突出显现的。而在如此这般的实践中得到显现的界限,对于当今中国发展的历史定向来说,从而对于在此一发展中进行精神—文化建设的基本取向来说,显然具有十分重要的意义。

有一种往往被称之为"全盘西化"的观点认为,只要将中国的发展对于现代文明的"部分从属"转变为"全体从属",一切问题就迎刃而解了。按照这种见解,中国的发展真正说来无非就是完全地、彻底地进入西方—资本主义文明中去。因此,归根结底并不存在有意义的中国经验和中国问题,也不存在真正的精神建设任务,因为一切都已现成地置放在令历史终结的西方文明的神龛里了。至于实际的行程之所以如此不听使唤,那只是由于历史的粗陋和笨拙,由于人们的愚钝和蒙昧罢了。于是,这样的观点便用

---

① 参看[德]柯尔施:《马克思主义和哲学》,王南湜、荣新海译,重庆出版社,1989年,第41—42、46—48页。
② [美]托克维尔:《论美国的民主》上卷,董果良译,第341页。

最稀薄的抽象来谈论全部文明的"普遍性",并通过"世界历史"的概念描画出一幅规范的、绝对的、最终的和齐一的文明图景。

然而,现代文明的普遍性以及导致了后来被称之为"全球化"的世界历史,难道有可能制造出一个阉割掉一切民族之特殊性的齐一化的世界,并从而使其全部赋有个性的实体性内容归于寂灭吗?① 往往有人试图把这种完全无思想的虚构强加给马克思,但没有比这种强加更荒谬的了。在马克思看来,不要说西方资本主义文明,就是共产主义文明也不会具有这种抽象的普遍性。他最坚决地驳斥了那种关于一般发展道路和世界彻底齐一化的历史哲学,因为这样的历史哲学立足于下述神话:"……一切民族,不管他们所处的历史环境如何,都注定要走这条道路,——以便最后都达到在保证社会劳动生产力高度发展的同时又保证每个生产者个人最全面发展的这样一种经济形态。"②事实上,这种抽象普遍性的神话来自现代意识形态的一般幻觉。就像这种意识形态把特殊阶级的利益说成是普遍利益、把"普遍的东西"说成是占统治地位的东西一样③,它也把一定历史阶段上的特殊文明类型虚构为自然的、普遍的、非历史的和永恒的文明。

这里牵涉到的一个哲学上的重大问题是普遍与特殊的关系问题。形式的知性无法从根本上解决这个问题,而只有超越这种知性的立场,才能真正把握所谓普遍性与特殊性之间的辩证关系。由于论题的限制我们不可能就此在哲学上详加展开,但需强调的一点是:这两者之间的辩证关系

---

① 这从根本上来说是不可能的,而且永远不可能。黑格尔在谈到拿破仑的伟大征战时说:拿破仑想要"先验地"给予西班牙人一个自由制度,但他却不可避免地失败了。因为"如果要先验地给一个民族以一种国家制度,即使其内容多少是合乎理性的,这种想法恰恰忽视了一个因素,这个因素使国家制度成为不仅仅是一个思想上的事物而已。所以每一个民族都有适合于它本身而属于它的国家制度"([德]黑格尔:《法哲学原理》,范扬、张企泰译,第 291 页;并参看[德]黑格尔:《历史哲学》,王造时译,第 423 页)。此外,现代资本主义文明以及全球化也完全不可能制造一个真正齐一化的世界。齐泽克说,在世界资本主义中,多元文化主义是真实的。"现代资本主义是真正多国的以及多文化的,因为它没有最终的社会文化所指。"(参看[斯洛文尼亚]齐泽克、[英]戴里:《与齐泽克对话》,孙晓坤译,江苏人民出版社,2005 年,第 160 页)

② 参看《马克思恩格斯选集》第三卷,第 342 页。

③ 参看《马克思恩格斯选集》第一卷,第 99—101 页。

同时就意味着这种关系不能不是历史性的。正如我们前面已经说过,现代文明具有"世界历史意义"——就此而言且在此范围内它是普遍的。在把握了历史原则的哲学看来,世界历史的普遍性始终是为特殊的民族精神所鼓舞、所推动,并通过其实体性内容而获得表现的。"在世界精神所进行的这种事业中,国家、民族和个人都各按其特殊的和特定的原则而兴起,这种原则在它们的国家制度和生活状况的全部广大范围中获得它的解释和现实性。"①在世界历史的行程中,任何一种真实的普遍性都只能通过特殊的民族精神来表现。这样的民族精神仿佛是"一个个人",即独特的、有机的和禀赋个性的生命体。所以,体现世界精神之诸环节诸阶段的各种民族精神,无非是"它们的道德生活、它们的政府,它们的艺术、宗教和科学的特殊性"②。

当代中国的精神建构只能依循其现实的发展道路来获得定向;而当今中国发展的实际可能性,则一方面依其部分地从属于现代文明,另一方面则由其完全进入此种文明中去的不可能性而获得基本定向。除开中国之部分从属于现代文明的发展已使这一文明的历史界限迅速临近之外,中国的发展之所以不可能完全进入西方—资本主义文明中去,是由于这一文明本身在根基上的特殊性。黑格尔以下述短语极为简要地提示了这种特殊性:现代世界是基督教的世俗化。"日耳曼各民族的使命不是别的,乃是要做基督教原则的使者。"③如果说,仅仅以某种宗教来标识历史时代的做法是历史唯心主义的,那么,我们要做的则是把宗教本身理解为植根于"人民生活"之中的精神表现,理解为这一生活在观念形态上的反映。正像在早期罗马世界中人们的实际生活过程发展出形成并巩固基督教观念的现实基础一样,早期日耳曼世界诸民族的历史包含着应和并强化以基督教定向来实施文明化的生活基础。正是在这样的基础之上,基督教才发展成为

---

① [德]黑格尔:《法哲学原理》,范扬、张企泰译,第353页。
② 参看[德]黑格尔:《历史哲学》,王造时译,第49页。
③ 同上书,第321页,并参看第313、321—323、385、395—297页。

具有支配性统摄力的"文化实体",并通过其历史性的调整(宗教改革)来构成现代资本主义文明之实际起源的精神—文化条件。换言之,一方面是先前人们的物质生活条件成就并开展出基督教世界的基本观念,另一方面是这种观念体系渗入并强有力地规定着这一生活过程的持续运行和实际走向。因此,一旦我们就现代世界本身划出一个严格的断代,则这个世界的展开就仿佛是"基督教的世俗化",而现代世界的奠基就仿佛是基督教教化的结果了。

没有什么比这一点更清晰地表明:中国的发展根本不可能完全进入西方—资本主义的文明中去。之所以如此,是因为基督教的世俗化就其在"人民生活"中所揭示出来的意义与实质而言,无非是"个人"——"原子个人",即具有独立人格或人格性(personality)的个人——的历史性生成,是这种历史地成长起来的"个人"构成西方—资本主义文明的独特前提。因而,我们也可以就此过程之互为表里的另一面说:作为这一文明之重要前提的"原子个人",在西方是经过一千多年基督教教化而形成的。这个核心之点规定着西方—资本主义文明之各个方面——经济、政治、社会、文化等等——的基本建制,并赋予其本质特征。这样的"个人"不是自然的产物,而是历史的产物,是以往西方之独特历史的产物;因而从其否定的一面而言,只有在血缘的、半血缘的、伦理的、半伦理的、宗法的、半宗法的关系从整体上瓦解殆尽的基地上,才产生出如此这般的"原子个人"。然而,当我们的不少学者在谈论中国问题时先验地虚构原子式的个人并且完全无头脑地由此来进行各式各样的推演时,这样的"个人"还根本没有从中国历史的现实过程中实际地产生出来。需要强调的是,我们直到今天也没有任何理由能够指望用一千多年的基督教教化来造就这种抽象的人格或人格性(假定这是可能的),以便来实现一个彻头彻尾西方标准的现代化;我们也没有任何理由指望现实的中国人会在西方资本主义文明衰竭之前变成这种原子个人(仿佛我们立志要分享这一衰竭似的),变成真正的清教徒(Puritans)或边沁式的个人主义者。

黑格尔曾深刻地并反复地论证了在罗马世界中"被当作原子看待"的

个人的形成状况:抽象的个人人格如何成为纯粹形式的"内在性",如何作为所有权使个人进到"法人"地位,如何使政治机体分解为作为许多原子的"私人",以及如何在基督教的一定阶段上使"原子化的主观性"与上帝等同起来①。正是在这般收获的基础之上,日耳曼世界的第三时期意味着世俗性对基督教的真实价值已获有一种意识。"独立的合法性这个意识,是由于基督教自由的恢复而觉醒起来了的。基督教原则现在已经过了可怕的文化训练,并且开始从'宗教改革'取得了真理和实在。"②在这个意义上,现代文明作为基督教的世俗化,可以被理解为一个承续着特殊传统的具体的变革,一个在其实体性内容方面具有独特定向的文明机体的生成。因此,韦伯在比较儒教和清教以分别不同文明类型时,是主要把独特的宗教当作不同民族的特殊"心态"(Gesinnung)——即对世界的实际态度——来关注的③,而托克维尔在比较法国和美国的民主制度时,是把独特的宗教作为"民情"——习惯、思想和习俗的总体,或一个民族的整个道德和精神面貌——的主干来加以阐述的④。

当我们充分把握了西方—资本主义文明之获取其内容的种种现实的具体化之后,那种所谓一般的发展模式、完全齐一的现代文明等抽象的普遍性也就无法真正立足了。中国的发展完全不是以基督教教化为前提的,换言之,不是以具有抽象人格的个人即"原子个人"为前提的。如果说,西方资本主义的整个现代建制是以原子个人作为前提条件的,那么彻底西方化的可能性就在于把中国人先验地置放在欧洲中世纪的废墟上,并使之成为黄皮肤黑头发的堂吉诃德或浮士德。这是一种根本上的不可能性。帕森斯曾说:"如果像人们经常设想的那样,对环境不加限制就足以引起一个现代资本主义的发展,那么肯定远在近代以前,现代资本主义就在中国

---

① 参看[德]黑格尔:《历史哲学》,王造时译,第 261—262、295—299、302—303、308 页。并参看[德]黑格尔:《法哲学原理》,范扬、张企泰译,第 44—49、54—56 页。
② [德]黑格尔:《历史哲学》,王造时译,第 324 页。
③ 参看[德]韦伯:《儒教与道教》,洪天富译,江苏人民出版社,1995 年,第 256—278 页。
④ 参看[美]托克维尔:《论美国的民主》上卷,董果良译,第 332—349、354—359 页。

产生了。"①此等幻觉只有在展开过程的必然性被揭示的地方才会烟消云散,而这种必然性是:中国的发展根本不可能被完整地吸收到现代资本主义文明体系中去——中国发展道路的实际可能性首先就来自于这种不可能性。

四

从前面的讨论中我们获得了两个基本见解:第一,中国的发展只是部分地从属于现代资本主义文明,而这种具有部分从属关系的大规模发展如今却迅速抵达该文明的历史界限;第二,中国的发展是在与西方完全不同的历史前提的基地上开展出来的,因而这一发展根本不可能完全进入现代资本主义文明中去。这意味着,我们会很快面临一个根本的转折点。在这个转折点上,中国之实际地参与到(而不是拒绝)现代世界中去的发展因素,将不可避免地——辩证地——转化为使现代资本主义文明处于解体状态的因素。因此,中国的未来要么仅仅作为从属的一支而一并(甚至更快)进入此种解体状态中去,要么是在自身发展的独立性中开启出新的文明类型。

这意味着我们正处于一种危险与希望并存的发展之中。其危险在于:由于中国不可能被完全吸收到现代资本主义文明中去,又由于其发展的巨大速度与能量将很快冲决这一文明的固有界限,所以它就很可能在处于西方所谓的"现代解放"之前,就处于现代崩溃的境地。然而,正是这种高度紧张的危险,提示出真实的希望。如荷尔德林所说:哪里有危险,哪里就有希望。就其希望的一面而言,中国发展的前景唯意味着开启新文明类型的可能性。

当代中国的精神重建只能由此种可能性来获得基本定向。也就是说,

---

① [美]帕森斯:《社会行动的结构》,载何兆武等主编:《中国印象——世界名人论中国文化》,广西师范大学出版社,2001年,第251页。

只能依循当代中国的历史性实践所产生的可能性来取得其基本规定;而如此这般地开展出来的精神重建又本质重要地归属于这一实践本身,因为如果没有这样的精神重建,真正具有开创性意义的中国式的发展就是不可思议的。进而言之,如果说当代中国的精神重建从根本上关涉到新文明类型的可能性,亦即关涉到新文明的积极开启,那么它首先是而且必定是哲学性质的。因为这意味着整个生活方式、生活态度、价值体系等等的变革与重铸(或用海德格尔的话来说,"移居"〈Ortsverlegung〉,从一处迁移到另一处①),从而意味着哲学上的新形态。

当代中国的精神—文化重建不可避免地要求着哲学的新形态。但这种哲学的新形态却并不是现成的、既与的,就像我们所说的新文明类型及其可能性不是现成的或既与的一样。就这两者来说,甚至目前还不允许我们立即对之做出实体性的判断。它们只是某种可能性,是有待形成的东西,但却并不因此就是完全空洞的。正像有待形成的哲学形态从新文明类型的可能性中获取其基本定向一样,所谓新文明的可能性则从对现代资本主义文明的批判——澄清前提,划定界限——中取得其最初的理论规定,就像当今中国的发展道路本身将构成对该文明的实践批判一样。由此种批判引申出来的对新文明类型之可能性的理解线索或将包括:(1)这种文明类型不是以资本为原则的,不是以资本的逻辑为本质—根据的,换言之,它不是资本主义文明,而是具有特定性质与内容的社会主义文明。(2)它不仅仅以具有抽象人格的"原子个人"为原则来建立整个文明的决定性基础,换言之,它不仅仅以形式的意志和主观的自由来形成经济、政治、社会、文化等等的基本建制,所以它不仅将更多,而且将更为根本地把具有实体性内容的"集体"或"社会"整合到其全部建制的基础之中。(3)由于它积极地扬弃现代资本主义文明,所以它能够在占有这一文明之成果的同时,使自身从由资本逻辑而来的"进步强制"(Progressionszwang)——生产强制

---

① 参看丁耘摘译:《晚期海德格尔的三天讨论班纪要》,载《哲学译丛》2001年第3期,第52—59页;并参看[德]海德格尔:《海德格尔选集》下卷,孙周兴译,第1244页。

和消费强制——中解放出来,并对现代形而上学的完成形式即整个现代技术采取自由态度,如此等等。

虽说我们目前还不能对哲学的新形态做出明确的论断,但大体可以确定的是,其思想资源是三重的,即包括中国哲学、西方哲学和马克思主义哲学。这三种思想资源绝不仅仅从属于一般形式上的学科分类,也不是可以任意罗列或增删的,它们是在中国自近代以来的整个历史性实践中受到指派,并得到揭示和证明的。中国的近代思想史无可辩驳地表明:中国传统思想、西方近代思想以及马克思主义不仅构成整个思想领域的三个本质重要的定向,而且形成为一个各种思想在其中展开和演化的基本结构。在不同的时代条件下,这三种思想主潮在哲学上不断展开着对话、碰撞和争论,采取着各种形式的联合与冲突;虽说其间总是存在着各自力量的消长取舍,但却始终保持着一种积极的和强大的张力。不难预料,如此这般共属一体的矛盾状况还将在一个时期中持续下去,但这样的情形并不是无谓的。由于它既植根于中国自近代以来的现实的历史,又与当今中国生气勃勃的实践本质相关,所以它理应被看作是一种引导前进的矛盾,一种产生积极成果的酝酿。就像唐宋时代的不同思想资源(儒、释、道)积极酝酿了新的哲学形态(宋明新儒学)一样。

这三重思想资源的分立及其综合是有其现实根据的。而这样的根据就在于:第一,中国自近代以来始终面临着持续不断的现代化任务。因此必须向先进的西方学习,消化、吸收并积极地占有现代资本主义文明的成果;而这一文明的精神—文化枢纽就集中地体现在近代西方哲学及其延续下来并展开出去的历史中。一部分文化保守主义者试图从根本上否认中国的现代化任务并彻底取消其积极意义,这样的看法不仅是主观的,而且实际上是浪漫主义的。可以肯定地说,近代以来延续至今的中国的发展进程首先是由这一现代化任务所开启并制定方向的。

第二,中国的现代化任务与发展实践是在非常独特的文化传统中开展出来的,这一传统是包含着实体性内容的"活在今天的过去",而它的思想理论表现则凝聚在中国哲学中。事实上,中华民族自近代以来的全部历史性实践从未间断地把其文化传统揭示为一种实际起作用的、重大的现实力量。尽管对这一力量的评价会引起争议和分歧,但它确实反映着一个基本现实:中华民族之深远而独特的文化传统不能不深刻地影响到中国近代的事实构成。只是在完全抽象的观念中,传统才仅仅表现为消极的前提。而作为独特国情之本质重要的部分和文化表现,传统同时应当被理解为一个积极的前提:正是在这一前提的基础上,才谈得上中国独特的发展实践和发展任务,才意味着中华民族之实体性生命复兴的可能性。海德格尔曾这样说过:"一切本质的和伟大的东西都只有从人有个家并且在一个传统中生了根中产生出来。"①

第三,中国的发展在现实历史的进程中形成独特的社会主义道路,而这一道路的基本取向则意味着同现代资本主义文明的批判性脱离,意味着新文明类型的可能性。正是这一主导取向从根本上决定了马克思主义哲学的本质重要性。就中国之现实的发展而言,"现代化"总已先行地意味着必得在资本主义与社会主义中间有其一途,而其命运般的抉择是由我们民族的整个历史性实践所做出的。这不是一个可以在抽象的理论上通过"假设历史"来讨论的问题,而是一种历史的"决断"——用费尔巴哈的话来说,是一个"可以用我们的鲜血来盖图章担保的真理"。进而言之,所谓发展总意味着一种敞开的可能性,而所谓现实的可能性总意味着趋向于某种"在展开过程中表现为必然性的东西"②。如果说,中国未来发展的现实可能性首先来自它纯全进入西方—资本主义文明中去的不可能性,那么,马克思主义哲学的决定性意义就表现为:它从原则高度上把握住了这一文明本身的历史性,并由此而提示出积极地通达于新文明类型的可能性。事实上,就当代中国的发展而言,中国哲学、西方哲学和马克思主义哲学这三重思想资源的分立总已本质地包含在其融合的必要性之中了。这种融合之所以成为思想的任务,是因为当代中国的精神重建必以其自身的历史性实

---

① 参看[德]海德格尔:《海德格尔选集》下卷,孙周兴译,第1305页。
② 参看《马克思恩格斯选集》第四卷,人民出版社,1995年,第215页。

践为基础,而在当下历史运动的展开进程中,这种思想融合的真正基础已经先行地体现在我们的发展实践中,体现在由此一实践所生发出来的各种"中国问题"和"中国经验"中。

对于当代中国的精神重建来说,这三重思想资源之共属一体的活动具有根本重要的积极意义。这种积极意义从一个方面来说,是与其他世界历史民族的接触,而"文化的结合是一种锻炼"。正如黑格尔在谈论希腊世界的时候所说,希腊人既有自己原有的文化,同时又面对东方世界的外来文化,正是通过这两重文化之结合的全部锻炼,才产生其"现实的和正当的活力",并开辟出它的胜利和繁荣的时期①。另一方面,只有在不同思想资源的共同活动中,才能产生一种以开新为定向的、有机的并且是独立的精神—文化统一体。这意味着需要一种真正具有自主立场的"综合创新"。就此而言,尼采也以希腊为例:在很长的时间内,希腊人的"文化"是一大堆外来形式和观念的混杂,犹如东方诸神的一场混战,他们似乎要被过去和外来的东西压倒了。但希腊文化并没有成为一种机械的统一体或"装饰性文化"。多亏希腊人诚实而坚定地反思了自己真实的需要,"由此他们逐渐学会了整理好这堆杂物,这样,他们又重新把握了自己,而没有长时间地背负着自己的遗产做整个东方的追随者"②。这样一种情形,用中国先哲的话来说,叫做"收拾精神,自作主宰"(陆象山语)。

对于当代中国的精神重建来说,虽然目前我们无法断言某种现成形态的精神—文化样式,但上述思想资源之间的碰撞与会通如果真正表现为一种自主的创造性融合,它们便会积极地指向新文明类型的可能性。在这里至为关键的是在生活—实践的领域中形成一种社会与文化的"可塑力"(plastic power),即一种"明确地改变自身的力量,那种将过去、陌生的东西与身边的、现在的东西融为一体的力量,那种治愈创伤、弥补损失、修补

---

① 参看[德]黑格尔:《历史哲学》,王造时译,第210页。
② [德]尼采:《历史的用途与滥用》,陈涛、周辉荣译,上海人民出版社,2005年,第98页。

破碎模型的力量"①。要言之,就是形成一种出自生活本身的自主的生命力。就像这种生命力只能生成于当今中国历史性实践之进一步的展开过程一样,在此基础上的精神重建将其理论的任务托付给哲学思想的综合创新了。我们正在开展并需要进一步深入的对话——中国哲学、西方哲学、马克思主义哲学之间的对话——所具有的重大的时代意义,由此而突出地显现出来。如同黑格尔1818年在柏林大学的开讲辞中所说:"就时刻来说,似乎这样的情况已经到来,即哲学已有了引人注意和爱好的展望,而这几乎很消沉的科学也许可以重新提起它的呼声。"②

如今已经十分明显的是:中华民族的伟大复兴不仅有赖于巨大的经济成就和物质财富的增长,而且尤其取决于精神—文化的开拓性建设。如果说,这一精神重建将积极地指向新文明类型的可能性,那么,它就必定会意味着我们民族所具有的实体性内容的再度青春化,同时又意味着一个新的世界历史民族之精神的诞生。

(2012年)

---

① 参看[德]尼采:《历史的用途与滥用》,陈涛、周辉荣译,第4—5页。
② [德]黑格尔:《小逻辑》,贺麟译,第31页。

四、论中国的和平主义发展道路及其世界历史意义

新中国成立以来，特别是改革开放以来，中国的发展成就可谓举世瞩目。随着国民经济的快速增长和综合国力的巨大提升，整个世界日益在国际政治和全球战略的主题上关切中国的发展走向，以及这种走向可能产生的诸多后果。当所谓"中国崩溃论"和"中国威胁论"的种种猜测和鼓噪渐渐平息下去时，人们开始谈论中国发展的不确定性。按照这种"不确定论"的观点，在确定中国的经济、政治、军事力量将快速增长的同时，却无法确定它将如何运用新近取得的进步成果，因而其发展取向在总体上是不确定的。这种观点虽然明智地选择了不作断言（它担忧按照西方传统的标准和定义来判断中国几乎必错无疑），然而，就像不确定论的观点往往可以隐藏各种任意和武断一样，它也会使下述理应回答的问题被延宕下来：在当今全球化的背景下，中国究竟在走怎样的一条发展道路？这条发展道路具有怎样的基本性质？从而，依据这种基本性质，中国的发展将会产生怎样的历史后果？笔者试图对这些问题做出积极的回应，其基本观点是：（1）中国的发展道路必然是和平主义性质的，这种和平主义虽然与中国的文化传统有着密切的联系，但本质上是由中国近代以来的历史性实践为其制定方向的；（2）由于这条道路不可能依循现代资本主义的基本建制来为自己取得全部规定，所以它在批判地澄清现代冲突与战争之主要根源的同时，为中国和平主义传统的复活与重建提供了现实的可能性；（3）中国发展的和平主义道路将具有这样一种世界历史意义：它把不以扩张主义为出发点也不以霸权主义为必然归宿的发展前景启示给人类向着未来的历史筹划。

一

就当代世界之基本的国际政治格局而言，人们最为疑虑且暗中又颇为肯定的一点是：随着国民经济和总体国力的快速增长，中国的发展将直接或间接地导致帝国主义和霸权主义（首先是地区霸权主义）。这种观念看来是相当普遍的,因为它确实符合现代(modern)世界的理论逻辑和实践法则。事实上,由此而来的推测六十年前就已出现过。按照费正清(J. K. Fairbank)的说法,"1789年法国大革命使民族国家发扬光大,并用暴力扩展了法兰西国家势力。与此相对比,1949年中国革命以后,虽然外界预料它会对外侵略扩张,它却出人意料地没有这样做"①。而较为晚近的推测是:西方对中国正在逐渐丧失竞争优势。太空技术开发、核武反制和海上封锁能力的提升,使中国军力的发展首先对美国地区性的军事存在构成挑战;崛起的中国将力图把美国的势力从亚洲驱赶出去,以谋求其地区霸权。这种"中国争霸"的态势看起来是如此合乎逻辑,以至于像哈维这样的新马克思主义者也开始认为,中国是正在形成中的另一种类型的帝国主义,而这种帝国主义的根源就在于:"真正的大量的剩余正在东亚和东南亚积聚。可确认的帝国主义实践也正在这个地区出现,中国通过重新确定自己的领土权力概念的非常古老的逻辑,来积极寻求摆脱其自身资本剩余的途径。"②

上述图景及其推论的理论框架在亨廷顿的"文明的冲突"模式中得到简要而清晰的表达。这个模式赋予文明或文化差异以第一的和根本的重要性;而此种重要性的获取,起源于先前意识形态对立的式微。虽然描述现今"多文化或多文明的世界"的基本单位有七种到八种,但构成文明之冲突的主干者则大体上是三大文明,即西方文明、中华文明、伊斯兰文明。而造成当今冲突态势的力量对比关系是:(1)西方的衰落。它在冷战中获胜所带来的却是衰竭,从而在世界经济、政治和军事领域的权力正在下降。(2)东亚——特别是中国——在经济上的崛起。这一地区在物质领域中的巨大成功导致了对文化的自我伸张(self-assertion)。(3)伊斯兰教的复兴。它表现为对西方意识形态的拒斥以及由于这种拒斥而要求的"解决办

---

① [美]费正清:《伟大的中国革命(1800—1985)》,刘尊棋译,世界知识出版社,2001年,第46—47页。
② [美]哈维:《"新帝国主义之新"新在何处》,载《国外马克思主义研究报告(2008)》,人民出版社,2008年,第431页。

法",于是伊斯兰教乃成为认同、意义、合法性、发展、权力和希望等等的本源①。正是由于这种力量关系的变迁和新格局,"结果,在21世纪最初几年可能会发生非西方力量和文化的持续复兴,以及非西方文明的各民族与西方之间以及它们相互之间的冲突"②。

立足于这样一种理解方案,亨廷顿乃把中国的争霸——即"对外扩张、自我伸张和实行帝国主义"——称之为"自然的结果",就像金属钾在空气中加热便会爆燃,水到100℃就会沸腾一样。"中国的历史、文化、传统、规模、经济活力和自我形象,都驱使它在东亚寻求一种霸权地位。这个目标是中国经济迅速发展的自然结果。所有其他大国英国、法国、德国、日本、美国和苏联,在经历高速工业化和经济增长的同时或在紧随其后的年代里,都进行了对外扩张、自我伸张和实行帝国主义。没有理由认为,中国在经济和军事实力增强后不会采取同样的做法。"③这听起来确实十分自然,然而,一个十分重要的问题是:这里所谓"自然的结果"在怎样的前提下才是可能的?回答是:只有当中华文明仅仅被抽象化为一个其爆炸当量不断上升的"火药桶"时,它才是可能的;而要把中华文明如此这般地抽象化为一只火药桶,又只有在一概抹杀其"历史、文化、传统",并完全无视其"规模、经济活力和自我形象"的特殊性质时才是可能的。

因此,亨廷顿对当今文明之冲突的整个理解是无内容的抽象化,而他对"中华文明"的理解尤其是非历史的和自然主义的。这种观点实起源于现代性意识形态的幻觉(因而它必然是一种普遍的幻觉),而这种幻觉的现实性根据则在于:现代性的原则——资本和现代形而上学——本身就是最强有力的抽象化和形式化的力量,并且正如我们后面要谈到的那样,其基本性质乃是无止境扩张的、进步强制的和进攻性的。于是在观念形态上,整个人类历史的图景就像当今世界政治的图景一样,被反映为诸"原子

---

① 参看[美]塞缪尔·亨廷顿:《文明的冲突与世界秩序的重建》,周琪等译,新华出版社,1999年,第79、103—118页。
② 同上书,第125页。
③ 同上书,第255页。

帝国"之间自然的(并因而是永恒的)冲突。如果戴着这样一副意识形态的眼镜来观察历史,那么西方的文明史就是"一部兴起和衰落的国家之间的'霸权战争'史",而作为一个在抽象化过程中变得完全相同的原子帝国,"中国的崛起则是核心国家大规模文明间战争的潜在根源"①。

然而,就"历史、文化、传统"而言,正是在亨廷顿所称"中国曾一直是东亚的杰出大国"的两千年里,中华文明的基本原则从来就不是什么霸权主义,而毋宁说恰好是霸权主义的反面,即和平主义。这种和平主义的传统是如此地清晰、独特、有力和贯彻始终,以至于几乎每一位稍有识见的观察家、评论家和哲学家都异口同声并毫不犹豫地声称,中华民族的传统是确定无疑的和平主义。虽说对此的评价和褒贬可以相当不同,但作为一个基本事实却得到高度一致的认可。这方面的材料多到不计其数,我们姑且从中选择三位在背景上大有差异的证人。

首先是活动于十六世纪末十七世纪初的意大利传教士利玛窦。对于已有近百年对外殖民扩张历史的西方世界来说,一种十分"自然"的意识形态是:一切弱者都是殖民主义掠夺的对象,而一切强大的国家都必走对外殖民扩张之路。利玛窦的问题是:为什么强大的中华帝国却没有殖民周边较为弱小的国家与民族呢?他的研究使他发现了一个与西方全然不同的历史文化传统,发现了一个不是黩武的,而是和平主义的国家。利玛窦的著名结论是:"把中国人与欧洲人不同的一些事物记录下来,似乎是十分值得的。……虽然他们有装备精良的陆军和海军,很容易征服邻近的国家,但他们的皇上和人民却从未想过要发动侵略战争。他们很满足于自己已有的东西,没有征服的野心。在这方面,他们和欧洲人很不相同。欧洲人常常不满意自己的政府,并贪求别人所享有的东西。……我仔细研究了中国长达四千多年的历史,我不得不承认,我从未见到有这类征服的记载,

---

① [美]塞缪尔·亨廷顿:《文明的冲突与世界秩序的重建》,周琪等译,第230页。

也没听说过他们扩张国界。"①这可以被看作是一个由历史研究而来的总体描述。虽说这个四百年前做出的描述在细节上总存在着调整和补充的必要,但却依然十分清晰地指证了中华文明(确切些说,应是中华帝国)一以贯之的和平主义传统。

另一位证人是十九世纪末二十世纪初的日本学者桑原隲藏,他被推崇为日本东方历史研究的奠基者。在其批评中国人的文弱与保守的著述中,他认为除开先天气质外,造成中国人温和、文弱之特点的原因在于中国自古以来的学说一直都在宣扬"和平思想"。孔子主张立国之本首在民信(信),其次为财政(食),最次为军备(兵);继此传统的孟子进一步鼓吹"仁者无敌主义";而主张"不争"的老子和主张"兼爱"的墨子则依其主导思想倡言"极端的和睦主义"。甚至汉字中的"武"字亦为"止"和"戈"二字构成的会意字,故武字的原意乃为"止戈"——《左传》释武为"武禁暴戢兵";《易》曰"神武不杀"②。正是由于这样一种和平主义的思想传统,所以,"视兵役为苦楚,厌恶战争的中国人,一般不侵略外国。中国自古号称华夏,把周边异族斥为东夷、西戎、南蛮、北狄,除非不得已,决不诉诸武力。所谓'辉德不观兵'或者'远人不服则修文德以来之'是中国对待蛮夷的总方针"③。在桑原隲藏看来,中国的和平主义传统与其文弱的民族性格有着重要的关联。虽然他对这种文弱性格颇多挞伐,并使之比照于日本的武士道传统,但他仍然认为,"比起盲目的好战,文弱更为世界和平所珍视"④。

最后我们要特别提到的是马克斯·韦伯,他的观察富于敏锐的洞察力,而他的方法又使研究大大地扩展和深化了。韦伯指认说,中国之进入历史时代,是与它逐渐的和平主义转向步调一致的:尽管中国文化的最初发展同样伴随着黩武主义,并且其整个历史中战事不乏,但在它进入历

---

① [意]利玛窦、[比]金尼阁:《利玛窦中国札记》,何高济、王遵仲、李申译,何兆武校,中华书局,1983年,第58—59页。
② [日]桑原隲藏:《中国人的文弱与保守》,载何兆武等主编:《中国印象——世界名人论中国文化》,广西师范大学出版社,2001年,第319—321页。
③ 同上书,第325—326页。
④ 同上书,第328页。

时代——至迟到汉代——后就逐渐成为一个"和平化的世界帝国"。这一转向的根据在于：中华文明对治水的依赖，以及由此而来的对诸侯的官僚主义专制的依赖，决定性地瓦解了其早期的黩武主义和英雄主义，并由和平主义—官僚主义的文化传统取而代之。在这样一种文化传统的规约下，就像帝国内部不再有"合法的"全民战争一样，对蛮族的防御与征服也不再有"理性的"战争的意义，而大致只是相当于一项纯粹由保安警察执行的任务。总之，"静态的经济生活的压力，使得中国的战神从来无法得到像奥林匹斯诸神那么崇高的地位。中国的皇帝亲行耕作的仪式，他早就是农民的守护神，也就是说，他早就不再是一位武士的君主了。纯粹的大地神话信仰从来就不具有支配性的意义。随着文官当政，意识形态自然地转向和平主义，反之亦然"①。

按照韦伯的分析，中国的和平主义传统突出地表现在诸多重要的领域。例如，在内政方面，这种和平主义与官僚制互为表里。在其独特的传统中，中国历来最为突出的一点就是将人文教育作为社会评价的标准（其程度远胜于人文主义时代的欧洲），这是因为高贵的俗人教育（vornehme Laienbildung）所培养出来的士人不仅是体现文化统一性的决定性人物，而且其地位对于中国文化发展的样式具有无比的重要性。从而中国的政治组织以及官僚体制结构的整个发展，"是与帝国的和平化同时出现的，更确切说，是帝国和平化的必然结果"②。在对外关系方面，这个世界帝国的和平化一方面使它没有"海外的殖民地关系"，另一方面使它缺乏种种所谓的"掠夺资本主义"（诸如与海盗行为相关联的地中海式的海外贸易资本主义和殖民地资本主义）。其原因部分地出自大内陆帝国的地理条件，部分地是由于中国社会之一般的政治与经济特性③。随着帝国的统一，制度的正统表现为人文主义的仪式主义，而观念的正统表现为和平主义的秩序主

---

① ［德］韦伯：《儒教与道教》，洪天富译，江苏人民出版社，1995年版，第32页；并参看第30—38页。
② 同上书，第134页；并参看第127—132页。
③ 同上书，第124页。

义。在意识形态方面,韦伯称中华文明之主导的意识形态——儒教——乃是"和平主义的、以国内福利为政治取向的",并因而对军事强权采取"拒绝或不理解的态度"。因此,儒教的"理性"乃是一种本质上具有和平主义性质的秩序理性主义,就像儒教的伦理乃是"和平主义的、入世的、纯粹以敬畏鬼神为取向的"。这一主导方面甚至规定了对于其他意识形态的斟酌取舍,例如,佛教之所以在中国成为唯一被允许的救赎宗教,亦是因为它所具有的和平主义性质①。

综上所述,我们在这里反复申说了这样一个基本主题,即中华文明的和平主义传统。由此而无比清晰地显现出来的东西是:根据中国的"历史、文化、传统",对它来说"自然而然"的东西根本不是扩张主义和霸权主义,而是和平主义。如果想要借此来推论中国即将开始的——并且是自然而然的——对外扩张、自我伸张和实行帝国主义,并且将中国的复兴比诸威廉一世时代德国在欧洲的崛起,岂不是南辕北辙并且自相矛盾吗?事实上,在这种无类比附导致对文明性质错估的同时,总已伴随着对时代性质的错估——这两类错估在无批判的观点中几乎总是比肩而立并且相互扶持。然而,正像我们已经提示过的那样,一个文明的今日状况及其所处的世界格局,并不是自然的产物,而是历史的结果。今日之中国,是否还仅仅被锁闭在其过去的历史、文化和传统之中呢?是否还能仅仅根据这一传统来对它行使实体性的判断呢?如果说,中华文明的和平主义传统乃是无可置疑的,那么,在当今世界中,它究竟在多大程度上仍能继续保有并传承这一伟大传统呢?

二

虽说中国的和平主义发展道路非常切近地与其传统相联系,但这一发展道路却并不能直接从其固有的和平主义传统中完整地引申出来。因为

---

① [德]韦伯:《儒教与道教》,洪天富译,第 165、195—196、259—260 页。

就这一传统本身而言，就其作为特定主题上综合中华文明两千年来最重要的文化特质而言，它并不直接意味着发展——现代意义上的发展，而毋宁说倒是意味着停滞，意味着不发展。这方面的观察和评论绝不鲜见，以至于擅长历史哲学的德国思想家终于把中华帝国刻画为一种化石，甚至一具木乃伊："拿欧洲人的标准来衡量，这个民族在科学上建树甚微。几千年来，他们始终停滞不前。……这个帝国是一具木乃伊，它周身涂有防腐香料、描画有象形文字，并且以丝绸包裹起来；它体内血液循环已经停止，犹如冬眠的动物一般。"①赫尔德的这个说法大体为谢林所赞同，只是他在宗教学和神话学的主题上对此作了更加详尽和深入的发挥②，并得出了一些有意义的见地。至于黑格尔，我们看到他特别地从哲学上阐说了中华帝国的"抽象的统一"，而这种统一的原则导致其历史表现不出任何真正的进展："中国很早就已经进展到了它今日的情状；但是因为它客观的存在和主观运动之间仍然缺少一种对峙，所以无从发生任何变化，一种终古如此的固定的东西代替了一种真正的历史的东西。"③由此可以得出的基本结论是：中华帝国的文明缺失一种主观性的原则，因而也就缺失主观和客观之间的高度紧张的对立，缺失一种由之而来的作为无限机能的"纯粹的活动"——这一文明的和平主义传统植根于此，而这一文明之内在的停滞特性亦植根于此。

上述见解遭遇到某些对中华文明有专门研究的历史学家的反驳。例如，在威尔斯(H. G. Wells)和费正清看来，传统中国并非一成不变，也不是保守的、静止的和毫无生气的④。而李约瑟则声称，关于中国停滞的陈

---

① [德]赫尔德：《中国——神话哲学》，载[德]夏瑞春编：《德国思想家论中国》，陈爱政等译，江苏人民出版社，1989年，第89页。
② 参看[德]谢林：《中国——神话哲学》，载同上书，第157—158、164—165页。
③ [德]黑格尔：《历史哲学》，王造时译，上海世纪出版集团 上海书店出版社，2006年，第110页，并参看105—109页。
④ 参看[英]威尔斯：《世界史纲》，载何兆武等主编：《中国印象——世界名人论中国文化》，第75—77页。参看[美]费正清：《美国与中国》，张理京译，世界知识出版社，1999年，第30、57页。

词滥调实出自西方的误解,而从来不真正适合于中国;问题或悖论的出现仅仅在于:"中国的缓慢而稳步的进展被在文艺复兴以后近代科学的按指数的发展及其一切成果所超越。"①这样的说法诚然不错,并且也将有益于纠正实际存在着的诸多误解和偏见。然而,只要这里的主题涉及中国的现代发展,那么,全部问题的讨论就势必在所谓"现代世界"已然展开了的意义领域中来进行。就此而言,我们必须明确地承认,与中国的和平主义传统相表里的固有的文明样式,并不自行地契合于现代意义的发展。这种承认意味着达成一个原则高度——这个原则高度不是由任意的主观性设想出来的,而是由中华民族一百多年来的现代化实践所确定的,是依循这一历史性实践的进程而不断地被要求和被理解的。

然则这一原则高度是否意味着中国的现代化进程将彻底地剪除其固有的文化传统,并使自身无条件地沉浸到"现代世界"已然确立了的法则之中呢?不,这是根本不可能的。这种想法不过是某种理论上纯全抽象的可能性;正像某种纯全抽象的理论就是这样来定义、来理解中国的现代化发展的。由于这种想象从未深入真正的内容之中并批判地检审过问题的基本前提和基本界限,所以它只是从属于黑格尔所谓的主观意识及其"外部反思";而在主观意识的外部反思中,"现实"(Wirklichkeit)——社会现实——毋宁说是全然被遮蔽着的。就此老黑格尔曾不无尖刻地嘲讽说,那只不过是你随便谈谈个人的想法罢了。因此,为了能够真正切中作为现实的内容本身,就必须首先对问题的前提和界限做出批判的澄清,以便使当今中国发展道路的现实可能性切近地显现出来。

这里应当确定的第一个要点是:中国是在非常独特的——与西方几乎完全不同的——国情及文化传统的基础上提出并执行自己的现代化任务的。因此,要论及当代中国的发展道路,就根本不可能撇开或脱离这一现实的前提。作为独特国情之本质重要的部分和文化表现,传统不应当仅

---

① [英]李约瑟:《科学与中国对世界的影响》,载何兆武等主编:《中国印象——世界名人论中国文化》,第159—163页。

仅被看作是一个消极的前提,毋宁说,它确实是并且也应当被理解为一个积极的前提。只是在这一前提的基础上,才谈得上中国的独特的现代化任务,才包含着中国发展道路的真正意义和积极作为。当抽象的观念力图摆脱这一现实的前提(把它贬低到零或归结为单纯的消极性)时,中国近代以来的历史性实践就一再以其现实性的力量来纠正这种观念(无数的经验和教训)。之所以如此,是因为中华文明的传统——它的和平主义传统——是强有力的,正像它的现代化诉求是强有力的一样。中国近代以来现实的发展道路是受这两方面的相互关系制约的,是在这两者矛盾的持续张力中表现自身之独特性的。

就一般的表象而言,中华民族的独特性格十分清晰地印证了其文化传统之深厚广阔的支配力,而这种性格的历史变迁又非常突出地展现出其文化传统之辽远恒久的影响力。如此这般的情形必定给无数观察家和思想家留下了深刻的印象。谢林在喟叹亚述、米底、波斯、希腊和罗马等古老帝国的没落之际,大大地惊诧于中国像一条不知其源头的河流始终在从容地流淌。如果说,这种国运毕竟与其文化品格有关,那么可以说,中华民族的文化传统是如此地独特和坚韧,以至于这个民族实在应该被称为"一个伟大的、独特的例外",甚至应该被称为"第二人类"①。第二次世界大战以后,费正清继续指认了这一点。他写道,中国虽然有不断的变化和千差万别的情况,却总不脱离其文化上和制度上所特有的总格局。"这个总的格局顽强地持续存在,是因为多少世纪以来,中国的各种制度——经济制度、政治制度、社会制度、文化制度——曾在它的国土范围内促成了引人注目的自给自足、平衡和稳定的局面。总之,制度和文化的持续性曾经产生了体现为气势磅礴和坚守既定方针的惯性,而并非不动的惰性。"②

---

① [德]谢林:《中国——神话哲学》,载[德]夏瑞春编:《德国思想家论中国》,陈爱政等译,第135、146、163页。
② [美]费正清:《美国与中国》,张理京译,第75页。

更加重要的事实是,作为某种"思想格局",这一和平主义文化传统依然保持着强大的生命力。谢林曾引证文德施曼的结论说,一个从一开始就支配中华帝国并贯穿其始终的原则必定是一个强有力的原则。在此起决定作用的肯定不是某种人为构造的东西,即仅仅由主观意见或协议所产生的东西,而是某种强有力的文化原则——它是如此地强大,以至于外来的东西只能在其自身教化范围内维持一段时间,就很快被这一原则所固有的力量所同化并从属于它①。与之相类似,在费正清看来,只有当我们认识了外来民族之征服中国,不仅没有瓦解反而却强化了其文化传统的思想格局,我们才能真正体会到"这个思想格局如何具有那么强大的生命力"②。显然,对于中华民族来说,先前游牧民族的征服与近代西方势力的扩张具有相当不同的意义,但中国文化传统的强大生命力和影响力却是毋庸置疑的。即便在第一次世界大战以后中国最屈辱、最萎顿的年代,敏感的法国诗人瓦莱里(P. Valéry)依然从中华文化中识别出其"宝贵的生命力"和"无穷的繁衍力"③。事实上,中华民族自近代以来的全部历史性实践从未间断地把其文化传统揭示为一种实际起作用的、重大的现实力量。无论就这一力量的评价会引起多大的分歧和争议,它终究反映着一个基本的现实,即中华文明就其历史—文化的传统来说乃是深远且独特的,而此种深远且独特的传统又不能不深刻地影响到并极大地作用于"中国近代的事实"。因此,要能够正确地理解中国的发展道路,是决不能将其文化传统这一现实弃置不顾的。

第二个需要批判地加以澄清的要点是:必须在中国的发展道路这个主题上明确地区分现代化和西方化,明确地区分现代化的资本主义样式和社会主义样式。这种区分经常被看作是老生常谈,那是因为它往往滞留于

---

① [德]谢林:《中国——神话哲学》,载[德]夏瑞春编:《德国思想家论中国》,陈爱政等译,第142—143页。
② [美]费正清:《美国与中国》,张理京译,第75页。
③ 参看[法]瓦莱里:《中国和西方——盛成〈我的母亲〉序》,载[德]夏瑞春编:《德国思想家论中国》,陈爱政等译,第88—90页。

抽象的理论形式的区分。然而，就中国之现实的发展道路而言，它的现代化不等于（也不可能等于）西方化，它的社会主义道路不等于（也不可能等于）资本主义道路——这不是一个可以在抽象的理论上用"假设历史"的方式来讨论的问题，而是一个首先由中华民族的历史性实践做出的决定性区分，是一种历史的"决断"；用费尔巴哈的话来说，是一个"可以用我们的鲜血来盖图章担保的真理"。在这个意义上，把现代化同西方化及其资本主义样式区别开来，并不意味着"现代化"因此就是乌有，就是空疏的和无内容的；恰恰相反，与那种仅只把现代化设定在西方资本主义样式中的抽象观点不同，对于中国的发展道路来说，在上述区分中出现的"现代化"具有现实的内容，并且唯在此种区分中它才可能是现实的。

二十世纪二十年代，伯特兰·罗素曾谈论过一个非常有意义的主题："今日世界混乱之诸原因"（causes of present chaos in world）。这个主题是要追究，有什么原动力造成今日全世界的动荡紊乱。按罗素的观点，现代世界日渐增进的是两大主义，即实业主义（industrialism）和国家主义（nationalism）①。而这每一个主义中，又有两种变形，为压迫者和被压迫者各自所主张：实业主义中有资本主义（capitalism）和共产主义（communism），国家主义中有帝国主义（imperialism）和自决主义（self-determination）。今日世界之纷扰，就因为有这四种原动力互相冲突，主要是以资本主义与帝国主义为一方，以共产主义与自决主义为另一方的互相冲突②。这一区分至今仍然是有意义的。即使在所谓"意识形态对抗"结束之后，虽然表面上看起来界线和冲突似乎在渐次隐退，但问题的实质却并没有发生根本的改变。在这个意义上，沃勒斯坦是有理由抨击"现代化理论"的，因为关于"现代化"的理论范式掩盖了"现代世界"的资本主义性质，并模糊了其中实际存在着的冲突与争斗。"我们并非生活在一个现代

---

① 这里的 nationalism 又译民族主义。但对于中国来说，无论是"国家主义"还是"民族主义"，都不确切。此处姑从译者作"国家主义"。
② 袁刚、孙家祥、任丙强编：《中国到自由之路：罗素在华讲演集》，北京大学出版社，2004年，第251—257页。

化的世界,而是在一个资本主义的世界。"①

只要明确了那些决定性的区分,"现代化"的概念本身是无能为害的,它仅只保留自身为一个对于分析来说是必要的抽象。例如,对于中国的发展道路来说,"现代化"总已先行地意味着必得在资本主义与社会主义中间有其一途,就像它也必得在帝国主义与和平主义中间有其一途一样。因此,如果我们有理由把"现代性"——现代世界的本质根据——理解为资本和现代形而上学,那么,虽然"现代化"总以这样的本质根据为枢轴,但不同的发展道路也必以相当不同的方式去理解和占有这种本质。这里的关键之点在于:正像传统文化差异的重要性不应遮蔽现实历史的向度(现代历史的本质生成)一样,现代化与西方化的区分不能取消对现代性本身(资本和现代形而上学)的分析和批判。就此而言,马克思的学说具有决定性的意义。因为在这样的主题上,马克思的学说无非就是现代性批判;如果说这一批判同时也就是对资本主义的批判,那么这仅仅是因为"这一个"现代世界是经由资本主义一途被建立起来的。

准此,则现代化与西方化的区分,现代化的资本主义样式与社会主义样式的区分,就不止于单纯抽象的形式区分,而是要求深入历史的本质性一度中去,亦即要求深入社会的现实中去。唯有在此一度中,传统文化差异的重要性才会在现代历史的本质生成中获得其基本规定,而这些规定本身也才会被建立在对现代性本质之批判的基础上。遗憾的是,我们现在所看到的许多这类区分,例如亨廷顿在其著作中对西方"普世主义"的批评以及对现代化不等于西方化的论证,却大体上仅仅从属于自由主义之"政治上的正确";它们既缺乏历史的向度,又缺乏对现代性本身加以批判的理论上的彻底性。这种无关痛痒的形式区分虽然不乏善意地对不同的文明表示尊重,但却既未能对现代世界的本质做出批判的理解,又无法对这一世界中传统文化的意义和命运做出真切的估价。依循这种无内容的区分,是

---

① [美]伊曼纽尔·沃勒斯坦:《沃勒斯坦精粹》,黄光耀、洪霞译,南京大学出版社,2003年,第137页;并参看第135—138页。

不可能正确理解中国的发展道路的。

第三个要点实际上是上述讨论的综合,它试图表明中国的发展道路在怎样的前提下——以及在何种程度上——能够接续其文化传统,能够更新并重建其和平主义的取向。所谓发展道路总意味着一种敞开的可能性,而所谓现实的可能性总意味着趋向于某种"在展开过程中表现为必然性的东西"。因此,一种体现现实可能性的历史要求和历史决断必然将仅只是抽象的可能性加以排除——将之作为纯粹的主观意见、作为实际的不可能性加以排除。对于中国的现代化发展来说,其现实的可能性首先在下述的不可能性中找到依据,即它不可能依循西方资本主义—帝国主义的现代形式求得自身通达的道路。这样一种历史命运固然受制于文化传统,但同时也为其发展道路之开启和平主义方向提供了必要的前提。

时至今日,并不需要太多的聪明就可以清楚地理解到,在中国,纯全依照西方资本主义的标准和方式来开展的现代化是根本行不通的,就像纯全根据书本和模仿苏联的教条主义只能带来深刻的历史教训一样。而无头脑的自由主义者之所以迷信这种标准和方式达于偶像崇拜的地步,仅仅是因为他们完全无批判地跌落到现代性意识形态的汪洋大海之中。帕森斯曾这样写道:"如果像人们经常设想的那样,对环境不加限制就足以引起一个现代资本主义的发展,那么肯定远在近代以前,现代资本主义就在中国产生了。"①而引起上述幻觉的前提是:中华文明已经先行地立足于那实际上引导了西方资本主义发展的基地之上,换言之,它已经被先行地放置在欧洲中世纪的废墟上,而从那里走出来的中国人则已经先行地成为黄皮肤黑头发的唐吉诃德或浮士德了。指出这一点是重要的,因为对于西方资本主义的整个现代建制具有决定意义的"原子个人"——无论它表现为经济上的"利己主义个人"或哲学上的"自我意识",还是表现为伦理上的"道德主体"或政治上的"法权主体"——乃是欧洲历史的产物;如果说这样的

---

① [美]帕森斯:《社会行动的结构》,载何兆武等主编:《中国印象——世界名人论中国文化》,第351页。

"个人"是以所谓抽象的"人格"或"人格性"(personality)为基准的,那么,从文化上来说,它是一千多年基督教教化的产物(姑且撇开其希腊源头不谈)。当马克斯·韦伯指证新教伦理与现代资本主义精神的内在联系时,他确实颇有见地地提示了欧洲资本主义得以形成和发展的重要的文化条件。

对于中国的现代化发展来说,与西方不同的文化条件乃是同等重要的。虽说作为这种文化条件的传统决不是一成不变的(事实上,它在近代遭遇到了巨大的冲击),但只要是依然活着的传统,则上述改变就只有在西方的现代原则本身也被相应改变的那个境域中才是可能的,才是实际地有效准的。这种双重改变的活动范围完全是历史性质的,它部分地取决于西方资本主义的扩张权力,部分地取决于这一传统文化的发展潜力。因此,如果说西方资本主义的整个现代建制是以所谓"原子个人"作为基本前提的,那么,彻底西方化的标准就必得要求这样的个人能够从中国的文化传统中先行产生出来(亦即与这一文化传统割断一切联系)。然而我们实在没有任何理由指望中国人会在西方资本主义文明衰竭之前变成这种原子个人,变成真正的清教徒(Puritans)或边沁式的个人主义者,我们也没有理由指望用一千多年的基督教教化来造就这种人格(假定这是可能的),以便然后来实现一个彻头彻尾西方标准的现代化,就像我们没有理由指望"希腊七贤"中有一位西徐亚人(阿那卡雪斯)就使西徐亚人变成希腊人一样。所以,在谈到所谓"中国式的个人主义"时,费正清也是颇费踌躇并且小心翼翼地写道:"这是一个很有限制的个人主义形式;但说到底,正如德巴里所指出的,它可能'比现代西方式的个人主义更能适应社会主义社会'。"①

总而言之,一方面,中国发展道路的现实可能性首先来自于它走西方资本主义道路的不可能性,这种不可能性从基本性质上规定了中国现代化实践的出发点和立足点,规定了它的实际内容和价值取向。另一方面,正是中国的现代化实践为其和平主义传统的接续提供了一切可能性的前提,

---

① [美]费正清:《美国与中国》,张理京译,第69页。

因为这一实践所要求着的发展不仅打开了传统本身所固有的锁闭形态,而且也为这一传统的取舍和光大创造了条件并制定了基本方向。由此而形成的发展道路必定是有中国特色的,但这种中国特色却并不仅仅归结为既与的传统,仿佛它只是为某种既与的现代原则披上一层中国式的外衣。毋宁说,倒是中国特色的历史性实践为其既与的文化传统开辟出真正的意义领域和活动空间,而中国的和平主义传统也是依循这一发展道路的实际取向而被开启、被重建,并且被复活的。这个过程或许可以被称为"实体性内容的再度青春化"(黑格尔语)。它在西方近代文明的开端出现过:我们见到这种情形在莱布尼茨的哲学中得到初始的表现,并最终在黑格尔的哲学中被完成①。然而,对于中国来说,这个过程还只是刚刚开始。

三

从前面的讨论中可以看出,中国的发展道路既意味着不可遏制的现代化的发展要求,又意味着此一发展在不能脱开其独特文化传统的基地上而对这一传统的积极开启与重建。因此,这条发展道路是非常独特的,而这种独特性从一个方面来说就在于它与和平主义具有本质的关联。然而,这样一种和平主义的发展道路将具有怎样的基本性质呢?它在所谓全球化时代又会具有怎样的意义呢?

与和平相对立的是战争;与和平主义相对立的是这样一种主义(无论它叫什么名字):它总是不断地生产出冲突和战争,并且总是不断地把冲突和战争的根源再生产出来。这里的关键之点首先在于辨明当今世界之冲突与战争的现代根源。因为即使是历史上流传下来的冲突,也总是在现代世界中开展出来并在这个世界中被规定的。如果撇开这一根源来谈冲突或战争,那么它们就会是完全非历史的了;从而就与古代部族之间的争斗没有什么两样,说到底就与猴群之间或狼群之间的争斗没什么两样了。

---

① [德]伽达默尔:《哲学解释学》,夏镇平、宋建平译,上海译文出版社,1994年,第109—110页。

一种自然主义的观点很容易把这一切等量齐观,然而我们正在谈论的恰好是在人类历史中生成并开展出来的冲突与战争。因此,就当今世界之冲突的现代根源而言,问题并不在于西方列强天生的"霸道"或"恶之本性",而在于现代资本主义文明——开辟了世界历史的、以资本为原则的文明——本身的基本性质。正像现代资本主义文明的伟大的历史性成就由此而来一样,当今世界之持续不断的冲突与战争亦是由此而来。

就现代资本主义的基本性质而言,在此可以简要概括的几个主要方面是:第一,现代的、以资本为原则的文明是贪欲的和进步主义的。资本本身的存在条件就是不断地获取超出自身价值以上的价值,从而这一文明的基本特征就是无止境的进步,亦即永不停息地欲求着剩余、增殖和积累,并从而饕餮之。正如《共产党宣言》所说:"生产的不断变革,一切社会状况不停的动荡,永远的不安定和变动,这就是资产阶级时代不同于过去一切时代的地方。"①当人们将"浮士德精神"把握为现代世界之无止境进步的典型形象时,当海德格尔用"进步强制"(Progressionszwang)——生产强制和需求强制——来揭示现时代的总特征②时,都是在申说这一文明之无止境进取的基本性质。第二,现代资本主义世界按其本质来说是征服性的和权力主义的。作为一种本身是抽象的并且是遍及一切的抽象权力,现代资本的活动直接就是权力的实施,即统治——对自然界的控制、对活劳动的支配,就像现代形而上学在其基本建制("我思")中设定了主体对于客体的优先性、主导权和进攻态势一样。按罗素的说法,现代世界的主体由原先上帝的"雇农"变成了"自耕农";按海德格尔的说法,现代形而上学的主体不断地"压榨"和"拷打"自然界,以便强制性地促逼其供应能量。第三,由于上述两个基本特征,以资本为主导原则的文明是开发性的和扩张主义的。这种开发和扩张的现实性的力量,既来自于资本之无止境的推动,又来自于现代形而上学之无止境的谋划,并从而成为一种力图夷平各种

---

① 《马克思恩格斯选集》第一卷,人民出版社,1995 年,第 275 页。
② 参看丁耘摘译:《晚期海德格尔的三天讨论班纪要》,载《哲学译丛》2001 年第 3 期。

差别、内容和特质的普遍的开发和扩张力量。按照沃勒斯坦的说法,资本主义作用的内部逻辑——最大限度地寻求利润,总是迫使它不断地进行扩张:生产的扩展、市场的扩大、资本的积累,总而言之,广泛地占据整个地球。① 当今世界之永无止息的冲突和战争,难道不是在这样一个世界上开展出来的吗?现代扩张主义和霸权主义(包括所谓"非领土扩张"和"文化霸权主义"),难道不是在这一世界的内在逻辑中有其最深刻的根源吗?

1795年,康德写下了著名的《永久和评论》,对于这部著作我们不能不怀有崇高的敬意。虽然这位大哲看到那些所谓文明国家对于异国和异族的征服、压迫、战争挑拨,以及惊人的不正义,但他仍试图通过"一种哲学的规划",来论证合乎理性的共和国、自由国家的联盟、世界公民体制等等,以便使这个世界能够不断地趋近于永久和平②。然而,就像康德的"绝对命令"一遇到现实就变得软弱无力一样,理性的国家和理性的"世界共和国"像海市蜃楼一样幻灭了。先前承诺的永久和平变成了无休止的掠夺战争,并在二十世纪划时代的世界大战中达到高峰。

"公理战胜"之所以成为一幅"令人极度失望的讽刺画"③,是因为"公理"在现代资本主义世界中不能不表现为强权,因而这一文明的本质不是和平,而是冲突和战争。帝国主义只不过是这一本质之极致,是其合乎逻辑的产物罢了。斯宾格勒在《西方的没落》中写道,塞西尔·罗得斯(C. Rhodes)的名言——"扩张即是一切"——是每一完全成熟了的文明之固有倾向的一次拿破仑式的重申。扩张的倾向紧抓着、强迫着、耗尽着世界都市阶段的晚期人类。一句话,"帝国主义是不折不扣的文明。西方的命运正在不可逆转地陷入这种现象的形式中"④。若去除其思辨的形式,斯宾

---

① 参看[美]伊曼纽尔·沃勒斯坦:《沃勒斯坦精粹》,黄光耀、洪霞译,第138页。
② [德]康德:《永久和平论》,载[德]康德:《历史理性批判文集》,何兆武译,商务印书馆,1990年,第97—98、104—118页。
③ 参看《马克思恩格斯选集》第三卷,人民出版社,1995年,第723页。
④ [德]斯宾格勒:《西方的没落》第1卷,吴琼译,上海三联书店,2006年,第36页;并参看第35—38页。

格勒的说法无疑是正确的。我们在此同样还会思及列宁的一个著名论断——"帝国主义就是战争"。如果说在原子能时代世界规模的大战毕竟未曾爆发,那么,这与其说是因为战争的根源被铲除了,毋宁说是因为战争的动机被大毁灭的恐惧压抑了。面对这样的态势,罗素问道:人类还有没有前途(Has man a future)？

中国的和平主义发展道路在此间显示出它的重大意义。这条发展道路之所以是和平主义的,首先是因为它没有把现代化局限于现代资本主义文明的范式中,而毋宁说表现为对这一范式的批判性脱离,表现为一条社会主义的道路。就何谓社会主义曾有过无数的争论,但如下之点却是可以肯定的:中国的发展道路是在现实的历史(尤其是近代以来的历史)中形成的,因此这条道路的社会主义方向意味着它在现实的历史中不可能重走西方资本主义文明的老路,意味着它在现实的历史中领会到现代资本主义本身的历史限度,并且意味着它在现实的历史中能够就制约自身的文化传统做出建设性的开启。

这样一些内容是十分紧密地联系在一起的。对于一个"具有有限的个体意识"且"具有非凡社会才能"的民族①来讲,当现实的发展成为一项紧迫而根本的任务时,它理所当然地诉诸"集体的力量",并力图以保有这种力量的方式推进自身的发展。正因为如此,所以中国的发展道路必然在当今世界的格局中采取社会主义的立场,并在文化传统的复兴中光大和平主义的方向。从完全西方标准的前提来看,"尚未高度个体化的社会"乃是一种绝对的缺陷,因为彻底的个体化被看作是分化发展的绝对前提。然而,在西方文明的历史性局限已然绽露之际,个体化的极致以及由之而来的无止境的分化发展则表现为一种亢进性的衰竭,它在瓦解集体力量并消蚀社会有机性的同时,持续不断地再生产出各种类型的冲突、对抗和争斗。正

---

① [德]赫尔曼·凯泽林:《一位哲学家的旅行日记》,载何兆武等主编:《中国印象——世界名人论中国文化》,第290页。

像沃勒斯坦突出地指证了资本主义世界内部的诸多冲突关系一样①,詹姆逊在揭示金钱、资本主义和市场如何瓦解并摧毁集体性的东西时,特别强调要为"集体力量"找到保存和发展自己的方式。因此,"如果中国的社会主义能够成功地建立一个不同于西方资本主义的选择,这毫无疑问对全球的任何一个地方都是重要的,将有深远的意义"②。

中国文化传统的和平主义也正是由此而获得现代定向并被赋予积极意义的。凭借这种定向和意义,它被建设性地整合到中国的发展道路之中,从而这一发展道路便深刻地不同于西方资本主义——它是和平主义的。这种和平主义与其社会主义的方向是内在一致的:只有当中国的发展道路表现为对资本主义的批判的脱离时,它才可能是和平主义的;而只要这一道路表现为此种脱离,那么它在现代世界的格局中就意味着社会主义。即便这里的问题不牵涉中国,许多有识之士也已充分意识到,世界和平的真正重建有赖于和现代资本主义完全不同的社会基地。启蒙时代的伟大的和平构想在今天已经变得如此不现实,以至于它只能被肤浅化为这样一种想象的和平,即完全无内容的均衡:一切冲突在抽象中的平均化和完成。因此,沃勒斯坦确实有理由把能够设想的未来和平——"世界政府"——同社会主义生产方式联系在一起③。

虽然我们无法以实际知识的方式来论断未来,但仍然能够根据过去与现在来理解由本质规定的基本趋势。此间需要以进一步的方式去追究现代化过程之不同道路的文化精神,以便能够揭示实际地导向未来的基本特征,而不同精神品格之间的比照将会是富于教益的。十七世纪的哲学家莱布尼茨曾这样说过,欧洲和中国是全人类两个最伟大的文化和最发达的文明,中国实在可以被称为"东方的欧洲"。这两个文明是互有短长的。然而,在战争艺术和战争科学方面,中国却远不如欧洲。"这不是出于无知,

---

① [美]伊曼纽尔·沃勒斯坦:《沃勒斯坦精粹》,黄光耀、洪霞译,第137—138页。
② [美]詹姆逊著,王逢振主编:《詹姆逊文集》第1卷《新马克思主义》,中国人民大学出版社,2004年,第356—357页,并参看363页。
③ 参看[美]伊曼纽尔·沃勒斯坦:《沃勒斯坦精粹》,黄光耀、洪霞译,第139—140页。

而是他们本意不愿如此，因为他们鄙视人类中所有产生或者导致侵略的行径，也因为他们……厌恶战争本身。"①中华文明的这种突出的特征，从而与西方文明的突出的差别，就文化的精神品格来说，深刻地反映在"儒教"和"清教"（即基督教新教）的世界观对比中。韦伯指出，和清教的理性主义比较起来，儒教作为一种理性的伦理将人与世界的紧张性减至"绝对低弱的程度"。如果说清教伦理与世界处在一种强烈而严峻的紧张关系中，那么儒教则对世上万物采取一种"随和的"（unbefangen）态度。因此，从哲学上讲，儒教的和平主义乃体现在其理想的人格即"君子"的世界观本质中："他们没有事先确定下来的超验的伦理，没有超世的上帝的律令和现实之间的对峙；他们没有对彼岸目标的追求，也没有极恶的观念。……根据我们的回忆，在中国从未出现过与'现世'的紧张对峙，因为从来没有一个超世的、提出伦理要求的上帝作过伦理的预言。"②这是一个颇为深入的见解，它有效地揭示了中国的和平主义传统的世界观根据。这个见解既承续着谢林关于中国意识的非神话性和非宗教性的论点，又从哲学上说明了由罗素敏锐地指证出来的现象——即中国人所特有的、无与伦比的宽容："我认为，中国人的宽容，欧洲人根据本国经历是无法想象的。我们自认为宽容，但只不过比我们的老祖宗显得宽容一些罢了。"③毫无疑问，和平主义只有在真正宽容的土地上才有可能滋长繁衍。

与之形成鲜明对照的精神样式在歌德的《浮士德》中被人格化了。正像这部诗剧被誉为"现代世界的《伊利亚特》"一样，它的主人公则被称作"现代的普罗米修斯"。浮士德是一个追求人的自我扩张的文学形象，他的精神就是黑格尔所谓的"自我无限扩张的精神"。这是一个真正意义上的"现代"（西方）人：他永不知足，意图把人生巨釜中的一切掠为己有；他钻研科学，探索帝国，也乐于官能享受；他献身于实际工作，并力图控制自然。

---

① ［德］莱布尼茨:《〈中国近事〉序言：以中国最近情况阐述我们时代的历史》，载［德］夏瑞春编：《德国思想家论中国》，陈爱政等译，第 4 页，并参看第 3—10 页。
② ［德］韦伯:《儒教与道教》，洪天富译，第 258—259、264—265 页。
③ ［英］罗素:《中国问题》，秦悦译，学林出版社，1996 年，第 155 页。

按照丹尼尔·贝尔的说法,整个时代的人们在这一人物身上发现了自己的思想和灵魂,辨认出自己不幸的分裂意识①。如果说现代形而上学的最后成果再现了浮士德历险的精神旅程,那么诚如海德格尔所言,新时代的劳动的形而上学本质在黑格尔的《现象学》中被作为"精神"的自我运动道说出来了。确实,由此得到表现的精神开创了一个全新的时代,建设起资本主义的现代文明。"它第一个证明了,人的活动能够取得什么样的成就。它创造了完全不同于埃及金字塔、罗马水道和哥特式教堂的奇迹;它完成了完全不同于民族大迁徙和十字军征讨的远征。"②然而,贡献出如此巨大的生产力并创造出如此丰硕文明成果的现代资本主义,其文化—精神类型则既属于韦伯所谓的"禁欲苦行主义"(asceticism),又属于桑巴特(W. Sombrt)所谓的"贪婪攫取性"(acquisitiveness)③。而罗素则用"精力过剩的合理化"来说明西方文明的"工业主义、军国主义、热爱进步、传教狂热、扩张势力、控制和组织社团"等等;它推动着无止境的竞争和开发,也推动着无止境的扩张和破坏——它正在使这一文明走向毁灭的结局④。这是浮士德的结局:年老失明的主人公依然雄心勃勃,不停工作,他命令精灵们开挖他所规划的河道,他听到了挖掘声——但那是给他自己掘墓的声音。

如前所述,在现代资本主义已经开辟出世界历史的时代,特别是在全球化时代,中国所固有的和平主义传统是为其当下的历史性实践赋予意义的;而这一传统本身,或者作为历史经验的对象,或者作为浪漫主义怀旧的对象,并不包含现代意义的发展原理——分化、个体化、主观性以及由之而来的对峙。因此,只有当中国的发展能够在占有现代发展之积极成果(亦即将其本质力量据为己有)的同时,拯救并复活自身的和平主义传统,才会

---

① [美]丹尼尔·贝尔:《资本主义文化矛盾》,赵一凡等译,生活·读书·新知三联书店,1989年,第209页。
② 《马克思恩格斯选集》第一卷,第275页。
③ [美]丹尼尔·贝尔:《资本主义文化矛盾》,赵一凡等译,第29—30页。
④ [英]罗素:《中国问题》,秦悦译,第7—8页。

有真正的中国道路,而这一道路——和平主义的发展道路——才会具有真正的当代意义。黑格尔的见地是颇为深刻的,他说,彼时的中国就像印度一样,还处在世界历史的局外,"而只是预期着、等待着若干因素的结合,然后才能够得到活泼生动的进步";然而,中国的原则又具有那样一种实体性,"所以它既然是最古的、同时又是最新的帝国"①。只有在中国发展道路的积极开启和实践贯彻中,我们才能期待那实体性的内容经由这一过程而被"再度青春化"。

由此而得到理解的中国的和平主义发展道路,不仅具有一般的当代意义,而且具有所谓"世界历史意义"。什么叫做具有世界历史意义?黑格尔说,这意味着一个民族精神采取比它自身更加高等、更加博大的新原则,而这个原则在其基本元素和基本目的中具备一个对于世界历史来说是普遍的原则。正像"世界历史个人"——亚历山大、恺撒、拿破仑等等——代表着不同普遍原则在世界历史中的前进步伐一样,伴随着先前原则的完成和解体,是另一个"世界历史民族"登上舞台,它代表另一种精神,另一种普遍原则,从而是另一个世界历史纪元的发生②。因此,中国的和平主义发展道路可能具有的世界历史意义取决于两个基本方面。其一是否定的方面,即先前之普遍原则的完成和解体——这一过程正在发生,我们无需乎去断言它的临终之日,那是先知和预言家的事;但只有最幼稚的头脑才会相信现代资本主义文明将是无限制发展的并因而是永世长存的。除开马克思和列宁的经典批判,我们还听到尼采的警告——"欧洲虚无主义的降临"③,听到斯宾格勒的呼声——"西方的没落";整个二十世纪批判的思想几乎全都集中在这个主题上。只是当批判的思想陷入酣睡之际,这个世界的实际瓦解过程才似乎被暂时地掩盖起来。

另一个方面是指向未来的建设性的方面。当罗素由各种无休止的战

---

① [德]黑格尔:《历史哲学》,王造时译,第110页。
② 同上书,第59—64、66—70页。
③ 参看[德]尼采:《权力意志》,孙周兴译,商务印书馆,1996年,第373页。

争来解说"西方文明的失败"①时,当汤因比由"人类集体自杀之路"来指证西方文明的无出路状态②时,他们都热切地期许着世界的和平与统一,而且他们又都把这种重建和平主义的期许特别地指派给中国。因为在他们看来,只有中国的和平主义传统才意味着希望,才意味着积极建设的可能性。汤因比声称,世界的和平与稳定是避免使世界陷于悲惨结局的唯一道路,因而建立真正的和平统一乃是今天世界的"绝对要求"(这让我们再度回想起启蒙时代对永久和平的瞩望)。如果说当今世界的统一只有在和平中才能实现,那么它一定是以地理和文化主轴为中心,不断地结晶扩大起来。这个主轴不在美国、欧洲和俄国,而只能被设想在东亚,特别是在中国。这不仅是因为中国的政治统一自汉代以来一直延续至今,而且因为这种统一既是和平主义的,又是世界主义的。与之形成对照的是,西欧世界自罗马帝国崩溃以后就再也没有挽回过其政治上的统一,而它的政治传统也不再是世界主义的而是民族主义的了。因此,"恐怕可以说正是中国肩负着不止给半个世界而是给整个世界带来政治统一与和平的命运"③。作为伟大的历史学家,汤因比的历史见地是准确的和深入的;但是如果人们因此把重建世界和平的期许仅仅建立在中国先前的历史和文化之上,那么这种期许就不能不是面向过去的浪漫主义;如果这种期许还同时激起了人们的许多幻觉和无责任能力的自夸大狂,那么由之而来的一切就不能不是误入歧途的浪漫主义了。

真正具有世界历史意义的东西不是纯粹的过往,不是仅仅滞留于传统之中,而是中国的和平主义发展道路,是唯有在这一道路的历史性实践中才能被开启和复活的和平主义传统。它不是既与的、已经完成了的东西,而毋宁说是正在生成着的东西,是在其展开过程中表现为必然性的东西。用我们传统的术语来说,中国的和平主义发展道路乃是真正的"道"——是

---

① 袁刚、孙家祥、任丙强编:《中国到自由之路:罗素在华讲演集》,第 300—301、251—257 页。
② [英]汤因比、[日]池田大作:《展望二十一世纪:汤因比与池田大作对话录》,荀春生等译,国际文化出版公司,1985 年,第 295 页。
③ 同上书,第 282—296 页。

合于大道(新的普遍原则)的通达之道(道路),是和平主义的"王道"而不是强权主义的"霸道"。它的世界历史意义就在于:它扬弃并且超越现代资本主义的发展道路,从而把不以扩张主义为出发点也不以霸权主义为必然归宿的发展前景启示给人类向着未来的历史筹划。然而,正因为中国的和平主义发展还只是在历史地生成着,所以它既意味着前途与希望,也面临着挑战与危险。它应当被正确地理解为一项任务——一项由能思的实践来把握自身命运的历史任务,并且被理解为一种考验——一种对中华民族之真正发展潜力的历史考验。

(2009 年)

五、"中国学派"及其学术话语权

在学术的发展过程中,学派既是学术共同体占主导地位的形式,又是学术话语权的决定性基础。学派的范围及定向可以是相当不同的,这能从其一般的命名中被观察到。有的以学派领袖或学术纲领来作旗帜,有的以某大学或研究所来作标志,有的则以地区甚至国家来作区划。而其中又往往颇多错综交织。例如,讲到经济学,我们会说"英国古典经济学",又会谈到斯密学派和李嘉图学派;若论到古典经济学的前史,则有重商主义和货币主义学派;若论到古典经济学的法国思潮,则又有重农主义学派及其与重商主义学派的分歧与争论。至于现代经济学,我们会看到马克思主义学派、奥地利学派或维也纳学派、马歇尔及其学派、库尔诺和"数理学派",以及凯恩斯主义等等。由此可见,整个经济学科学可以说完全是由诸多学派的活动构成的,而整个经济学史说到底无非就是诸多学派之间的差别、分歧、对立、斗争、融合、过渡等等的历史。

众多学派的形成、争论与互动往往是思想活跃、学术繁荣的重要标志。春秋战国之际,中国的学术界一时鼎盛,蔚为大观。其间学派林立,在学术上各擅胜场,在思想上相互激荡,被称之为诸子百家时代。近代思想的开端,欧洲哲学界同样人物辈出,学派纷呈,为近代文明导其先路、奠立精神文化之基石。除培根、霍布斯、维柯诸贤,又有笛卡儿、斯宾诺莎、莱布尼茨、洛克等大哲。至于十九世纪的德国古典哲学,亦是一时间狂飙突起,学派迭出,群星璀璨。正如海姆索特(H. Heimsoeth)所说:"在康德哲学的……直接影响下,近代形而上学梅开二度,空前繁荣。仅仅在二三十年的时间内,形而上学的教养就成熟起来,思想丰满、风格独卓并产生出最强大的影响力,它们如此紧邻相接,在历史上还从未见过。"

就学术思想本身而言,所谓"学术话语权"是指某一学术共同体、某一学派在与之相关的整个学术界中的影响力和支配力。学派与学术话语权的基本关联突出地表现在以下两个方面:第一,只要某种学术思想是真正具有影响力和支配力的,则围绕着这种学术思想就必然会形成某个学派。

就此而言,学术话语权是属于学派的;完全无法成为学派之思想内容的学术观点是没有(或缺乏)话语权的,是在学术史上属于主观的或偶然的东西。第二,学术话语权是在学派间的冲突、比较、融通和克服中生成并发展起来的。换言之,一种学术的影响力和支配力并不是现成的和孤立的;它必须经受学派间的对话、批判和争论等等的考验,然后才能证明自身并被接受为是真正具有话语权的。在这样的意义上大体可以说,学术上较大的话语权总是标志着学术上的某种优越性,而某一学派的影响力或支配力总是通过这种优越性表现出来的。

然而,这只是就学术的形式方面而言。人文学术和社会科学的发展是有其实体性基础的,这基础就是人们的现实生活过程。就像哲学是"被把握在思想中的时代"一样,任何一种学术上的优越性或话语权归根结底建立在一定的社会现实的基础之上,植根于某一阶段的历史性实践之中。由于学术本身并不局限于思想的"内部自身",也不是什么胎息于"无人身的理性"怀抱中的东西;所以,学术话语权真正说来乃是一种历史的权力,是特定的社会权力(social power)在思想上、理论上和学术上的表现。在这个意义上,就像重商主义学派反映出商业资本在当时经济生活中的领导权一样,古典经济学的整个学派则代表了产业资本在较高经济发展阶段上的支配地位。因此,后者对于前者来说在学术上的优越性或话语权,归根到底取决于历史本身的发展进程,取决于在这一进程中社会权力的定向和配置所发生的重大改变。

如果说,中国知识界目前确实面临着中国学派及其话语权问题,那么根据前面的讨论,尽管我们可以在学术形式方面提出一些观点和主张,但首先必须理解到:这一问题实际上是在相当具体的历史语境中出现的;更加确切些说,是在中国自近代以来的整个历史性实践的基础上被提出来并且被课题化的。在这里,"中国学派"及其"话语权"究竟意味着什么?它在怎样的前提下以及在多大的程度上才是可能的?

中国自近代以来,其学术的基本境遇是颇为独特和跌宕起伏的。就总体而言,"西学东渐"一方面意味着中国传统的学术遭遇了史无前例的袭击并进入倾颓瓦解的境地,另一方面则意味着近代西方思想的强势传入并渐次占据了学术理论的几乎每一个领域的制高点。尽管局部的脱离和零星的反叛始终存在着,但以西学为主导的学术总体格局已然成为大势所趋。不仅如此,由于中国的社会革命对于其现代化进程来说的必要性,又由于这一社会革命之采取社会主义定向的必然性,马克思主义在逐渐成为这一实践进程的指导思想的同时,也全面地进入并调整着中国学术——理论的总体格局。这样一种情形,既与世界历史的近代进程本质相关,又植根于中国历史性实践的内在需要,尽管其学术的基本状况是进入外部性占支配地位的境遇中去了。

这种外部性支配的境遇使中国的学术全面地进入一种"学徒状态",而这种学徒状态大体上意味着"中国学派"的缺失和学术话语权的式微。但是,就历史的本质性而言,一方面,这种外部性支配状况在特定的历史阶段是必然的:它根源于现代文明(即西方——资本主义文明)所具有的世界历史意义;另一方面,中国学术的"学徒状态"从总体上来说是意义重大的:它既开展出一个经历一百多年的积极的对外学习,又使中国学术实质地经历了所谓"文化结合"的艰苦锻炼。这种锻炼至关重要——黑格尔在谈到希腊世界时说:希腊人既有自己的原有文化,又面对东方世界的外来文化;唯通过这两重文化之结合的锻炼,才产生其"现实的和正当的活力",并开辟出它的"胜利和繁荣的时期"。

联系着近代中国的历史进程,我们可以说,时下关于"中国学派"及其学术话语权的议题实际上意味着:中国学术试图在文化结合的锻炼中开启出一项决定性的任务,即对于外来学术之真正批判性的消化与吸收;也就是说,去除其外在性,使之在展开过程中成为"自为"发展的一个环节。而做到这一点的基本前提是:中国学术能够真正承受文化结合的考验,能够在这样的考验中赢得它的自我主张,即学术上的自立和理论上的自觉。事实上,任何一种真正的和伟大的学术都在自身的发展过程中经历一个决定性的转折,即逐渐摆脱它对于外部学术的学徒状态,并进而提出它的自我主张。因此,从根本上来说,得到恰当理解的"中国学派"只能建基于这种自我主张之上,就像其学术话语权必然起源于这种自我主张一样。而在相反的情形下,我们只能见到尼采所谓的"装饰性文化"和"机械的混合物",或所谓依附性的和无头脑的学术等等,如此便再也谈不上真正的中国学派及其话语权了。

关于中国学派和学术话语权的议题,确实可以从很多角度来加以探讨,对之进行学术形式方面——如学术规范、学术体系、一般方法论、学科交叉和国际化等等——的考察也是完全必要的。但是就社会—历史进程的本质性而言,"中国学派"及其话语权的问题深深植根于当今中国的历史性实践中,甚至问题的诉求本身也只是在中国发展道路的一定阶段上才产生出来。就此而言,中国学派的真正形成、其学术话语权的极大提升在理论上取决于:其学术在多大程度上能够揭示并切中当今中国的社会现实,从而使真正的"中国问题"和"中国经验"得以构成;而在实践上,中国学派及其话语权的扩大与巩固必然是当代中国综合发展的后果之一,是其学术传统之实体性内容再度青春化的积极表征,是中华民族伟大复兴事业的组成部分。

(2013 年)

六、"中国学派"如何成为可能

中国自近代以来的学术状况，在经历了若干艰辛繁难的转折步伐之后，是从总体上进入对外部学术——特别是，西方学术——的"学徒状态"中去了。这样一种学徒状态，一方面是由于现代性"在其特有的阶段取得了绝对权力"，以及由于这种权力在思想、理论和学术上的全面贯彻而造成的；另一方面，它也实际地构成了很长一个时期以来中国各种学术获取其成果、视野及进展的基本态势和积极动因。毫无疑问，当今中国的人文学术和社会科学仍然在很大程度上处于那种对外部学术的学徒状态之中。正是在这样的背景中，我们要问：所谓"中国学派"究竟意味着什么？而尤为重要的问题是："中国学派"如何才真正成为可能？

只要"中国学派"是针对着上述的"学徒状态"而被提出来并获得其原则高度的，那么，这一提法便立即意味着中国的人文学术和社会科学开始要求取得其"自律性"或"自我主张"，也就是说，开始要求在其进一步的发展过程中逐步摆脱它对于外来学术的学徒状态。这种情形正是任何一种学术实际成熟起来的绝对标志：唯有当某种学术以特有的方式开始形成其自律性或自我主张时，我们才可以说，它是摆脱了先前对于其他学术的依傍性和学徒状态，它是真的成熟了。举例来说，古典经济学是经由威廉·配第和魁奈才制定出其基本的立脚点、问题领域和研究方法的，并由此而获得了它的自律性。只是在这种自律性实际形成的情况下，经济学科学方始得以成立；而其先前散漫无据的学徒状态，例如货币主义和重商主义，也就理所应当地被看作是经济学科学的"前史"了。与此相类似，历史科学之取得它的自我主张，则经历了更为漫长的前期准备。按照柯林伍德的说法，近代以来的历史科学一开始在基本立场和方法上完全依赖并模仿她的"长姐"——自然科学，并因此长期处于一种明显的学徒状态。唯当十九世纪末的历史批判彻底论证了历史意识是"自我—授权的"，史学理论方始获得了它的自我主张："历史思想是不受自然科学统治的，而且是一种自律的科学。"就不同民族的学术发展而言，情形亦复如此。我们知道，德国古典哲学的伟大成就最初是通过两个代表人物而形成其自我主张的。一位是沃尔夫,虽说他在哲学上罕有创新,但黑格尔却盛赞这位"德国人的教师",因为他开始让哲学说德语,从而使哲学成了普遍的、属于德意志民族的科学。"只有当一个民族用自己的语言掌握了一门科学的时候,我们才能说这门科学属于这个民族;这一点,对于哲学来说最有必要。"如果说沃尔夫还只是使德国哲学获得了形式上的自律性,那么正是由于康德,由于他在哲学上的不朽创制而使德国哲学赢得了实质上的和全体皆备的自我主张。以至于我们可以说,从康德开始德国人才有了自己真正的哲学,由之而来的伟大成果——它居于欧洲哲学"第一小提琴手"的位置——是从这种自我主张开端发皇的。

由此可见,一种学术的真正成熟,总是与它逐渐摆脱其学徒状态并取得其自律性步调一致的。在这样的意义上,中国的人文学术和社会科学除非能够在特有的转折点上从其依傍性的学徒状态中解放出来,并坚定地获得其自我主张,否则便根本谈不上名副其实的"中国学派"。如果我们在这样的定向上来追究"中国学派如何成为可能"的问题,那么,其前提条件将至少包括以下三项。

第一,使中国学派成为可能的前提条件是:从"外部反思"这样一种主观思想中彻底摆脱出来,并从而使习得者成为能思的和批判的——也就是说,使之成为由我们自己的思想所把握的东西。众所周知,中国自近代以来始终面临着长期而艰巨的现代化任务,因此,不仅对外学习是绝对必要的,而且中国学术在其特有阶段上的"学徒状态"也是内容丰硕和富于成果的,我们必须对其深远意义给予极高之评价。但是,学徒状态所特有的依傍性质却往往使"外部反思"在我们的人文学术和社会科学中盛行起来,其结果便是遗忘中国的社会现实本身。用哲学的方式来讲,所谓外部反思乃是一种忽此忽彼的推理能力,它从来不深入特定的实体性内容之中;但它知道一般原则,而且知道把一般原则抽象地运用到任何内容之上。"外部反思"并不是我们不熟悉的,简单来说,它无非就是通常被称作教条主义或形式主义的东西。事实上,我们很容易发现,在当今中国的人文学术和社会科学中,极其普遍地流行着那种"仅仅知道把一般原则运用到任何内容之上"的外部反思。有一个比拟性的例子可以很好地说明这种情况。黑格尔对拿破仑评价极高,甚至赞誉他为"骑在马背上的世界精神";但却在《历史哲学》和《法哲学》中多次尖锐地批评说:拿破仑想要把法国的自由制度先验地强加给西班牙人,结果他把事情弄得一塌糊涂,结果他是不能不失败的。这一事例反映出来的就是外部反思的情形,对此我们确实应当加以深思。如果说,我们之前的教条主义者曾经无头脑地膜拜过来自苏联的抽象原则,那么,当今中国的学术界则更多地从西方世界取得其抽象原则,并把它们先验地强加到中国社会的任何内容之上。就此必须充分意识到的是:外部反思的要害恰恰在于它只是"玩弄抽象空疏的形式",而完全不顾及或匆匆越过了"自在自为地规定了的实质",即特定的社会现实本身(对于我们来说,就是作为实体性内容的当今中国的社会现实)。因此,黑格尔很正确地把外部反思归属于主观思想,将其称作"诡辩论的现代形式""浪漫主义虚弱本质的病态表现",并把仅仅知道外部反思(而不知更深入的反思)的学者叫做"门外汉"。在这里,门外汉的意思无非是说:他仅仅记得外在的公式或抽象的教条,而对于特定的现实本身却是完全无思想、无头脑的,并且因而是完全无能为力的。我国学术界中外部反思盛行的状况,部分地起源于现代理智形而上学本身的抽象性质,更多地则是由于长期以来对于外部学术的依赖或学徒状态。如果说,中国学术的成长终究不可能长久地满足于这种学徒状态,那么,它的自我主张便会首先表现为与外部反思的批判性脱离。唯当这种脱离在我们的学术实践中积极展开之际(它一方面使习得者成为能思的和批判的,另一方面使中国的社会现实能够被呼唤着前来同我们照面),所谓"中国学派"才真正成为可能。

第二,使中国学派成为可能的又一个前提条件是:依循由中国社会现实而来的客观需要和基础定向,实际地形成外来学术——思想、理论、观点、方法等等——之大规模的中国化。这种中国化的突出例证,我们可以举出佛教的中国化和马克思主义的中国化。正是在外来学术之大规模的中国化进程中,名副其实的中国学派便生机勃勃地应运而生。一般来说,这种外来思想或学术的大规模的中国化往往经历两个不同的发展阶段。例如,佛教的中国化首先需要有一个传播、引进、介绍、翻译、研究等等的阶段,也许可以把玄奘看成此一阶段的杰出代表。但是,光有这个阶段还是不够的。我们知道,玄奘一派的唯识宗太过玄奥深妙,以至于其影响却颇为狭小而且短暂。于是需要有一个实质的且具有决定性意义的中国化阶段,需要有禅宗及六祖慧能,以便不仅使外来的佛教教义极大地简化,而且使之适合于中华民族之精神传统的基本轨道。同样,马克思主义的中国化亦必经此两个阶段。首先是马克思主义学说通过一批先进的知识分子在中国得以引进、翻译、传播和研究,但这一学说很快便要求在中国革命的历史性实践中被极大地中国化。只要是在这种中国化未经真正展开的地方,马克思主义学说便往往停留于空疏的辞令或教义,甚至成为当时革命性实践的干扰或障碍。例如,当"中心城市武装起义"的指令在实践中遭遇一次又一次惨痛的流血失败,当中国共产党人终于在"农村包围城市"的纲领中确立其革命的道路时,我们方才看到了马克思主义革命理论之具有决定性意义的中国化——因为只有在这一纲领中,才包含着真正的"中国问题"和"中国经验",才意味着马克思主义对于中国革命道路的实际开启。很明显,马克思主义中国化的上述两个阶段归根到底都是依循中国的社会现实来定向的:正像其社会变革的真实需要导致马克思主义学说大规模地进入中国一样,这个学说也唯独在经由中国的社会现实而获得一系列具体规定的行程中来实现其中国化。要言之,任何一种外来的思想、理论或学术只有在总体上依循其各自独特的方式被中国化时,它对于我们来说的外在性才开始获得解除,也就是说,我们在学术方面才开始摆脱先前的学徒状态而获得了具有实际效准的自我主张。正是在这个意义上,我们把外来学术的中国化——无论哪一种方式的中国化——理解为形成中国学派的前提条件。

第三,就我们所处的时代状况而言,使中国学派真正成为可能的前提条件是:必须经历黑格尔所谓"文化结合"的艰苦锻炼。之所以这么说,是因为我们已处身于"世界历史"之中并面临着巨大的现代化任务,是因为我们无论走怎样一条独特的发展道路都必须"现成地占有现代文明的积极成果"。就此而言,对前述所谓学术上的"自我主张",就决不能作排外的孤立主义或倒退的浪漫主义的解释。只要我们从根本上面对着现代性的挑战,我们就必须对外学习;而我们长期以来的对外学习,从一开始就不得不进入"文化结合"的锻炼之中——它始终伴随着一种以"中西""古今"为枢轴的紧张思虑,这种思虑深刻地出现在近代以来中国人文学术和社会科学的各个领域、各种争论和追问中。这种情形清晰地表明:中国学术的成长就总体而言根本不可能趋避于文化结合之锻炼的艰难困苦,而真正的中国学派只可能从这种艰难的锻炼中生成。黑格尔在谈到"希腊世界"时说,希腊人一方面有自己的固有文化,另一方面又面对东方世界的外来文化;正是经历了"文化结合"的艰苦锻炼,希腊人才产生其现实的和正当的活力,并开辟出其胜利和繁盛的时代。这一过程的核心是希腊民族在面对更高更强的外来文化时,如何经历文化结合的锻炼而取得其学术上的自我主张。关于这一点,尼采描述得更加生动。他说:在很长的时间内,希腊人几乎要被来自东方的强势压垮了;他们的文化是一大堆外来形式和观念的混杂(埃及的、巴比伦的、吕底亚的、闪族的等等),而他们的宗教简直就是东方诸神的一场混战。但希腊人听从了德尔斐神庙"认识你自己"的箴言,坚定而诚实地反省了自己真实的需要;并且通过其文化上的自我主张,来整理好那堆外来的"杂物",而没有长久地做"整个东方的追随者"。正是由于希腊人重新把握了自己,他们的文化才没有成为"机械的混合物",没有成为一种"装饰性文化"。由此可见,所谓文化结合的锻炼,固然包含着对外学习和借鉴的任务,但同时又意味着其自我主张的积极生成。就此而言,中国学派的现实可能性,是从我们民族正在经历着的文化结合的锻炼中产生出来的。

综上所述,我们的结论是:使"中国学派"真正成为可能的东西,乃是当今中国的人文学术和社会科学得以从它们对于外部学术的"学徒状态"中历史地摆脱出来,并获得它们的自我主张;而这种自我主张的现实的可能性，更加具体地说来，又要求着我们的学术立场从"外部反思"的主观思想中解放出来，要求着使外来的思想、理论和学术大规模地中国化，要求着我们的学术实践全面地经历"文化结合"的锻炼和考验。

(2016 年)

七、论学术阐释的客观性问题

在所有的人文学术和社会科学中，阐释问题始终是一个重大的基本问题，而这一问题的真正核心则在于阐释的客观性。无论是在我们一般的日常讨论中，还是在更加严整的学术活动中，总是面对着各种各样的题材或对象，遭遇到各种各样的历史遗存物——包括面目各异的诸多"文本"，特别是被称之为"经典"的文本。在这样的境域中，阐释（或解释、诠释等）便不可避免地发生，而阐释的客观性问题亦随之而来。就此而言，不包含任何"阐释"——并因而排除了阐释之客观性问题——的人文学术和社会科学乃是根本不可思议的。之所以要将阐释及其客观性问题特别地标举出来并予以深入讨论，是因为这一主题对于我们今天的学术来说，仍在很大程度上未经真正触动而滞留于晦暗之中。造成此种情形的原委，一方面是由于近代以来中国的历史性实践在其特定阶段上的要素纷繁和错综复杂，另一方面则是由于我们的学术界在其急切推进的步伐中还很少进入所谓"前提批判"的领域中。如果阐释问题就像伽达默尔所指证的那样具有极大的普遍性，如果阐释之客观性问题上的思想混乱确实已成为我们学术发展的严重障碍，那么，在这一立题上开展出哲学的批判性澄清，就不仅是必要的，而且将具有更为显著的学术推进意义。

一

在最广义的"对话"活动中，从而在最一般的学术活动中，总已有先行立足于"理解"基础上的阐释在其中起作用了。只要阐释实际地发生并且在活动中起作用，阐释的客观性问题——古典哲学往往使之归属于"思想的客观性"问题——便会立即同我们照面。这一问题在其非常一般且通常的用法中可能被表述为：某种阐释性的说法、声言、判断或观点是客观的吗？在黑格尔看来，这里牵涉到的便是"客观性"一词的第一种含义，尽管只是其最为浅近的含义：客观性是表示"外在事物的意义，以示有别于只是主观的、意谓的或梦想的东西"①。很显然,这样一种"客观性"的用法即便在我们的日常谈话中也是经常会遇见的。虽说这种用法较为粗糙简陋,但却包含着某种可以称之为"客观性(Sachlichkeit)告诫"的重要真理:我们所谈论或阐释的"事物"(Sache 和 Ding)是有其自身存在的,因此,就像它能抵制我们用不适当的方式去使用它一样,当我们用不适当的方式去谈论或阐释它时,这样的谈论或阐释对于事物来说就是完全外在的,并因而会自行贬黜为纯粹主观的、意谓的或梦想的东西。伽达默尔曾专门讨论过德语中的两个通常表述,即"事物的本质"和"事物的语言",并试图指证这种日常说法对于当今哲学依然具有的意义:"相应地,当我们说到事物的'本质'或事物的'语言'时,这些表述都含有反对我们论述事物时的极端任意性,尤其是纯粹陈述意见、对事物作猜测或断定时的任意性,以及否认或坚持个人意见的任意性。"②

就此而言,在最一般的或日常表述中的"客观性告诫"便意味着:事物与我们的主观任意相对待而具有自身的存在,除非我们对此给予尊重,否则我们的谈论或阐释就根本不可能触到——一点都没有触到——事物本身。很显然,这种客观性要求对于人们的普通言谈或对话来说是重要的,而对于学术上的各种阐释来说尤为重要。因为即使在最浅近的含义上,我们也完全无法设想,学术阐释能够仅仅依循"主观的、意谓的或梦想的东西"而被建立起来,除非某种"学术"甘愿使自身沦为单纯意谓的或梦想的东西。然而毋庸讳言,在我们的人文学术和社会科学中,那种颇为粗鲁的主观"阐释"并非不存在,张江先生所激烈抨击的"强制阐释"有一部分便属于此种类型(另有一部分则属于我们后面要谈到的较为精致的类型)。他在《强制阐释论》一文中,把强制阐释定义为:"背离文本话语,消解文学指征,以前在的立场和模式,对文本和文学作符合论者主观意图和结论的阐

---

① [德]黑格尔:《小逻辑》,贺麟译,商务印书馆,1980年,第120页。
② [德]伽达默尔:《哲学解释学》,夏镇平、宋建平译,上海译文出版社,1994年,第70页。

释。"①很显然,在这种强制解释中,根本不存在"由自身便已在"的事物(毋宁说,倒是以排除或拒斥这样的事物为前提的);它只是佯言阐释了对象,实则却只是把我们的任意和武断强加给作为"对象"的事物。对于这样一种主观任意的"阐释",也许我们不必谈论太多,因为它实在是以完全非反思的(一个更通常也更恰当的说法是"完全无头脑的")主观任意为前提的,因为任何一种学术及其阐释定向的成立和发展都是以渐次排除这种主观性为己任的——它不可能长久地滞留于单纯意谓的或梦想的东西中。

然而在这里我们必须较为深入地来讨论另一种阐释定向,其性质与前述的主观性阐释即任意和武断相当不同:(1)它是以一种特定的客观性的形式表现出来的;(2)它在知性科学中占据统治地位并极大地影响到整个学术;(3)它所制定的阐释定向采取一种极其广泛的反思类型。这样一种阐释的原理在哲学上可以用康德的学说来作为代表。康德重新规定了所谓思想的客观性的含义,与前述表示"外在事物"的意义不同,客观性乃指我们知识的普遍性与必然性,以示有别于仅仅属于我们感觉的偶然、特殊和主观的东西②。很显然,这样一种客观性,即普遍性和必然性,可以从我们的知识中,从知性知识的范畴、规定、原理等等所达致或拥有的"一般原则"中到处识别出来。因此,这样一种客观性的思维方式和阐释方式也就理所当然地成为知性科学的基本原理,并且在近代以来的整个学术进程中逐渐确立其统治地位。

由于康德把客观性理解为我们知识中的普遍性与必然性,又由于康德把我们知识中的本质的东西(即普遍性与必然性)导回到"自我"或"自我意识",所以他完成了知识论上的一个可以被称之为"哥白尼革命"的重大转向。在知识的整个构成中,主观的能动方面被突出地——作为轴心——来加以强调和发挥了:思维的范畴以自我为其本源,而普遍性与必然性皆出于自我;认识的形式作为能思之我,而认识的材料作为感觉之我。这意味

---

① 参看张江:《强制阐述论》,载《文学评论》2014年第6期。
② 参看[德]黑格尔:《小逻辑》,贺麟译,第120页。

着,把客观性仅仅认作外在事物之义的粗疏观点被解除了,我们知识中的客观性即普遍必然性毋宁说是以自我意识的"纯粹活动"为本源的;因此,知识对象(经验对象)并不是从外部直接给予我们的东西,而是经由自我意识的活动被构成的。这是一个伟大的思想,它在知识论上所实现的变革——以及由之而来的深远影响和意义——无论怎样估计都不会太高。在此之后的认识论乃至整个哲学(以及由此来定向的阐释观念),都根本不可能无视或匆匆越过这个划时代的变革。

但是,这样一种克服了外在的粗疏性质并已极大地提升了的"客观性"立场,在本体论(ontology)上却仍然是主观的。"但进一步看来,康德所谓思维的客观性,在某意义下,仍然只是主观的。因为,按照康德的说法,思想虽说有普遍性和必然性的范畴,但只是我们的思想,而与物自体间却有一个无法逾越的鸿沟隔开着。"①正如黑格尔所指出的那样,由于物自体完全处在自我意识的彼岸,所以,康德意义上的思想的客观性,亦即思想所具有的普遍必然性仍只从属于"我们的思想",而完全分离隔绝于"事物的自身(an sich)"。换句话说,自我意识的统一只是主观的(即所谓"先验的"),而并不归属于知识以外的对象自身。这样一种哲学本体论立场的余波后续,在通常的观念中,在普泛所谓现代知识或知性科学的领域中,只是完全依赖于抽象的理智或空疏的知性,并以由之而来的"一般原则"充任客观性,却掩盖了——也许是根本没有意识到——它自身在本体论上无关乎事物自身的主观主义。黑格尔曾特别尖锐地抨击了这种主观主义,他说:所谓批判哲学把对事物自身和永恒对象的无知当成良知,把仅仅局限于主观性内部的浅薄空疏宣布为最优秀的——而这种臆想的知识甚至也自诩为哲学②。同样,伽达默尔也以重提"事物的本质"这个概念来抗衡哲学上依然盛行的主观主义,特别是以新康德主义的形式在十九世纪后半叶复活的

---

① [德]黑格尔:《小逻辑》,贺麟译,第120页。
② 参看同上书,第34页。

唯心主义——这种唯心主义"根本不知道如何处理自在之物"①。

仅仅局限于抽象理智或空疏知性的观点虽说取得了某种客观性的外观——它把我们知识中具有普遍必然性的抽象原则当作真正的客观性,但其实质却仍然是一种主观主义——因为它在本体论上将思想与事情(Sache)本身截然分离开来。与以往时代直认事情本身与思想相符合的淳朴信念相反,近代兴趣的转折点却首先是思想与事情本身的区别和对立。这意味着,近代的立场不再是淳朴的,而是具有反思的了。这种具有反思意识的立场不仅构成一般知性科学的哲学前提,而且实质上也成为人们关于"知识"之理解和谈论的通常观念。与此相应,所谓"阐释"便同样依此知识论的立场来制定方向了。知性科学,以及以知性科学为准绳或范本的全部学术,就其立足其上或开展出来的各种阐释而言,也摆脱了先前关于思想之客观性的淳朴观念,而将之设定在由理智或知性所把握了的普遍必然性之中。这意味着:在最为广泛的学术活动或一般观念中,阐释之客观性的观念被极大地提升了,它不再依循那种粗陋的"外在事物的意义",而是要求并倚靠一种经由思想及其能动的构成活动而达致的客观性,亦即我们知识中的普遍性与必然性。这是一个伟大的进展:对于任何一种"阐释"及其客观性的把握而言,它不再沉浸于盲目的确信,而是具有某种反思意识的了。阐释的客观性观念于是被推进至一个新的高度——我们今天对阐释的一般理解大体上是与这种观念相吻合的。

二

虽说作为常识的"客观性告诫"几乎是一切时代共有的基本信念②,但在"阐释"这个极为广泛的主题上,那种关于阐释之客观性的缺乏反思的淳朴而独断的信念同样可以为粗野而独断的主观阐释大开方便之门。因此,

---

① 参看[德]伽达默尔:《哲学解释学》,夏镇平、宋建平译,第73页。
② 参看[德]黑格尔:《小逻辑》,贺麟译,第77页。

七、论学术阐释的客观性问题

当抽象的理智在所谓"知性规律"中制定其阐释定向时,尽管它在本体论上以思想与事情(Sache)的对立为前提,但却以"我们知识中的普遍必然性"极大地遏制了那种完全武断的和没有约束的主观阐释。既然近代以来占统治地位的知识立足于在知性范围内活动的理智,既然以此为基础定向的"阐释"终于摆脱了先前幼稚的客观态度而具有反思性质,那么,我们要追问的是:这样一种阐释立足其上的反思是怎样的? 进而言之,由此种反思规定的阐释的客观性又具有何种性质?

由于此间讨论的"阐释"是以理智或知性的活动为基准的,所以它采用的反思就是被黑格尔称之为"外部反思"或"形式推理"的那种类型,它在我们今天的各种学术活动的阐释中,乃至于在日常生活的一般阐释中,到处可以见到。外部反思在哲学上可以简要地描述如下:作为忽此忽彼的推理能力,它不会停留于或深入于任何特定的实体性内容之上;但它知道抽象的一般原则,而且知道把一般原则运用到任何内容之上。因此,外部反思的基本特征是:它把一般原则确立在我们的思想中,确立在我们知识的普遍必然性中,并从而使一般原则抽象地对立于事情本身,对立于事物的实体性内容。这样一来,一般原则便可以被"自由地"运用于任何内容之上,而所谓阐释的客观性便是将齐一的抽象原则加诸各种偶然的和无定形的内容之上。从哲学上来说,外部反思在"旧形而上学"中已然盛行,因为这种形而上学的主要兴趣,便在于研究将称谓对象的规定或谓词外在地加诸那个对象。"但这些谓词都是有限制的知性概念,只能表示一种限制,而不能表达真理。"[①]另一方面,"批判哲学"虽说对旧形而上学以及科学和日常观念中的知性概念进行考察,"然而这种批判工作并未进入这些思想范畴的内容和彼此相互间的关系,而只是按照主观性与客观性一般的对立的关系去考察它们"[②]。在这样的基本背景下,外部反思或形式推理便成为各种学术阐释的主要原理和基本方式了。

---

① [德]黑格尔:《小逻辑》,贺麟译,第 98 页。
② 同上书,第 117 页。

这种作为形式推理的外部反思并不是离我们很遥远因而是我们不熟悉的,事实上,它在很大程度上也就是日常用语中被叫做教条主义或形式主义的东西。举例来说,当教条主义的马克思主义者在阐释中断言中国革命的道路必依循俄国革命的方式(即中心城市武装起义)方始可能时,这种阐释便是脱离了中国社会之实体性内容的外部反思。同样,时下依然颇为流行的关于中国道路之"假设历史"的种种阐释,虽说深究起来事实上只不过是主观假设,但隐藏在其言之凿凿背后的"论证",总已先行设置了某种抽象的一般原则(比如说,任何后发国家的发展进程只可能重复西方的道路——并且往往只是西方道路或多或少有缺陷的表现形式),并对这种原则进行外部反思的运用。黑格尔在《法哲学》和《历史哲学》中曾多次提到过一个事例,该事例很可以用来比拟性地提示外部反思的一般性质。他说:拿破仑想要把法国的自由制度先验地强加给西班牙人,结果他把事情弄得一塌糊涂,结果他是不能不失败的。作为形式推理的外部反思在阐释中便是以类似的方式活动和起作用的:如果我们把"法国的自由制度"把握为一般原则,却丝毫不管西班牙社会之独特的实体性内容,而只是把此一抽象原则"先验地强加给"任何一种内容,那么很显然,由之达成的阐释固然可以是一种阐释,但却不是真正客观的,而只是主观的、任意的和武断的了。虽说它具有由"一般原则"而来的客观性的外观,但却只能归属于德罗伊森所谓"阉人般的客观性",或伽达默尔所谓"天真的客观主义"或"教条的客观主义";它同样是一种——虽说是较为精致的——"强制阐释",只不过由于这种主观强制在抽象理智的活动中占据统治地位而往往不被意识到罢了。

为了重建并捍卫思想的真正客观性,黑格尔把外部反思—形式推理突出地划归"主观思想",指证其立脚点乃是"抽象的理智"或"空疏的知性",并对之进行了持续不断的,有时甚至是苛刻的批判。在黑格尔看来,形式推理"乃是返回于空虚的自我的反思,乃是表示自我知识的虚浮。……这种反思既然不以它自己的否定性本身为内容,它就根本不居于事物之内,而总是飘浮于其上;它因此就自以为它只作空无内容的断言总比一种带有内容的看法要深远一层"①。因此,正如我们在前面已提到的那样,在康德哲学中被设定的思想的客观性,亦即我们知识中的普遍性与必然性,由于它与事物自身、与实体性内容的分离隔绝,所以仍然只是主观的。而黑格尔重新拟定的客观性立场则在于:"客观性是指思想所把握的事物自身,以示有别于只是我们的思想,与事物的实质或事物的自身有区别的主观思想。"②正是在这样一种本体论立场上,黑格尔把仅仅知道外部反思的人称为"门外汉",把外部反思的推理过程看作是诡辩论的现代形式,因为它总是任意地把给定事物强制纳入抽象的一般原则之下。对于黑格尔来说真正重要的是:扬弃仅仅立足于抽象的理智和知性、外部反思和形式推理等等主观思想的立场,而进入可以名之为"客观思想"或"客观精神"的领域中;如果说真理不仅是哲学所追求的目标,而且是哲学研究的绝对对象,那么"客观思想"一词便最能表明真理③。在这样的视域中,所谓"客观性告诫"便以这样一种更高的形式表现出来:虽说外部反思——形式推理极大地超越了淳朴粗疏的表象思维的习惯,但它"乃以脱离内容为自由,并以超出内容而骄傲;而在这里,真正值得骄傲的是努力放弃这种自由,不要成为任意调动内容的原则,而把这种自由沉入于内容,让内容按照它自己的本性,即按照它自己的自身而自行运动,并从而考察这种运动"④。

如果说人文学术和社会科学总已先行地立足于某种阐释并从而开展出各种阐释,那么,为了避免使阐释成为单纯意谓的或任意武断的,它就必须取得某种阐释的客观性立场;而对于今天的人文学术和社会科学来说,如果它的全部阐释要能够批判地脱离"主观思想"的窠臼,并且不再仅仅倚靠作为外部反思的形式推理,它就必须能够消化黑格尔的"客观精神"概念。这个概念的真正核心乃是"社会现实",是社会—历史之实体性内容对于任何一种阐释来说的积极开启,并从而依循如此这般的现实内容来为阐

---

① [德]黑格尔:《精神现象学》上卷,贺麟、王玖兴译,商务印书馆,1979年,第40页。
② [德]黑格尔:《小逻辑》,贺麟译,第120页。
③ 参看同上书,第93页。
④ [德]黑格尔:《精神现象学》上卷,贺麟、王玖兴译,第40页。

释的客观性制定方向。这意味着,自黑格尔以来,任何一种阐释只要仅仅停留于抽象的一般原则并对之进行外部反思的运用,而不曾使之进入社会——历史的实体性内容之中并依"现实"(本质与实存之统一)的定向来开展出全面的具体化,那么,这样的阐释就仍然只能是主观的,而不是真正客观的。正是在这个意义上,伽达默尔说,"……黑格尔哲学通过对主观意识观点进行清晰的批判,开辟了一条理解人类社会现实的道路,而我们今天仍然生活在这样的社会现实中"①。在这种客观性视域中,主观思想及其外部反思的阐释方案就被扬弃了,而阐释的本质一度唯在于它深入到特定对象本身的社会——历史内容之中,在于它根据此种实体性内容的具体化来开展出各种阐释并达成其客观性。这样的阐释诚然也是具有反思的,但决不局限于外部反思,而是依循——用黑格尔的话来说——思辨的或辩证的反思。

虽说黑格尔把客观精神的本质性最终引导到"绝对精神"(亦即被费尔巴哈和马克思称之为思辨神学的"上帝")中去,虽说思辨的辩证法作为绝对者的自我运动归根到底是神秘的(所以马克思称自己的辩证法与思辨辩证法"截然相反"),但是黑格尔却通过扬弃主观思想的"客观精神"概念而史无前例地开辟出一个思想的客观性——从而阐释的客观性——得以真正深入地驻足其间的广大区域,事实上这也恰好是主观思想及其外部反思根本"通不过的"区域。如果我们把这个区域简要地称之为社会——历史领域,那么这就是人文学术和社会科学必须能够在其中展开各种活动并进行各种阐释的领域。问题唯在于怎样的一种客观性定向方才使这个领域成为可通达的。正是在黑格尔的客观精神概念中,亦即在人类共同体秩序对于主观意识来说的超越性中,思想的客观性以及阐释的客观性才首次打开了社会——历史之本质性的那一度,换言之,才开始将这样的客观性把握为真正的社会现实。由之而来的哲学成就乃是划时代的,其理论上的优越性只需通过一些简单的比照便能识别。例如,为了阐释道德现象整体,便有

---

① [德]伽达默尔:《哲学解释学》,夏镇平、宋建平译,第111页。

所谓道德哲学。我们知道,康德的道德哲学是建立在"绝对命令"的基础之上的,它力图通过确定道德意志的纯粹性来指导道德反思。但是,仅仅作为"公设"的绝对命令,却并不包含任何特定的社会历史内容,相反却是以排除这样的实体性内容为前提的。因此,这样的绝对命令乃是与"现有"完全分离隔绝的单纯"应当",而这种极其抽象的原则无论在实践方面和理论方面都无法达到实在性——它是"天启给予理性的肠胃中最后的没有消化的硬块"①,并因而在现实面前是完全"软弱无力的"。同样,当费尔巴哈进入道德哲学领域并试图对道德现象作出阐释时,我们却只能看到其阐释的令人惊讶的贫乏。之所以如此,是因为费尔巴哈仅仅诉诸直观——当他把"高级的哲学直观"作为单纯的"应当"来加以设定时,"普通的直观"便只能是一个完全处于"应当"之彼岸的"现有"。无怪乎恩格斯要说,如果与黑格尔的法哲学比较起来,费尔巴哈的伦理学将遭到毁灭性的打击;也无怪乎施达克不得不承认,"政治"对于费尔巴哈来说乃是一个通不过的区域②。由此可以看到,当阐释的客观性尚未能够真正深入社会—历史之本质性一度中时,当人文学术和社会科学的阐释尚无能于把捉作为实体性内容的社会现实之时,它们便只能滞留于由抽象的理智所分割开来的诸多对立中,特别是一般原则与具体内容的对立、单纯"应当"与实存"现有"的对立。而在这种对立中,抽象的理智在任何一种阐释中除了对"原则"或"应当"作外部反思式的运用(即完全形式的推理),还能有什么作为呢?然而,正如我们已经指证的那样,外部反思立足其上的一般原则或单纯"应当"虽说具有客观性的外观,但由于这种阐释方式完全疏隔于现实的内容之外,因而不能不是主观主义的。"……惯于运用理智的人特别喜欢把理念与现实分离开,他们把理智的抽象作用所产生的梦想当成真实可靠,以命令式的'应当'自夸,并且尤其喜欢在政治领域中去规定'应当'。这个世界好像是在

---

① 参看[德]黑格尔:《哲学史讲演录》第 4 卷,贺麟、王太庆译,商务印书馆,1978 年,第 290—291 页。
② 参看《马克思恩格斯选集》第四卷,人民出版社,1995 年,第 236—237 页。

静候他们的睿智,以便向他们学习什么是应当的,但又是这个世界所未曾达到的。"①今天依然在从事学术活动的学者,务请三复斯言,以便使我们无比众多的学术阐释不再囿于那种仅仅以外部反思为基本方式的主观思想——其实质乃是完全外在于社会现实的主观主义。

三

对于今天的人文学术和社会科学来说,当代解释学的进展与成果无疑具有十分重要的意义。在解释学的视域中,任何一种学术活动事实上都不能不是一种阐释(或解释)活动,正像人类话语最普遍地立足于并且开展出解释一样,学术上的每一个命题都已经就是解释并且是由解释来先行运作着的了。我们在这里不可能详尽地探讨当代解释学的诸多方面,而只能就其在解释之客观性主题上的核心问题及主导趋势来进行必要的概括,以便从根本上标明它对于学术阐释来说的重要启示和反思意义。这种做法固然简要,但或许倒是紧迫之事,因为总体来说我们的学术界对于当代解释学还是颇为陌生的,而对其一知半解的引申或片面抽象的发挥却适足以在学术阐释的问题上招致种种混乱。

当代解释学的核心问题同样是解释(或阐释)的客观性问题。就此而言,施莱尔马赫和狄尔泰是如此,海德格尔和伽达默尔也是如此。倘若我们以现象学运动作为标记来确定当代解释学之主流的话,那么,这一主流无论在肯定的方面还是在否定的方面都与黑格尔哲学有着非常切近的联系;而在一般所谓思想或阐释的客观性要求方面,甚至可以说是直接与黑格尔相衔接的。所以在这一主旨上,海德格尔和伽达默尔都将当代现象学与黑格尔的"精神现象学"相提并论。伽达默尔的说法是:黑格尔"……用以下事实体现了真正的哲学思考,即物在自身中活动,它并非仅仅是人自己的概念的自由游戏。这就是说,我们对于物所作的反思过程的自由游

---

① [德]黑格尔:《小逻辑》,贺麟译,第44—45页。

戏在真正的哲学思考中并不起作用。本世纪初代表了一种哲学新方向的著名现象学口号'回到事物本身去'指的也是同样的意思。现象学分析力图揭露包含在不适当的、带偏见的、任意的构造和理论中的随意假定"[1]。这是一个根本之点,是现象学解释学的决定性主旨。当海德格尔把现象学描述之方法上的意义确定为"解释",并因而称"此在的现象学"即是解释学[2]时,他决不是要推翻这一主旨,而是要将之引向深入。毫无疑问,黑格尔已经达致的那种较高的"客观性告诫"对于当代解释学来说乃是本质重要的东西。因此,虽说当代解释学在如今高度复杂的阐释问题中确实面临着多重的困难和挑战,但如果以为其学说的整体在所谓"阐释"中只是试图鼓励和怂恿各式各样更为精致的任意和武断,那么,对于解释学的任何一种这样的主观"解释",无论如何总已从根本上误入歧途了。

然而,黑格尔哲学在其既有的形态上已经完全不可能被接受了。这不仅是因为这一哲学在本体论上遭遇到一系列的激进批判——特别是马克思的决定性批判,而且是因为时代的处境已如尼采所声言的那样,"上帝死了"——这意味着超感性世界腐烂了,崩塌了,不再具有约束力了[3]。在这样一个上帝缺席的世界中,思想的客观性从而阐释的客观性再也不可能从绝对者的同一性中取得其最终保障了,同样,人们在观念上也不再可能骑着"绝对精神"的高头大马去越过横亘在"我们的思想"与"事物的自身"之间的巨大鸿沟了。因此,伴随着由马克思、尼采和海德格尔等对整个形而上学(特别是现代形而上学)所发起的一轮轮攻击,伴随着超感性世界之最高权力的瓦解,黑格尔的绝对唯心主义、同一哲学以及与之相适应的概念立场也不可能继续下去了。只是在这样的批判性视域中,我们方始能够真正识别当代解释学从黑格尔那里吸收过来的东西和予以摒弃的东西。在

---

[1] [德]伽达默尔:《哲学解释学》,夏镇平、宋建平译,第71页。
[2] 参看[德]海德格尔:《存在与时间》,陈嘉映、王庆节译,生活·读书·新知三联书店,1987年,第46—47页。
[3] 参看[德]海德格尔:《海德格尔选集》下卷,孙周兴译,上海三联书店,1996年,第771—775页。

思想(以及阐释)之客观性的主题上,绝对精神这一作为实体的主体,亦即对于客观精神来说的超越性已无法持存,而客观精神领域所开启出来的社会—历史之实体性内容的一度,亦即由社会现实来定向的具体化,却必须作为阐释之客观性的恒久财富而被重新占有。因此,客观精神领域的本质性不再居于绝对精神之中,而应当被导回到"人们的现实生活过程"①中去。正是在这个意义上,洛维特认为,与费尔巴哈相反,马克思重新恢复了黑格尔的客观精神学说②;但此种恢复,乃在于先行驱逐社会—历史的思辨神学的本质。"恰恰是任何历史实存的这种有条件性,被马克思宣布为唯一无条件的东西。这样一来,黑格尔的精神历史形而上学就被尽可能激进地有限化、并在为历史的服务中时间化了。"③就此而言,当代解释学是处于完全类似的理论境域中的:它从根本上所要求的解释(或阐释)的客观性既然不可能驻足于任何一种"同一哲学"的神学本质之中,那么它就不能不从根本上开始转向所谓"生活世界"的领域了。因此,在海德格尔以"此在在世"为口号开展出他对意识(Bewußtsein)所作的本体论批判之后,虽说黑格尔哲学中社会—历史的本质性一度同样以充分有限化和时间化的方式被拯救出来,但他的绝对唯心主义连同其概念立场却已经訇然瓦解了。所以,伽达默尔在辨识"当代思想"的阐释立场时指证了德国唯心主义已被认为是不再正确的三重天真,"它们是:(1)断言的天真;(2)反思的天真;(3)概念的天真"④。这意味着,就普遍的"解释"通达其真正客观性的路径而言,它也不再可能是"范畴性质"的,而是"生存论性质"(Existenzial)的⑤。

在这样一种重大的思想变迁中,一般所谓学术阐释所面临的挑战可以说是非常巨大的,无论人们——特别是学者们——是否清楚地意识到这一

---

① 参看《马克思恩格斯选集》第一卷,人民出版社,1995年,第72页。
② 参看[德]洛维特:《从黑格尔到尼采》,李秋零译,生活·读书·新知三联书店,2006年,第127页注①。
③ 同上书,第135页。
④ [德]伽达默尔:《哲学解释学》,夏镇平、宋建平译,第119页。
⑤ 参看[德]海德格尔:《存在与时间》,陈嘉映、王庆节译,第55—56页。

点。问题决不在于将"阐释"放任到一无拘束的主观性中,问题恰恰在于:真正的阐释必须遵从"客观性告诫",而自康德以来我们知道了这种客观性是与人的主观活动(我思)本质相关的;自黑格尔以来我们懂得了这种客观性只能通过社会—历史的实体性内容来加以建构;而自马克思、海德格尔和伽达默尔以来,我们尤其开始意识到,尽管由社会—历史来定向的具体化乃是阐释之客观性的唯一本质和根本命脉,但这样的具体化已完全不能再倚靠先前的天真假设了——不只是通常的天真假设,而且甚至是以黑格尔为代表的德国唯心主义的天真假设。这种根本性的改变并不局限于理论的内部,事实上它首先是作为时代的任务而被揭示的。正是社会生活的实践改变使先前被看作是自身透明的东西转变为掩盖自身的和难以理解的东西,从而对阐释所要求把握的客观性提出了新的任务。"正如自然在黑格尔那儿早已表现为精神的他者,对于十九世纪积极的动力来说,历史和社会现实的整体不再表现为精神,而是处在它顽固的现实中,或者用一个日常的词说,是处在它的不可理解性之中。我们可以想一下以下这些不可理解的现象,如货币、资本以及由马克思提出的人的自我异化概念等。"[1]这样一种可以被名之为"异化"的现象实情极大地突出并改变了先前的"解释"概念——它在近代之初还是以完全天真的方式对自然来行使解释的(自然科学),然而在黑格尔之后它却具有一种难以驾驭的意义。当代解释学正是在这样的情形下提出其客观性要求和任务的:"如果说在较早时候,解释的目的只在于阐明作者的真实意图(我有理由相信,这个概念总是过于狭窄),那么如今解释的目的显然在于期望能超越意义活动的主观性。问题在于如何学会识破表面所指的东西。"[2]

当代解释学在这样的形势下开始执行它的任务,这项任务较之于先前来说要艰巨烦难得多,因为它根本无法回避这个时代最关紧要的"异化本身"的问题。正是由于当代解释学最为根本地围绕着解释(或阐释)的客观

---

[1] [德]伽达默尔:《哲学解释学》,夏镇平、宋建平译,第114页。
[2] 同上书,第116—117页。

性这个枢轴来旋转,所以困难以及克服困难的努力才开始出现。也许我们不能说这些困难都已经解决了(事实上烦难正多,挑战正盛),但我们可以断言,所有的努力正是由于在当代的社会——历史处境中要求思想须以坚守——决不是放弃——解释的客观性而产生的。因此,以海德格尔和伽达默尔为代表的解释学乃以抨击形形色色或者粗糙或者精致的主观主义为其主要特色,这样的主观主义一直被追踪到自笛卡儿以来的哲学——由之而来的知识理想所包含的异化的、自我满足的意识本身就是一种未经反思却强而有力的主观主义(用马克思的话来说,可谓现代性哲学的"意识形态"幻觉)。在这样一种解释学反思的背景下,比如说,伽达默尔关于"游戏"的现象学乃是力图揭示出这样一个要点:仅仅从作者或解释者的主观观点来把握理解活动,乃是完全不恰当的;如果需要阐释的意义只是存在于作者的思考中,那么所谓理解就不过是作者的创作意识和解释者的复制意识之间的活动——而这种观点是与阐释的真正历史相抵牾的。这意味着,文本或作品所具有的不同的表现或解释并非局限于主观性意义中的主观变化,而是属于文本或作品的"本体论的可能性"。依据这样的可能性,即便是作者本身的主观意图对于解释来说也不是一种恰当的标准,因为它是非辩证的,亦即是说,它终止了文本与解释、过去与当下之间真正的对话活动。唯当把现实本身把握为自我活动和自我展现的,方始可能克服把文本看作同对它的解释完全无关的对象的观点,方始可能把理解—解释活动阐明为一种就其本性而言是对话式的并因而是超主观的事件。因此,现象学解释学力图使自身通达事物前反思的给定性,从而面向先于理论客体化而存在的生活世界。如果说胡塞尔还只是把生活世界当作意向对象的视域来看待,那么,海德格尔则试图通过此在的解释学来探究前反思的人类生活世界之经验("关于物自身的基本经验"[①]),从而表明一切解释都受解释者的具体情境所控制——这种具体的情境同解释者的历史性具有内在关系,而解释可能生成的意义首先是此在从它的社会中先行接受过来的。

---

① 参看丁耘摘译:《晚期海德格尔的三天讨论班纪要》,载《哲学译丛》2001年第3期。

正是在这样的哲学基础之上,伽达默尔提出了他关于解释之客观性的主张:"问题不是我们做什么,也不是我们应当做什么,而是什么东西超越我们的愿望和行动与我们一起发生。"①

由此可见,当代解释学的主流和根本乃是保有并守护解释(或阐释)的客观性,而不是以任何一种方式来放任阐释主题上的任意性或主观主义。如果说当代解释学依然在某些方面遭受到诸多批评意见并引起各种争议(例如哈贝马斯曾批评伽达默尔的"语言唯心主义"),那么这无论对于批评者或被批评者来说,都只不过意味着有关阐释之客观性的当代理论尚未完成,而决不意味着它要放弃这种客观性并姑息性地逢迎或助长主观主义的阐释方向。就此而言,当代解释学的主旨不仅与黑格尔对主观思想的批判要求相吻合,而且在阐释之客观性主题上它将不可避免地与马克思的学说相遇——这种相遇当然会引起争论,例如哈贝马斯指责伽达默尔只是专注于语言却遗忘了"劳动"和"政治",而伽达默尔的反批评则声称劳动和政治这种具体因素固然应归属于解释学,但语言作为生活本身则标志着我们对于世界之最广泛的关系和依赖性②。然而,恰恰是这样的争论对于双方都意味着:第一,无论如何必须坚持阐释的客观性;第二,这种对于阐释之客观性的理解已不可避免地植根于社会现实之中,植根于人类社会的历史过程之中,植根于整个具体的社会关系之中。

如果说这样的共识可以约略地称之为当代阐释主题上的客观性告诫,那么它不仅有可能进一步促成哲学—解释学的新发展和新成果,它尤其应当对于我们的人文学术和社会科学产生深远的和积极的影响。任何一种试图从当代解释学中引申出主观阐释之正当性的意图,一开始便从根本上陷入所谓"非愚即诬"的迷途。唯当我们在一般的和学术的阐释中不仅远离粗陋的任意和武断,而且批判地脱离作为主观思想的外部反思之际,我们的人文学术和社会科学才能将其全部阐释的客观性置入"社会现实"之

---

① [德]伽达默尔:《真理与方法》上卷,洪汉鼎译,上海译文出版社,1999年,第4页。
② 参看[德]伽达默尔:《哲学解释学》,夏镇平、宋建平译,第29—37页。

中;进而言之,唯当社会现实的阐释定向摆脱了黑格尔式的思辨和概念立场之时,所谓生活世界才有可能被积极地开启,而我们学术的阐释才有可能依循这样一种真正的社会现实来取得自己的客观定向。

(2016 年)

八、论中国学术的理论自觉

在任何一种较为发展、较为成熟的学术活动中,理论总是构成其本质的核心,构成其一切展开形式围绕着旋转的枢轴。因此,对于当今中国的人文学术和社会科学来说,只要其学术的自主性被揭示和表达为一个真正的问题,那么关于其理论自觉的深入讨论就是不可避免的——正像它不可避免地要成为一项思想任务一样,这种理论自觉本身将不可避免地成为对当代中国学术的一项重要考验。

一

对于任何一种形式的学术而言,"理论自觉"究竟意味着什么呢?最为简要并且也最关根本地说来,理论自觉首先意味着某种学术在理论上达到了它的"自我意识",换言之,意味着这种学术在理论上由"自在"的环节进展到"自为"的阶段。正如黑格尔在谈到自我意识的最初出现时所说的那样:由之而来的是一种知识的新形态,它区别于"对于一个他物的知识",而是"对于自己本身的知识"①。换句话说,"自我意识在这里被表明为一种运动,在这个运动中它和它的对象的对立被扬弃了,而它和它自身的等同性或统一性建立起来了"②。只有在这样的等同性或同一性被建立起来的地方,才开始有真正的自主性,才开始进展到所谓"自为"的阶段——自我意识总是"首先成为自为的",更加确切些说,"它是本身自为的"③。我们知道,任何一种形式的自觉,都是与特定发展过程中的自为阶段相联系的;或者毋宁说,所谓自觉,不过是这一发展阶段之自为性质的直接映现罢了。就像黑格尔把个体的自我意识看作是以个体的绝对

---

① 参看[德]黑格尔:《精神现象学》上卷,贺麟、王玖兴译,商务印书馆,1979年,第116页。
② 同上书,第117页。
③ 同上书,第113页。

自主性为根据的一样,马克思把自觉的、达到了自我意识的阶级称作自为的阶级。

如果由此而论到学术上的理论自觉,那么它总以这种学术能够达成其自我意识并进展到自为的发展阶段为前提。更加浅近地说来,除非某种学术在其展开过程中能够获得坚定的自主性或自我主张,否则的话,其理论自觉(或其他什么自觉)就是不可能的。反过来说,由于理论总是构成任何一种学术形式的核心领域,所以其理论上的自觉程度就会最关本质地揭示这一学术之整体的发育程度,就会成为衡量其自主性或自我主张的确切标志。在这个意义上,学术本身之进展到自为阶段与它实际取得理论上的自觉就是同一件事情,易言之,是同一个过程的两个方面。

例如,当我们谈论近代西方哲学的发端时,我们可以说,笛卡儿的"我思"意味着这一哲学之具有决定意义的理论自觉。因为整个近代西方哲学在理论上的基本建制是由此来构成的,是围绕着这个阿基米德点开展出来的。并且也正因为这种理论自觉,近代哲学摆脱了它对于哲理神学的依傍而获得了它的自主性。新时代哲学的理论原则是内在性本身,即"从自身出发的思维",它取代了中世纪哲理神学的原则,即外在性和权威。"从笛卡儿起,我们踏进了一种独立的哲学。这种哲学明白:它自己是独立地从理性而来的,自我意识是真理的主要环节。"① 同样,当我们一般地来阐述古典政治经济学的历史时,我们会把货币主义和重商主义称作这部历史的"前史"。之所以如此,是因为在这一阶段,虽然经济问题可以被"自在"地来加以谈论,但学术本身还完全没有取得它的自我主张,因而还算不得正统的学术史。决定性地改变这种状况的代表人物是配第和魁奈:前者第一次严格地提出了经济学科学的问题、系统地制定了研究方法,并为其方法加上了数学的形态;而后者则阐明并廓定了近代经济学科学的真正领域,即生产的领域。正是从这里开始,古典政治经济学在取得其理论自觉的同时,开展出其学术之自主性的或自为的发展进程。

---

① [德]黑格尔:《哲学史讲演录》第 4 卷,贺麟、王太庆译,商务印书馆,1978 年,第 59 页。

中国自近代以来，其学术和理论的境遇是颇为独特的。就总体来说，"西学东渐"所意味着的东西一方面是中国传统的学术—理论遭遇史无前例的袭击并进入倾颓瓦解的境地，另一方面则是近代西方思想的强势传入并渐次占据了学术—理论的几乎每一个领域的制高点。虽说局部的抗衡和零星的反叛始终存在着，但以西学为主导的学术—理论的总体格局和趋势已然蔚成风气。另一方面，由于中国的社会革命对于其现代化进程的绝对必要性，又由于这一革命之采取社会主义定向的客观必然性，马克思主义在成为党的指导思想和国家意识形态的同时，也全面地进入并调整着中国学术—理论的总体格局。这样一种情形，既与世界历史的近代进程本质相关，又植根于中国历史性实践的内在需要，尽管其学术—理论的基本状况是进入外部性占支配地位的境遇中去了。

应当怎样来理解这种学术和理论上的外部性支配状况呢？第一，这种外部性支配状况在特定的历史阶段上是必然的，它根源于现代文明——即西方资本主义文明——所具有的世界历史意义（尽管这种意义本身不能不是历史的），或用黑格尔的说法，根源于它"在特定阶段上所具有的绝对权利"。只要中国自近代以来的历史性实践本质地包含着一个真实的现代化任务，那么这种实践本身就必然在一定的意义上，亦即就其可能的范围而言从属于现代文明。正是这种必然的从属性决定了中国自近代以来在学术—理论上的外部性支配状况。

第二，这种外部性支配的境遇使中国的学术—理论全面地进入了一种"学徒状态"，而这种学徒状态从总体上来说是重要的和有意义的。一方面，正是这个经历百年的进程开展出一种史无前例的和内容丰富的对外学习；在学术上，特别是在学术所采信的理论上，这一学习进程是如此地波澜壮阔和成效丰硕，以至于我们对它的积极意义无论怎样估计都不会过高。另一方面，正是这种学徒状态使中国的学术—理论经历了所谓"文化结合"的锻炼。如黑格尔在谈到希腊世界时所说的那样，希腊人既有自己的原有文化，又面对东方世界的外来文化；唯通过这两重文化之结合的锻炼，才产生其"现实的和正当的活力"，并开辟出它的"胜利和繁荣的时期"①。对于中国的学术和理论而言,其学徒状态不能不伴随着文化结合的艰苦锻炼。最能表征这一点的是:中国学术——理论的对外学习始终伴随着一种以"古—今""中—西"为核心的紧张思虑,它深刻地出现在中国近代以来人文学术和社会科学的各个领域。

第三,中国学术及其理论的外部支配性状况本身是历史的,它在文化结合的锻炼中必将开启出一项决定性的任务,即对于外来学术和理论之真正的——批判性的——消化与吸收;也就是说,去除其外在性,使之在展开过程中成为自为发展的一个环节。而做到这一点的根本前提是:中国的学术和理论能够真正承受文化结合的锻炼,能够在这种锻炼的艰难困苦中赢得它的自我意识,即学术上的自主和理论上的自觉。卡西尔说得对,世界史上真正伟大的复兴运动都必然是一个自我主张的原创性的胜利,而不是单纯的容受性;因此,文化精神史上最引人入胜的主题之一,便是去探究自主性和容受性这两个方面如何彼此交织并相互决定②。很明显,我们关于中国学术之理论自觉的探讨,就是在这样的语境中被课题化的。

二

任何一种真正的和伟大的学术都在自身的发展过程中经历一个决定性的转折——逐渐摆脱它对于外部学术的学徒状态,并进而提出它的自我主张。这要被理解为是一个过程,就像在黑格尔那里,"自在"和"自为"并不是截然对立的,相反,两者作为过程之环节乃是必然相关的。就此我们可以举出无数例证,而希腊文化的经历无疑是十分典型的。在很长的时间里,希腊人的宗教仿佛是东方诸神的一场混战,而他们的文化则是一大堆外来形式和观念的混杂,包括闪族的、巴比伦的、埃及的、吕底亚的等等。

---

① 参看[德]黑格尔:《历史哲学》,王造时译,上海世纪出版集团　上海书店出版社,2006年,第209—210页。
② 参看[德]卡西尔:《人文科学的逻辑》,关子尹译,上海译文出版社,2004年,第177页。

尼采就此评论说,希腊人在那时似乎要被外来的东西压倒了,但他们听从了德尔菲神庙的箴言——"认识你自己",坚定而诚实地反省了自己的真正需要。"由此他们逐渐学会了整理好这堆杂物,这样,他们又重新把握了自己,而没有长久地背负着自己的遗产做整个东方的追随者。"①因此之故,希腊文化并没有成为一种"机械的混合物"或一种"装饰性文化",而是终于在其历史进程中取得了文化上的自我主张。

正像学术乃是文化的决定性表征一样,理论构成诸学术形式的坚实内核。因此,学术上的自主性总是最关本质地联系着理论上的自觉,就像理论自觉的高度反过来能够准确地衡量和标志学术自主性的程度一样。如果说,当今中国的人文学术和社会科学正在经历一个重要的转折,并通过这个转折来积极地谋求其学术上的自我主张,那么,这一转折就从根本上取决于中国学术在多大程度上取得了理论自觉,取决于其理论的构建和运用在多大程度上由于获得了自我意识而成为批判的和能思的。

就当今中国的学术而言,为了使真正的理论自觉成为可能,就必须首先克服达成这种自觉的严重障碍。大体说来,这样的障碍主要有以下三种形式。第一种形式是实证主义。在这种形式中活动的学术以为自己最坚实的立脚点乃是"事实"(即经验事实),并以此为理由而坚决反对一切"高深莫测的"理论。因为,在这种观点看来,任何一种理论按其本性而言都是武断的,因而是使"事实"被歪曲或陷于解体的因素。这种实证主义确实在中国的人文学术和社会科学中广为流行,其基本特征就是拒斥理论,尤其是拒斥哲学。然而正因为如此,这种实证主义的纲领不得不陷入自相矛盾的境地:拒斥一切理论或哲学的立场不能不是一种理论、一种哲学。只不过它所采信的是一种较为天真、幼稚的理论或哲学罢了。因为自康德以来我们就已经知道,经验对象并不是现成地给予我们的,而是以某种方式被构成的。不仅如此,由于这种实证主义的学术在拒斥理论的同时不自知地偷运了一种理论,因而这种理论对它来说还是完全盲目地被接受的——在

---

① [德]尼采:《历史的用途与滥用》,陈涛、周辉荣译,上海人民出版社,2005年,第98页。

这里出现的不是理论自觉,而是这种自觉的反面,即对于理论的全然无知。

第二种形式是理论上的折中主义。这种折中主义在学术活动中似乎对理论是感兴趣的,但却对各种理论采取一种完全无批判的杂采与拼凑策略,甚至只是在术语学的表面将自身伪装成一种色彩斑斓的理论化的学术。在当今中国的学术界,这种折中主义或者采取"因素论"的立场,用现象世界之无限复杂和多样的因素来为其理论上的调和折中辩护,或者完全以一种机会主义和实用主义的态度来剖分和攫取理论,以至于最终不得不——依其逻辑本身而言——在理论上达于胡搅蛮缠的境地。对于中国的人文学术和社会科学来说,这样的折中主义在多大的范围内恣肆蔓延,其理论自觉就在多大的程度上面临根本障碍。因为显而易见的是:这种折中主义虽说并不拒斥理论,甚至在某种意义上还是热衷于理论的,但其对待理论本身的方式却是"非理论"的,确切些说,是缺失理论立场的,并因而是完全非批判的和无头脑的。在这里出现的同样不可能是理论自觉,而是在理论上的盲目与无知。

构成中国学术在理论自觉上之严重障碍的第三种形式,事实上也是其最主要和最普遍的形式是:以"外部反思"为基本特征的主观主义。这种主观主义,按黑格尔的说法,就是完全沉溺于主观思想(或主观意识)之中,而完全不知道思想的真正客观性。这种主观主义并不是无理论或反理论的,毋宁说它倒是十分强硬地坚执于抽象理论及其一般原则,并因而在理论上突出地表现为外部反思:作为一种忽此忽彼的推理能力,外部反思不知道如何深入于特定的内容之中;但它知道一般原则,并且知道把一般的抽象原则运用到任何内容之上。这种以外部反思为特征的主观主义并不是难得一见的稀有现象,它无非就是我们通常称之为教条主义或形式主义的东西(外部反思构成其思想实质)。我们在先前的教条主义的马克思主义那里就曾见到过这种"仅仅知道把一般原则运用到任何内容之上"的外部反思,而在今天中国的人文学术和社会科学中,同样非常普遍地流行着各种形式的外部反思。只是我们先前的外部反思特别地借重于来自苏联的一般原则,而今天的学术界则更多地从西方世界取得其抽象原则,并把它们运用到(实际上是先验地强加到)中国社会的任何内容之上。正是由于这种外部反思的主观主义性质,所以黑格尔——其哲学将"客观思想"确定为真理的领域——对之进行了持续不断的批判:他很正确地把仅仅知道外部反思的学者叫做"门外汉",并指证了从属于主观思想的外部反思乃是诡辩论的现代形式,是浪漫主义及其虚弱本质的病态表现。

不难看出,对于中国的人文学术和社会科学来说,外部反思所坚执的乃是理论的抽象原则和这种原则的抽象运用,而完全疏离于实体性的内容本身。就此而言,外部反思绝不意味着理论自觉,亦即在理论上获得真正的自我意识:它不是能思的,而是不思的——只是把现成的抽象原则强加于任何内容之上;它不是批判的,而是非批判的——对于理论自身及其原则的前提和界限全然无知,并使理论原则的运用屈从于幻想、任意和武断。这样的情形可以在下述比拟性的例证中被观察到:拿破仑想要把法国的自由制度先验地强加给西班牙,结果他不可避免地失败了①;某些教条主义的马克思主义者想要把"中心城市武装起义"的原则先验地强加给中国革命,结果也不会取得成功。在这里得到反映的乃是外部反思在性质上的主观主义,以及这种主观主义在理论上的不自觉状态。

由此可见,上述三种对于理论所采取的倾向性态度,不仅就其本身来说是盲目的和缺乏反省的,而且从根本上阻碍了中国学术在其发展进程中获得真正的理论自觉。因此,对于当今中国的人文学术和社会科学来说,只有在这样的实证主义、折中主义和外部反思的主观主义被克服的地方,理论自觉的可能性才会被开启出来,其学术活动在理论上的自我意识才会积极地生成。不仅如此,从前面的讨论(特别是关于外部反思的讨论)中还可以清晰地看到,理论自觉这一重要议题,不仅关乎学术对理论的态度以及理论本身,而且从根本上关乎理论与现实的关系问题,关乎思想在多大程度上能够真正理解和把握二者的本质关联。这样一来,理论自觉的探讨就不会局限于学术和理论的"内部自身",相反,它必然会扩展到所谓"现

---

① 参看[德]黑格尔:《法哲学原理》,范扬、张企泰译,商务印书馆,1961年,第291—292页。

实"的整个领域。这一点对于中国学术的理论自觉来说，显得尤为重要和必要。

之所以这么说，是因为当今中国的理论自觉不能不包含这样一种对于自身的意识，即我们所掌握的理论（或我们对理论的采信、建构和运用）能否把握现实，它在多大的程度上能够揭示并切中现实——首先是并且尤其是揭示和切中当今中国的社会现实。毫无疑问，对于这一问题的应答构成当今中国学术之理论自觉的真正核心。只要这个核心未被触及，关于理论自觉的任何一种议论都会是表面的和不及根本的。就此而言，如果说前述的实证主义和折中主义倾向连理论在抽象形式上的自知都尚未达到的话，那么，外部反思的主观主义则只是坚执于理论的抽象形式，其要害正在于以此遮蔽了作为实体性内容本身的社会现实。因此，对中国学术之理论自觉的深入探讨，除开指证构成其严重障碍的否定的一面，还必须就形成这种自觉的肯定的一面予以积极的阐述——而这样的阐述，必然是围绕着"现实"这个主题来展开的。

三

中国学术的理论自觉，只有在以"现实"来定向的尺度中，才能获得其决定性的标准。在这个意义上可以说，中国人文学术和社会科学的理论自觉，最终取决于其理论上的建构与运用能否（以及在多大程度上）真正揭示和把握当今中国的社会现实。然而，"现实"本身并不像抽象的经验主义或无头脑的实证主义所想象的那样，是能够在知觉中被直接给予我们的东西；恰好相反，作为"实存与本质的统一"，作为"在展开过程中表现为必然性"的东西，现实（Wirklichkeit）只有在主观思想及其外部反思被终止的地方，才开始积极地显现出来。因此，为了能够把握和揭示现实，不仅一般地需要理论，而且特殊地需要那超越了主观思想（外部反思、抽象的知性和形式的推理等等）的理论。正是在这里，黑格尔和马克思在理论上的重要性和优越性便充分表现出来。关于前者，伽达默尔写道：黑格尔哲学是通过对主观意识观点所进行的持续不断的批判,才终于开辟出一条理解人类社会现实的道路①。关于后者,海德格尔说,现今的"哲学"完全不理解我们时代的两重独特现实,即经济发展以及这种发展所需要的架构,而马克思主义懂得这双重的现实②。

在这里,必须坚决驱除那种关于"理论"与"现实"的肤浅而幼稚的观念。按照这种观念,理论与现实是被一条鸿沟截然地分割开来了,并因而是处在紧张的外部对立中:真正的理论(思想或学术)是无需乎现实的,正像真正的现实是无关乎理论(思想或学术)的一样。于是我们便时常会看到,倨傲高雅的学者避之唯恐不及地躲开"现实",而斤斤热衷于"现实"的务实者则以种种的不屑来鄙薄理论。只要中国的学术依然滞留于这种无思想的粗陋对立中,它就不可能获得决定性的理论自觉,即以切中社会现实为旨归的理论自觉。黑格尔很早就批判了上述那种外部对立的天真性与悖谬,通过《逻辑学》严格地区分了"现实"与"定在"、"现实"与"实存"等等;并声言哲学的内容就是现实,哲学研究的对象就是现实性,而"哲学的最高目的就在于确认思想与经验的一致,并达到自觉的理性与存在于事物中的理性的和解,亦即达到理性与现实的和解"③。在黑格尔看来,主观思想的要害就在于它疏离于——甚至绝缘于——现实,一如它在外部反思中自外于实体性的内容一样,因而最终是把对于现实的无知当成了理论的良知④。

在反对主观思想并要求达于社会现实这一点上,马克思与黑格尔是完全一致的。二者的根本差别体现在如何理解和规定真正的"现实"及其本质性领域;正如洛维特所说,马克思和黑格尔是在"现实本身"这一点上分道扬镳的。当黑格尔把所谓"现实"的内容最终转变为理性思辨的形而上学本质时,他是把现实本身神秘化了;与此相反,马克思坚决拒绝这种在绝

---

① 参看[德]伽达默尔:《哲学解释学》,夏镇平、宋建平译,上海译文出版社,1994年,第111页。
② 参看丁耘摘译:《晚期海德格尔的三天讨论班纪要》,载《哲学译丛》2001年第3期。
③ [德]黑格尔:《小逻辑》,贺麟译,商务印书馆,1980年,第43页。
④ 参看同上书,第34页。

对精神中得到体现的神秘本质,而将"现实"的本质性导回到理性前的物质生活过程。"意识[das Bewußtsein]在任何时候都只能是被意识到了的存在[das bewußte Sein],而人们的存在就是他们的现实生活过程。"[①]正是在这一存在论变革的基础上,社会现实及其本质性领域从思辨的精神全面地转向具体的社会关系和经济关系,转向人们在历史性实践中不断生成的社会变动结构。历史唯物主义的全部深刻洞见都是从这一变革起源的,并通过这一变革而重新开启出通达真正的社会现实的道路。因此,对于马克思来说,理论的根本任务乃是揭示并深入地参与社会现实,正像理论本身实际上不过是这一现实在观念形态上的表现(理论表现)一样。只有当这一点被自觉地意识到时,理论对于自身的理解才能从各种意识形态的幻觉中解放出来,才会将理论自身的本质性不是置放于"无人身的理性的怀抱"中,而是将之导回到真正的社会现实中。

我们之所以在这里要颇费笔墨地来谈论"社会现实",是因为这一点对于学术的理论自觉而言,具有根本的重要性和决定意义。我们固然可以在学术—理论的内部自身来寻找某种尺度,而这样的尺度固然也能在某种程度上反映理论成熟的某种状况,但这种尺度无论如何只能是纯形式的——就其与实体性的内容无关而言是完全抽象的;因而它们只能用来衡量学术—理论在形式上的完善程度,而不能用来衡量真正的理论自觉。例如,外部反思在理论的建构和运用方面主要借重于抽象的知性和形式的推理,它们在理论内部的尺度上完全可以做得非常完善,但这绝不意味着这种主观的外部反思因此具有切近的理论自觉。只要思想、理论、学说的真正本质性是在"现实"中展开的,那么,本质地说来,它们的自觉与否和自觉程度就只能根据它们与"现实"的关系这一尺度来取得估价。因此,就学术的总体而言,中国的人文学术和社会科学的理论自觉,从根本上取决于:它们在多大程度上意识到自己的本质性植根于中国的社会现实,并且在多大程度上意识到由这种本质性来规定自己的理论目标,来开展自己的理论任

[①]《马克思恩格斯选集》第一卷,人民出版社,1995年,第72页。

务。约言之,这样的理论自觉意味着:自知其来历,自知其本质,自知其任务——而所有这一切,又皆归结为能够自知中国的社会现实。在这个意义上可以说,唯当中国的学术在总体上将揭示和切中当今中国的社会现实作为自己的"绝对命令"时,其真正的理论自觉才会被决定性地开启出来。

当我们把揭示和切中"当今中国的社会现实"作为中国学术之理论自觉的根本尺度时,必须避免对这一现实的狭隘理解。一方面,当今中国的社会现实是与整个当代世界相联系的,并因而是在这种联系中获得其基本规定的。换言之,它是与当代世界的整个发展过程(包括它的基本状况,它所面临的各种问题、矛盾和挑战)息息相关的,是与现代文明所开辟的"世界历史"进程不可避免地共属一体的。另一方面,当今中国的社会现实又绝不意味着它是其自身历史的简单中断,仿佛它作为"当今的现实"就可以一笔抹杀其数千年文明的积累和整个文化传统似的。恰好相反,这样的现实是与其历史和传统本质相关的,并且唯因这种相关它才可以被把握为真正的现实。总之,"现实"并不是单纯的"实存",而是实存与本质的统一,是在展开过程中表现为必然性的东西。明白了这一点,就不致于误解我们就总体而言的这一主张:揭示和切中当今中国的社会现实,乃是中国学术之理论自觉的根本尺度。

我们在前面说过,中国的学术自近代以来,必然经历一个长久的学习阶段,并使自身处于某种"学徒状态"。这样的学徒状态并不是无谓的,由之而来的一切都可能成为一种积极的酝酿,一种成果丰硕的积累;但其根本的前提是,中国学术必须在其发展过程中由"自在"进入到"自为",也就是说,在这一更高阶段上获得它的自我主张。由于理论总是构成任何一种学术形式的本质核心,所以,学术上的自我主张不仅必然要求着理论上的自我意识,而且从根本上来说是以这种理论自觉为基础、为标志的。我们完全不能想象,一种较高形式的学术是没有理论或无需理论的;我们同样不能想象,一种没有理论自觉的学术是能够具有自我主张的。因此,我们的基本结论是:中国学术的自我主张必以其理论上的自觉为根据,而这种理论自觉从根本上和总体上来说,必以切中当今中国的社会现实为标准、为尺度。

  最后还应提一下的是：中国学术的自我主张及其理论自觉的要求，事实上本身也起源于并植根于当今中国的社会现实。正是在这样的社会现实中，亦即在当今中国的历史性实践所开辟出来的现实道路中，中国学术的理论自觉才会实际地展开为一个重要的思想任务。因为，只有在现实本身发展的特定阶段上，历史才会将理论自觉的任务真正托付给思想。

（2012 年）

九、马克思的现实观与中国道路

马克思的现实观既是唯物史观的思想核心,又因而构成其历史道路理论的真正基石。离开了这样的核心或基石,对于唯物史观及其历史道路理论的正确阐释就是根本不可能的。然而,在哲学理论方面,马克思的现实观——即马克思对"现实"的基本把握方式——却在很大程度上仍然是蔽而不明的。这种情形突出地表现在将一般原理与经验实存对立起来的理解定向中:当一种立场试图将一般原理领会为具有本质性的真正"现实"时,相反的立场却力图将"现实"仅仅归结为单纯的经验实存(现成的"事实"及其汇集)。只要对现实的理解局限并滞留于如此这般的抽象分离或对立中,马克思的现实观从而唯物史观的真正本质就必定仍然在我们的视野之外,而我们对历史道路的理解,特别是对"中国道路"的理解,就不得不——如马克思所说——或者表现为抽象的唯心论,或者表现为同样抽象的经验主义。因此,本文试图通过哲学的路径来较为深入地阐述马克思现实观的要义,并在这些要义之观照的基础上来探讨理解中国道路的思想基点。

一

马克思的现实观,虽说受到费尔巴哈的重要影响,但依然与黑格尔的现实概念有着最关本质的联系。这不仅是因为黑格尔决定性地改变了现实概念本身的内涵——"他史无前例地把现实的、当前的世界提升为哲学的内容",而且因为黑格尔的现实概念在接纳可经验的现实的内容之际,从某种意义上引导了思辨唯心主义本身的解体,并制约着这一解体发生之后关于"现实"的理论走向[①]。

[①] 参看[德]洛维特:《从黑格尔到尼采》,李秋零译,生活·读书·新知三联书店,2006年,第184页。

九、马克思的现实观与中国道路

在黑格尔哲学中,现实(Wirklichkeit)概念之最基本并且也是最简要的定义被表述为:现实是本质与实存的统一。这意味着,"现实"不仅被理解为本质(Wesen),而且同样被理解为实存(Existenz)。"现实是本质与存在的统一;无形态的本质和无休止的现象,或无规定的长在和无长在的多样性以现实为它们的真理。"[1]如果说,在先前的形而上学中,真正的"现实"仅仅被划归本质性领域而与现象领域及其多样性分离隔绝,那么,黑格尔的现实概念则与之不同,它要求将本质性思辨地建立在实存之中。同样,如果说在时下流俗的见解中,"现实"仅仅意味着单纯的实存(现成的"事实"之集合),意味着在知觉中能够直接给予我们的东西,那么,黑格尔的现实概念则要求将实存的世界思辨地把握在本质性之中。在这个意义上,除非我们能够深入本质性之中,否则的话,现实根本不可能前来同我们照面;这里还谈不上什么现实,至多只有单纯的实存。因此,在黑格尔的《逻辑学》中,现实概念归属于"本质论",而不出现在"存在论"(一译"有论")中。

作为本质与实存的统一,"现实"同时也就是内与外的统一。黑格尔指出,"在本质中,有作为存在出现;有和本质的关系进一步形成为内和外的对比"[2]。就这种对比之最一般的意义而言,内是本质,外是有,而现实乃是内与外所直接形成的统一。在这个意义上,现实事物的表现与现实事物本身是同一的。"所以现实事物在它的表现里仍同样还是本质性的东西。也可以说,只有当它有了直接的外部实存时,现实事物才是本质性的东西。"[3]这样的现实概念在哲学史上的重大变革意义在于:哲学的内容就是现实,就是世界或者可经验的现实的内容,而这样的内容对于哲学来说是具有本质性的。因此,哲学必然与现实和经验相一致,哲学的最高目的就在于确认思想与经验的一致;"甚至可以说,哲学与经验的一致至少可以看成是考验哲学真理的外在的试金石"[4]。关于这一现实概念在哲学内容上

---

[1] [德]黑格尔:《逻辑学》下卷,杨一之译,商务印书馆,1976年,第177页。
[2] 同上书,第179—180页。
[3] [德]黑格尔:《小逻辑》,贺麟译,商务印书馆,1980年,第295页。
[4] 同上书,第43页;并参看第53页。

所引发的巨大改变和积极后果,只要将黑格尔的《法哲学》与康德或费尔巴哈的道德哲学对比一下,就能形成一个大致的概观了。

更加重要的是,在黑格尔哲学中,现实不仅是本质与实存、内与外的统一,而且是展开过程,是在展开过程中表现出来的必然性。这就是说,现实乃是真正历史性的。恩格斯在比照"现存"与"现实"并从而阐明两者之根本差别时引了黑格尔的名言——"现实性在其展开过程中表明为必然性"①。这意味着:现实不是什么现成的、僵硬的、一经产生就固定不变的东西;相反,作为一个整体,现实乃是相对于个别事物之固定存在的一种生成(werden),是以事物能够被证明为是溶入过程的环节作为前提条件的。一句话,现实纯全是历史的,是为历史性贯彻始终的。这样一来,正如卢卡奇所说,现实的问题在黑格尔那里便以全新的面目出现了:"……生成表现为存在的真理,过程表现为事物的真理。这就意味着,历史发展的倾向构成比经验事实更高的现实。"②进而言之,在这里为现实概念定向的不仅是生成、过程,而且尤其是在展开过程中表明为必然性的东西。作为本质的方面,必然性在关于现实概念的理解上立即引导了这样一种区分,即"现实"与"偶然的实存"之间的区分③。当这种区分一般地将现实的东西与仅仅是转瞬即逝的、偶然的实存分别开来时,它也在历史进程中将正在成为现实的东西与已然丧失必然性但依然现存着的偶然的实存区别开来。正是在后一重含义上,靡菲斯特斐勒司的警句——"凡是现存的,都一定要灭亡"——也许最为简洁直白地提示了黑格尔的现实概念之越发充满的历史性④。几乎无需什么说明即可体会到的是:这样一种为高度紧张的历史性所贯彻的现实概念,对于后来马克思现实观的形成,产生了何等重大的影

---

① 《马克思恩格斯选集》第四卷,人民出版社,1995年,第255页;参看[德]黑格尔:《小逻辑》,贺麟译,第300页。
② [匈牙利]卢卡奇:《历史与阶级意识》,杜章智等译,商务印书馆,1992年,第268—269页。
③ 参看[德]黑格尔:《小逻辑》,贺麟译,第44页。
④ 关于这种历史性,海德格尔的说法是:"……思想的事情对黑格尔来说本身就是历史性的,而这是在发生事件意义上讲的历史性。发生事件的过程特性是由存在的辩证法决定的。"([德]海德格尔:《海德格尔选集》下卷,孙周兴译,上海三联书店,1996年,第822页)

响,并具有何等紧要的意义。

在概括地提示了黑格尔现实概念的主要规定与本质特征之后,我们需要进一步考察这一概念的本体论(ontology)基础。这里所要追究的问题是:黑格尔的现实概念是建立在怎样的本体论根据之上的?回答是:这样的根据叫做绝对唯心主义。它意味着:第一,所谓现实的最终根据乃是绝对者、实体、上帝。如果说现实本身包含着本质的方面,那么,作为本质的本质就是这个绝对者实体。在这个意义上,实体或上帝,作为终究至极的现实乃是唯一真正的现实。如黑格尔所说,在哲学上,"……应该知道上帝不仅是现实的,是最现实的,是唯一真正地现实的,而且从逻辑的观点看来,就定在一般说来,一部分是现象,仅有一部分是现实"①。第二,这个绝对者实体同时应当被把握为主体。《精神现象学》的首要命题就是"绝对即主体的概念"。根据这个概念,"……一切问题的关键在于:不仅把真实的东西或真理理解和表述为实体,而且同样理解和表述为主体"②。在这样的意义上,现实的本体论根据乃是绝对者主体。如果说一般而言的主体是思想、观念等等,那么绝对者主体就是作为思想的思想、作为观念的观念,即理念、理性、绝对理性。因此之故,黑格尔法哲学的简单命题——"凡是合乎理性的东西都是现实的;凡是现实的东西都是合乎理性的"③——乃是理所当然的。第三,正是在这样的本体论基础之上,作为主体的实体一方面是"自我意识的理性",即思维,另一方面是"存在着的理性",即现实;这两者不仅是根本一致的,而且最终将达成和解。之所以如此,是因为理性与现实皆以绝对者——绝对理性——为本体论上的根据。此根据意味着思想的这样一种客观性:思想不只是"我们的思想"(即自我意识的理性),而且是"事物的自身(an sich)"(即现实、存在着的理性)。因此,黑格尔不断抨击将理念与现实分割开来的抽象理智,而将哲学的研究对象规定

---

① [德]黑格尔:《小逻辑》,贺麟译,第 44 页。
② [德]黑格尔:《精神现象学》上卷,贺麟、王玖兴译,商务印书馆,1979 年,第 10 页。
③ [德]黑格尔:《法哲学原理》,范扬、张企泰译,商务印书馆,1961 年,第 11 页。

为理念——也就是存在着的事物的现实性[①]。

不难看出,这样一种现实概念的本体论基础首先包含着一个柏拉图主义的步骤,亦即将真理、现实性或本质性等等归诸超感性世界,归诸理念。在这样一种较为一般的形而上学框架中,事物的真正现实性或本质性唯在于它或多或少地"分有"理念。然而,对于黑格尔来说,现实不仅是本质,而且是实存。如果说理念乃是现实之唯一的本体论根据,那么,它就不仅要作为现实事物的本质,而且要让现实作为实存真正产生出来。黑格尔哲学为这种"创生"提供了可能:如果说斯宾诺莎的实体乃是死寂的实体或"无限的黝暗",那么,作为主体的实体则不仅是无限的基质,而且是无限的机能。马克思曾以最为浅近的比拟解说过此种创生的机能:如果说苹果、梨、草莓等等实际上不外是"一般果实"(一般实体),那么一般果实又怎么会时而表现为苹果,时而表现为梨或草莓呢?"……这是因为'一般果实'并不是僵死的、无差别的、静止的本质,而是活生生的、自相区别的、能动的本质。"[②]作为本质的"果实"确定自己为苹果、梨、草莓等等,而它们之间的差别乃是"果实"的自我差别;这些差别使各种特殊果实成为"一般果实"之展开过程的诸多环节。"在这个系列的每一个环节中'果实'都使自己得到一种更为发展、更为显著的定在,直到它最后作为一切果实的'概括',同时成为活生生的统一体。"[③]因此,在黑格尔那里,由于把绝对者(实体)了解为主体,了解为内部的过程和绝对的人格,所以绝对的观点同时也就是"绝对的方法"。它不是无内容的形式方法,而是绝对主体的自我活动,即理念的自我展开、自我差别、自我规定——这一过程就是思辨的辩证法,亦即理念之自我实现的整个具体化。

现实,作为自我实现的理念之外化或展现在实存中的理念,因此是整全地为思辨的辩证法所贯彻的;这一贯彻,也就是现实本身的具体化。在

[①] 参看[德]黑格尔:《小逻辑》,贺麟译,第44—45页。
[②] 《马克思恩格斯全集》第2卷,人民出版社,1957年,第73页。
[③] 同上书,第73页。

这里,辩证法无非意味着现实之展开自身——因而也是思维把握现实——的具体化纲领。因此,在黑格尔看来,不仅现实本身是具体的,而且深入于现实的思想路径也必须是具体的。一方面,"现实,作为具体的范畴,包含有前面那些范畴及它们的差别在内,也因此就是它们的发展"①。就此而言,现实性和必然性是设定起来的,但它们不是抽象地设定起来的,而是"自身完成的具体的东西"。另一方面,抽象的思想——外部反思、形式的知性等等——根本不可能达于真正的现实,因为这样的思想完全是非批判的和不自由的。"真正的自由的思想本身就是具体的,而且就是理念;并且就思想的全部普遍性而言,它就是理念或绝对。"②正是依循这一现实概念的具体化纲领,黑格尔最为坚决地反对主观思想及其外部反思。如卢卡奇和伽达默尔所说,黑格尔殚精竭虑同"反思哲学"(Reflexionsphilosophie)斗争了一生,并用他的整个哲学方法即过程和具体总体、辩证法和历史与之相对抗。易言之,思辨哲学最有特色之处是对反思哲学所作的持续不断的、有时甚至是苛刻的批判,黑格尔把单纯的外部反思看作是浪漫主义及其虚弱本质的病态表现③。

由此可见,在黑格尔那里,对于现实概念具有最关本质之奠基和定向作用的原理是:绝对理念及其具体化纲领。正像"现实"是在绝对理念中获得其本体论基础一样,他也是在思辨的具体化过程中得到其本质定向的。正是由于这样的奠基与定向,"……黑格尔常常在思辨的叙述中作出把握住事物本身的、真实的叙述。这种思辨发展之中的现实的发展会使读者把思辨的发展当做现实的发展,而把现实的发展当做思辨的发展"④。

---

① [德]黑格尔:《小逻辑》,贺麟译,第 297 页;并参看第 297—298 页。
② 同上书,第 55—56 页。
③ 参看[匈牙利]卢卡奇:《历史与阶级意识》,杜章智等译,第 67 页;[德]伽达默尔:《哲学解释学》,夏镇平、宋建平译,上海译文出版社,1994 年,第 111 页。
④ 《马克思恩格斯全集》第 2 卷,第 76 页。

二

马克思的现实观首先表现为对黑格尔现实概念的本体论批判,更加整全地说来,表现为与黑格尔思辨哲学的批判性脱离。这样一种本体论批判,一开始确实受到费尔巴哈的启发和影响,而这种启发和影响又确实不是无关紧要的。

对于马克思的现实观来说本质重要的是:费尔巴哈在本体论上直截了当地颠覆了黑格尔的现实概念。现实,绝不是作为本质的理念在实存中的"化身",就像黑格尔在某种意义上把情绪、信仰或表象等等称作思维的"化身"一样[①];现实事物的尺度首先是感性实存,而作为感性的实存,"现实"直接表现为它所是的东西。约言之,现实不是投影在实存中的理念,而直接就是感性的实存。马克思在《1844年经济学哲学手稿》中列举费尔巴哈的"伟大功绩"之一是:"他把基于自身并且积极地以自身为根据的肯定的东西同自称是绝对肯定的东西的那个否定的否定对立起来。"[②]在这里,前者是指直接的感性的现实,后者是指被中介的思辨的现实。因此,当费尔巴哈把这两者对立起来时,这一对立意味着现实的真正本质——如果在这里可以谈论"本质"的话——乃是感性,而不是在思辨思维之展开过程中表现出来的必然性。现实是感性具体的,而绝不体现为思辨思维的具体性。费尔巴哈声称,黑格尔关于感性确定性的辩证法把现实的、个别的"这一个"扬弃在一般逻辑的东西里面,而使后者成为前者的真理;但真正说来,后者只是一个词,而唯有前者才是一个事物。因此,存在的秘密并不显示给普遍者的思维,而是显示给感性的直观、感觉和情欲;只有感觉和情欲,才是实存的真实标志。"在感觉里面,尤其是在日常的感觉里面,隐藏了最高深的真理。因此爱就是有一个对象在我们头脑之外存在的,真正的本体

---

① 参看[德]黑格尔:《小逻辑》,贺麟译,第39页。
② 《马克思恩格斯全集》第3卷,人民出版社,2002年,第315页。

论证明——除了爱,除了一般感觉之外,再没有别的对存在的证明了。"①

费尔巴哈由感性—对象性(对象性意味着感性主体的现实性)来定向的现实性原理,不仅特殊地针对着黑格尔哲学,而且一般地针对着整个哲学—形而上学,即柏拉图主义。哲学在其完成了的形式中表现为黑格尔的"思辨神学",因为形而上学从一开始就赋予自身以神学的性质。哲学—形而上学的根本建制在于:(1)将感性世界(形而下者)与超感性世界(形而上者)严格地区分开来并且对立起来;(2)将现实、真理或本质仅仅归诸超感性世界而不是归诸感性世界;(3)如果说感性世界中的事物在某种意义上可以被称为现实的,那仅仅是因为它们"分有"了超感性世界的理念。因此,正像在神学中,超感性的东西(上帝)乃是现实的和无限的,而感性的事物乃是非现实的和有限的一样,在哲学中,超感性的理性乃以抽象的方式把感性的事物作为非现实者和有限者加以扬弃。于是,费尔巴哈把整个哲学的一般本质归结为神学(宗教反思),从而"证明了哲学不过是变成思想的并且通过思维加以阐明的宗教"②。在这样的意义上,费尔巴哈将现实性突出地标举为感性,从而与整个哲学—形而上学的超感性世界相对立。"作为上帝的上帝,作为精神实体或抽象实体的上帝,亦即非人性的,非感性的,只能作为理性或理智所接受和作为理智的对象的实体,不是别的东西,只是理性的本质自身。"③

费尔巴哈以感性来奠基和定向的关于"现实"的原理,不仅从根本上倒转了黑格尔的现实概念,而且从本体论根基上猛烈地袭击了一般哲学—形而上学的基本建制。这一倒转和袭击不仅是惊世骇俗的,而且也确实是意义深远的(只消想到后来的那些形而上学的批判者,如克尔凯郭尔、施蒂纳、马克思、尼采、海德格尔等等)。总而言之,在费尔巴哈的哲学立场上,现实事物——从而现实性——的本质来历不是超感性世界的理念、上帝或

---

① [德]费尔巴哈:《费尔巴哈哲学著作选集》上卷,荣震华、李金山译,商务印书馆,1984年,第168页。
② 《马克思恩格斯全集》第3卷,第314页。
③ [德]费尔巴哈:《费尔巴哈哲学著作选集》上卷,荣震华、李金山译,第123页。

思辨的思维,而是直接的感性或感性的直接性。虽说这种对立似乎只是关涉"现实"这样一个主题,但自从黑格尔强调把现实当作哲学的唯一内容来把握之后,关于"现实"的分歧便实际上已成为各种哲学斗争所围绕着旋转的枢轴了①。

马克思现实观的最初建构起源于对黑格尔法哲学的批判,而这一批判意味着他开始进入到"费尔巴哈的总问题"之中,并采取着与费尔巴哈大体一致的批判步伐。这种批判步伐的核心在于:将"现实"的本质性引导到感性的实存中去,而不是引导到精神的实体或思辨的理念之中。黑格尔法哲学的主题是社会现实,也就是社会的实存及其本质性。但这样的现实是怎样被把握的呢?我们且以"伦理"部分为例:该部分区分为三个环节,即家庭、市民社会和国家。在黑格尔看来,扬弃了的家庭和市民社会就是国家,因此国家乃是家庭和市民社会的真正本质、现实。进而言之,正像国家的现实性本质乃在于国家观念一样,国家观念在绝对观念的纯粹形式中找到它真正的哲学证明(在这个意义上,法哲学不过是"逻辑学的补充"②)。因此,马克思对黑格尔现实概念在法哲学主题上的批判突出地包括两个方面。第一,黑格尔对现实的理解在本体论上是纯全颠倒的。现实的关系(家庭、市民社会的关系)被思辨的思维称作现象,而本质性或真正的现实性则被归诸观念(国家的观念、绝对的观念)。这意味着:"观念变成了主体,而家庭和市民社会对国家的现实关系被理解为观念的内在想象活动。家庭和市民社会都是国家的前提,他们才是真正活动着的;而在思辨的思维中这一切却是颠倒的。可是如果观念变成了主体,那么现实的主体,市民社会、家庭、'情况、任意等等',在这里就变成观念的非现实的、另有含义的客观因素。"③马克思仿照费尔巴哈,把这种现实概念称为逻辑的、泛神论的神秘主义。第二,由于黑格尔把现实理解为以思辨的思维为

---

① 参看[德]洛维特:《从黑格尔到尼采》,李秋零译,第 188、184 页。
② 参看《马克思恩格斯全集》第 3 卷,第 23 页。
③ 同上书,第 10 页。

本质的矛盾运动,所以他就把现实的展开过程、历史性和具体化等等看作是思辨的扬弃、理性的推理、极端(对立面)之间的中介过程。与此相反,在马克思看来,现实本身固然包含着极端的对立面以及由之而来的展开过程,但正像极端的现实本质绝不居留在单纯的思维中一样,这样的极端也绝不可能通过思辨思维的推理或中介过程来调和。例如,市民社会的阶级对立——这一社会之真正现实的极端,既非只是思想中的对立,因而亦无可能仅仅通过思辨推理、中介过程的上升运动来解决、扬弃、调和。"值得注意的是,黑格尔把中介作用的这种荒谬性归结为它的抽象逻辑的因而也可谓非虚构的、别无异议的表现,同时还把这种中介作用说成是逻辑的思辨奥秘,是合乎理性的关系,是理性推理。"①

就这两方面开展出来的对黑格尔法哲学的本体论批判而言,马克思在现实观的取向上大体与费尔巴哈保持一致。"现实"的本质方面不在观念、理性、思辨的思维,而在直接的感性——现实性首先就是感性。这样的现实观在法哲学批判的行程中导致的后果是:(1)社会实存的本质性不在国家以及国家的观念等等;(2)相反,国家观念的本质性乃在于实存的国家,而国家的本质性乃在于实存的社会;因此(3)全部问题的关键是:应当从何处去发现社会实存的本质性?换言之,如果说当下实存的社会乃是"市民社会",那么,应当如何去探究此一社会实存的本质性,从而去把握真正的"社会现实"?正是这一重大的根本问题,开启了马克思的政治经济学批判。对于马克思来说,政治经济学乃是一门业已发展成熟的、彻头彻尾的市民社会的科学,无论就其性质还是就其内容来说都是如此。因此"对市民社会的解剖应该到政治经济学中去寻求"②。有必要指出的是,这里所说的"解剖"与"寻求",只不过意味着马克思探入当下社会实存之本质性的路径;这样的本质性并非能够由作为知性科学的"政治经济学"现成地提供出来,而只能够通过——确切些说——"政治经济学批判"被揭示出来。

---

① 参看《马克思恩格斯全集》第3卷,第110页。
② 参看《马克思恩格斯选集》第二卷,人民出版社,1995年,第32页。

正是由于这里的问题最关根本地牵涉对"社会现实"的理解,亦即牵涉对社会实存之本质性的理解,所以当马克思1844年开展出他对政治经济学的最初批判时,这一批判立即同时表现为对完成了的形而上学(黑格尔哲学)的再度批判。《巴黎手稿》中"对黑格尔的辩证法和整个哲学的批判"非常清晰地表明了这一点。这一恰恰由马克思本人所重启的再度批判直接关乎"社会现实"的重建。它不仅意味着政治经济学批判必须同时成为哲学批判——如果没有相应的哲学高度的批判,对政治经济学之深入于社会现实的批判就是根本不可能的;而且还意味着:为了重建对社会现实的真正理解,费尔巴哈的哲学批判及其关于现实性的初步原理看来已经是不充分的和不敷使用的了。虽说马克思当时也许并未十分明确地意识到这一点,但他重开对黑格尔辩证法的批判这个事件本身却充分表明此一批判的绝对必要性[①],表明重建社会现实概念对他而言如何从根本上来说再度有必要与黑格尔哲学建立一种本质相关。因此,需要进一步阐明的是:在与费尔巴哈及黑格尔的错综复杂的关系中,马克思的现实观是如何通过一种双重的批判而逐步取得基本定向,并最终获得决定性奠基的。

三

对于马克思的现实观来说至关重要的是,当他在1844年仍然借重于费尔巴哈而对黑格尔的辩证法开展出激烈的本体论批判之际,他已经在现实这一主题上开始"含蓄地"批判费尔巴哈了。这一初始还是潜在的批判不久就将证明它如何成为马克思重建现实观的本质方面和强大动力。如前所述,被马克思称为费尔巴哈伟大功绩的一个要点是:费尔巴哈把感性的直接性与绝对者的思辨中介过程即否定之否定对立起来,这无疑意味着马克思在现实观上与费尔巴哈初始一致的方面,即现实首先是感性的。但由之而来的一个尚待解决的重要问题是:应当怎样来理解那个自称是绝

[①] 参看《马克思恩格斯全集》第3卷,第222页注1。

对肯定的否定之否定？正是在这个问题上，马克思对现实的理解开始迈出了超越费尔巴哈的决定性步伐。在费尔巴哈把否定之否定"仅仅看作哲学同自身的矛盾"(亦即单纯幻觉)的地方，马克思把它理解为历史运动之"抽象的、逻辑的、思辨的表达"①，亦即形而上学地改了装的现实的历史性。换句话说，费尔巴哈把否定之否定的真相仅仅看作是哲学的自相矛盾、看作是纯粹的悖谬，因而不过是"无"；而马克思则把它的真相把握为形而上学伪装之下的现实——这一现实是展开过程，是历史运动，是辩证的具体化，尽管这样的现实还完全处于思辨哲学的神秘主义笼罩之下。因此，《巴黎手稿》的下述论断也就顺理成章了："……黑格尔的《现象学》及其最后成果——辩证法，作为推动原则和创造原则的否定性——的伟大之处首先在于，黑格尔把人的自我产生看作一个过程，把对象化看作非对象化，看作外化和这种外化的扬弃；可见，他抓住了劳动的本质，把对象性的人、现实的因而是真正的人理解为他自己的劳动的结果。"②

由此可见，"活动"原则——这个在德国古典哲学，特别是在黑格尔哲学中得到充分发展的原则——在《巴黎手稿》的现实观中作为根苗不可遏制地出现了。这个根苗，作为与费尔巴哈现实观之初始的、但却是本质重要的差别，不仅成为马克思现实观的强大构成因素，而且包含着批判费尔巴哈的基本理由。因此，当我们在接踵而至的《关于费尔巴哈的提纲》和《德意志意识形态》中看到以实践为根本定向的哲学变革时，马克思的现实观已牢牢地确立在"感性活动"或"对象性(gegenständliche)活动"的本体论基础之上。现实，对马克思来说，并不仅仅是感性的直接性——感性对象，毋宁说，它是在感性活动中生成、展开、关联并因而被具体化的感性对象。正如洛维特所说，"在马克思那里社会的实存显示给作为社会实践的感性活动"③。

---

① 参看《马克思恩格斯全集》第3卷，第315—316页。就此海德格尔后来有一个类似的说法："黑格尔抽象地—历史性地思考存在者之存在。"([德]海德格尔：《海德格尔选集》下卷，孙周兴译，第823页)
② 同上书，第319—320页。
③ [德]洛维特：《从黑格尔到尼采》，李秋零译，第188页。

在这个意义上,马克思的现实观也就是实践观。由于活动原则被决定性地把握在感性之中,所以马克思对现实的理解立即表现为现实的展开过程,表现为事物的历史性,表现为实存在关联总体中的具体化。这看起来仿佛是向黑格尔哲学的返回步伐,但两者之间的根本差别在于:黑格尔的现实概念立足于绝对理念(思辨的思维),以及由此来定向的具体化纲领;而马克思的现实观则立足于感性活动(实践),以及由此来定向的具体化纲领。这两种具体化纲领固然都可称之为辩证法,但按照马克思本人的说法,它们是"截然相反"的。

这种根本的不同突出地表现在马克思的下述命题中:"意识[das Bewußtsein]在任何时候都只能是被意识到了的存在[das bewußt Sein],而人们的存在就是他们的现实生活过程。"①正是由于这一本体论上的决定性变革,马克思得以把现实把握为:(1)现实不是理念之自我活动的产物,而直接就是人们的现实生活过程;只是由于并且通过这一感性活动的生活过程,人的实存从而社会的实存才成为真正现实的。(2)社会现实不仅是实存,而且是本质——这种本质性不在观念、理念、思辨的思维,而直接存在于人们的感性生活过程中。这种作为本质的普遍者乃是生产方式,"它在更大程度上是这些个人的一定的活动方式,是他们表现自己生活的一定方式、它们的一定的生活方式"②。社会实存的这个本质方面被伽达默尔叫做"作为人类社会基本结构的生产关系",而被海德格尔称为"经济发展以及这种发展所需要的架构"③。(3)因此,社会现实就其本质而言乃是一个结构的总体,而这个结构的总体同时又是一个历史的总体(生产方式的变动结构);就像任何一种人的实存或社会的实存是在其结构的总体中被规定并从而获得意义一样,这样的实存也只是在其历史的总体中作为展开过程而生成和变化的。在马克思看来,离开了前者,被人们当作出发

---

① 《马克思恩格斯选集》第一卷,人民出版社,1995年,第72页。
② 同上书,第67页。
③ 参看[德]伽达默尔:《哲学解释学》,夏镇平、宋建平译,第114页;并参看丁耘摘译:《晚期海德格尔的三天讨论班纪要》,载《哲学译丛》2001年第3期。

点的单个的孤立的个人——原子个人,"属于18世纪的缺乏想象力的虚构";离开了后者,就会形成把社会实存置放在"与历史无关的永恒自然规律之内"的纯粹幻觉①。(4)正像社会现实本身乃是完全具体的——在其结构—历史的总体中实现其全面的具体化——一样,对社会现实的真正理解和把握因而必须成为具体的;也就是说,除非它具有一个起根本定向作用的全面的具体化纲领,否则就丝毫无法触到现实,更不用说去把握现实本身的实体性内容了。马克思在谈到"政治经济学的方法"时,曾概述过这一具体化纲领,只不过它在很大程度上被搁置、误解和遗忘了。马克思指出,科学上正确的方法在于:"具体之所以具体,因为它是许多规定的综合,因而是多样性的统一。因此它在思维中表现为综合的过程,表现为结果,而不是表现为起点,虽然它是现实的起点,因而也是直观和表象的起点。在第一条道路上,完整的表象蒸发为抽象的规定;在第二条道路上,抽象的规定在思维行程中导致具体的再现。"②马克思现实观的整个具体化纲领是同时包含这两条道路的:它从感性的具体出发——经过思维的抽象——而达于被思维把握了的具体(具有许多规定和关系的丰富的总体)。

由此我们立即看到,马克思的现实观离费尔巴哈已经多么遥远了。虽说感性现实性的原理曾极大地启发和推动了马克思,但由于费尔巴哈把现实仅仅理解为感性直接性——"感性的对象",而不是"感性的活动",所以现实的实存只是显示给单纯的感觉和单纯的直观。在这样一种感性的直接性中,所谓现实几乎就是单纯的感性实存,亦即可以通过感觉或直观直接给予我们的东西,而不包含任何真正本质性的东西;以至于费尔巴哈对现实的本质方面说不出任何有价值的东西,或者,当他要谈论这种本质方面的时候,不得不重新假借思辨的幻觉③。最为重要的是,这种理论状况将展开过程、历史和具体化等等完全排除在现实之外,因而使对现实的理

---

① 参看《马克思恩格斯选集》第二卷,第1、5页。
② 同上书,第18页。
③ 参看《马克思恩格斯选集》第一卷,第76页注1、第79页。

解全然萎缩在浑沌的表象中,或终止在无以名状的、但同样是抽象的直观中。这不仅使社会实存成为费尔巴哈完全"通不过的区域",而且使"自然的"实存也仅仅逗留于褫夺了现实基础的自然科学的直观中①。因此,正是由于活动原则、作为过程的历史性以及具体化纲领被全体废止,所以费尔巴哈哲学在社会现实的领域中表现出惊人的贫乏,甚至如洛维特所说,表现为一种"倒退",一种"用夸张和意向来取代内容的思维野蛮化"②。

因此,简要地说来,马克思现实观的伟大变革意义在于:它根本不依赖于绝对者上帝或神秘的"主客一体",而完全从感性的——感性活动的——世界本身,来把握现实,来阐述现实的本质性一度。这样的本质性是存在的,它同样是在展开过程或是具体化行程中起决定作用的普遍者;但这样的普遍者既不是理智的抽象规定,也不是被神秘化为"实体"的思辨的思维③,而是广义的生产方式或生活方式,是这种生活方式的变动结构。马克思的现实观从根本上构成唯物史观的实质。它的影响是如此地广泛而深远,以至于虽然存在着主要由实证主义定向的误解和偏差,但"自此之后,这种历史观也规定着非马克思主义者和反马克思主义者的思维方式,甚至超出他们想知道的程度。……他们都要像马克思那样把握'现实的生活过程'和并非无前提、而是恰恰相反也是思维方式的前提条件的'一定生活方式'"④。至于马克思现实观的深刻之处,海德格尔评论说:马克思在体会到异化的时候,是深入"历史的本质性的一度"中去了,因此其历史观比其他的历史学来得优越。看来胡塞尔和萨特,从而现象学和存在主义都没有能够达到历史事物的本质性;只有达到了那一度,才可能有资格和马克思主义对话⑤。在另一处,海氏又说:"现今的哲学"只是跟在知性科学

---

① 参看《马克思恩格斯选集》第一卷,第 77 页。
② [德]洛维特:《从黑格尔到尼采》,李秋零译,第 107 页。
③ 参看同上书,第 127 页注 1 中洛维特的说法:"他[马克思]之所以针对费尔巴哈捍卫黑格尔,乃是因为黑格尔理解普遍者的决定性意义;而他之所以攻击黑格尔,乃是因为黑格尔在哲学上把历史的普遍关系神秘化了。"
④ 同上书,第 134—135 页。
⑤ 参看[德]海德格尔:《海德格尔选集》上卷,孙周兴译,第 383 页。

后面亦步亦趋,却完全不了解我们这个时代的两重独特的现实,即经济发展以及这种发展所需要的架构;而"马克思主义懂得这双重现实"①。

只有从社会现实的立场出发,才可能真正理解"中国道路"——无论是这一道路在实践上的具体展开,还是这一道路在思维中得以再现的理论方法。这里所谓的中国道路,是指中国自近代以来在其历史性实践中所开辟出来并形成起来的发展道路。只要我们试图由社会现实本身去把握中国道路,那就根本无法规避或越过马克思的现实观。因为任何规避或越过这种现实观的企图,在关于中国道路的言说或判断方面,都已经或即将被证明是与真正的社会现实分离隔绝的,因而在理论上终究是非批判的和无头脑的。这里的问题始终关涉到中国的社会现实——它的实体性内容——是否得到切近的理解和把握,正像问题的关键始终关涉到"现实"本身——作为本质与实存的统一——是否在哲学上得到批判的澄清一样。只有当社会现实的哲学立场以及中国社会的现实内容被牢牢地装进能思的和批判的意识之中,理解中国道路的可靠途径才有可能被实际地开辟出来。这一点无论是对于一般的知性社会科学来说,还是对于马克思主义的理论或学术来说,都是至关重要的。

四

马克思的现实观在形成对中国道路的理解和把握时,是否存在着巨大的思想障碍呢?是的,其中最严重的障碍就是"外部反思"。所谓外部反思,从哲学上来说,就是一种"忽此忽彼地活动着的推理能力",它从来不会驻足并深入于特定的实体性内容之中;但它知道一般原则,而且知道把一般原则运用到任何内容之上。外部反思并不是我们所不熟悉的罕见的东西,恰好相反,它实在是我们在日常意识中——尤其是在知识界中——经常碰到的。简单说来,外部反思就是教条主义(或哲学上的形式主义),因

---

① 参看丁耘摘译:《晚期海德格尔的三天讨论班纪要》,载《哲学译丛》2001年第3期。

为教条主义所知道的就是把一般原则抽象地运用到任何内容之上。例如，在中国革命时期，"二十八个布尔什维克"就是外部反思的典型代表。他们大多留苏回来，一口流利的俄语，马恩列的经典倒背如流，对俄国的经验也是崇拜到五体投地。他们由此主张中国革命的根本之举就是中心城市武装起义。但结果又怎样呢？结果是一次次极为惨痛的失败。在经历了诸多教训和探索之后，中国共产党人终于摆脱了外部反思的主观思想，终于发现中国的事情和中国的道路绝不仅仅从属于一般的抽象原则。植根于中国社会现实基础之中的革命路径不是中心城市武装起义，而是农村包围城市——只是从这里才开始形成所谓的中国问题和中国经验，才开展出真正的中国道路。

需要强调的是，虽说有过这样的前车之鉴，但在今天中国的知识界和社会科学界，并不需要太费周折就能发现：那种仅仅知道把一般原则抽象地运用到任何内容之上的外部反思依然盛行，甚至比当时教条主义的马克思主义有过之而无不及。只不过那时的教条主要来自于俄国，而今天的教条主要来自于西方。可以说，外部反思根本不可能形成对中国道路的真正理解，因为它严重地遮蔽了社会现实，因为它实际上是以抹杀和阉割社会的实体性内容与本质差别为前提的。外部反思作为主观思想之最集中和最广泛的现代表现，不仅与马克思的现实观背道而驰，而且实际上退行到黑格尔以前（恩格斯在谈到马克思的方法时曾指证了这种倒退现象的主要原因[①]）。

正是在这里，重新显示出黑格尔的伟大之处。"黑格尔哲学通过对主观意识观点进行清晰的批判，开辟了一条理解人类社会现实的道路，而我们今天仍然生活在这样的社会现实中。"[②]在黑格尔看来，外部反思属于最为庸浅浮薄的主观思想，也就是诡辩论的现代形式；他非常恰当地把仅仅知道外部反思的人叫做"门外汉"。这意味着：只要我们从主观思想及其外部反思出发，社会现实就必然遗失在我们的视野之外，从而对"中国道

---

① 参看《马克思恩格斯选集》第二卷，第 40—43 页。
② [德]伽达默尔：《哲学解释学》，夏镇平、宋建平译，第 111 页。

路"的现实理解就是根本不可能的。黑格尔曾多次提到,现实不仅是客观的,而且是强有力的,它自己为自己开辟道路。"但惯于运用理智的人特别喜欢把理念与现实分离开,他们把理智的抽象作用所产生的梦想当成真实可靠,以命令式的'应当'自夸,并且尤其喜欢在政治领域中去规定'应当'。"①在这里起作用的乃是抽象的理智、形式的知性、外部反思等等;当这一切把现实及其内容统统打发掉之后,这个世界似乎就只能听凭主观任意的"应当"来为它开辟道路了。

对于"中国道路"的领会和阐述在多大程度上屈从于外部反思以及由之而来的主观命令(应当),它也就在多大程度上脱离具有实体性内容的社会现实。根据马克思的现实观,"历史科学"的全部任务和唯一目的就在于把握这样的社会现实。为此而需要的是:(1)科学的抽象;(2)由科学的抽象深入现实中去的整个具体化纲领;(3)由这样的具体化纲领来定向的"实证研究"。对于牵涉到"中国道路"的主题而言,最关重要的是第二项,即深入到社会现实中去的具体化纲领。因为如果缺失这个本质重要的中项,"科学的抽象"适足以为外部反思大开方便之门,而所谓"实证研究"亦只能成为完全非批判的和无头脑的。我们且以马克思本人的学说为例。当我们说用唯物史观的基本原理来研究中国道路时,必须首先十分清楚地把握这些原理的一般性质。例如,关于历史之现实前提的原理、经济基础决定上层建筑的原理,以及历史道路之"三阶段"或"五阶段"的原理等等,其基本性质究竟是怎样的?回答是:它们是一些科学的抽象。因此,这些抽象对于研究来说是非常重要的;但也因此,若脱离了探入现实的具体化纲领及其在实证研究中的贯彻,它们就只能是一些空疏的和无内容的形式。关于这一点,马克思和恩格斯是明确地并且一再加以强调的。"对现实的描述会使独立的哲学失去生存环境,能够取而代之的充其量不过是从对人类历史发展的考察中抽象出来的最一般的结果的概括。这些抽象本身离开了现实的历史就没有任何价值。它们只能对整理历史资料提供某些方便,

---

① [德]黑格尔:《小逻辑》,贺麟译,第44页。

指出历史资料的各个层次的顺序。……它们绝不提供可以适用于各个历史时代的药方或公式。"①同样,在《〈政治经济学批判〉导言》中,马克思在谈到生产一般时说:"总之:一切生产阶段所共有的、被思维当作一般规定而确定下来的规定,是存在的,但是所谓一切生产的一般条件,不过是这些抽象要素,用这些要素不可能理解任何一个现实的历史的生产阶段。"②对于这些随处可见的论述不必再行列举和解释了——它们非常清晰地表明了科学抽象的基本性质。

为了理解和把握中国道路,当然需要这些科学的抽象;但马克思的现实观所标明的这些抽象的性质,却要求我们最坚决地防止其转变为外部反思的抽象原则(药方或公式)。例如,马克思把经济的社会形态演进——世界历史道路大体概述为:亚细亚的、古代的、封建的和现代资产阶级的生产方式。但这一概述就其性质而言,决不可以被当作外部反思的原则无条件地运用到任何内容之上。如果是这样的话,把握中国道路简直就比解一个一元一次方程都要容易了。值得思考的是:马克思在十九世纪四十年代研究德国时,从来没有认为德国会直接走英法的道路,尽管英法在当时是走在前列的;他甚至认为德国解放道路的"可能性"是从它走英法道路的"不可能性"中产生③,因为德国道路就其社会现实的基础而言,乃是非常独特的。同样值得思考的是:马克思后来在给《祖国纪事》的信和《给查苏里奇的信》中谈到"俄国道路"时明确指出:《资本论》关于原始积累的那一章只是描述"西欧的资本主义经济制度"从其先前的经济制度(封建主义)产生出来的途径,因此决不能把这一关于西欧资本主义起源的历史概述转变为"一般发展道路的历史哲学理论";这种理论以为,一切民族无论其所处的历史环境如何,"都注定要走这条道路"。这是全然荒谬的——之所以荒谬,是因为这种历史哲学理论是"超历史的"④;也就是说,它是与社

---

① 《马克思恩格斯选集》第一卷,第 73—74 页。
② 《马克思恩格斯选集》第二卷,第 6 页。
③ 《马克思恩格斯选集》第一卷,第 11—16 页。
④ 《马克思恩格斯选集》第三卷,人民出版社,1995 年,第 341—342 页。

九、马克思的现实观与中国道路

会现实及其历史内容截然分离的,并因而只能导致外部反思之先验使用的抽象图式。

于是,对中国道路的真正把握便把我们引向马克思现实观的具体化纲领。只有当科学的抽象被以社会现实为定向的具体化纲领所全面贯彻时,这种必要的抽象才不致成为外部反思的恶劣教条;只有当一个特定社会的实体性内容能够本质重要地进入历史科学的综合理解中时,以社会现实为定向的具体化纲领才开始得到真正的贯彻。因此,某一社会现实的内容能否在理解中实际地出现并得到切近的把握,可以被看作是具体化纲领是否得到实施的试金石。在这里提示给我们的不仅是这一具体化纲领本身的重要性,而且是由这一纲领开启出具体研究的重要性。这意味着,为了真正理解"中国道路",就必须使中国社会的现实内容在科学的具体化过程中充分展开并得到把握。前面说过,马克思关于现实的具体化纲领包含着社会—历史之双重的具体化,而这种具体化的整个行程——与黑格尔不同,也与科学的表述方法不同——首先是由现实的、特定的对象或对象领域为开端的。马克思把这种"现实的起点"称为实在、主体或实在主体。这样的主体或实在主体在马克思那里主要是"社会",即"现代资产阶级社会";它当然也可以是"古代希腊社会"或"当代中国社会"等等。重要的是,这样的实在主体是"既与的"(现译"既定的"),亦即被给定的。由于实在主体在头脑之外保持着它的独立性,所以在理论方法上特定的社会也必须始终作为前提浮现在表象面前[①]。因此,马克思现实观的具体化纲领立即具有这样一种方法论意义:"在研究经济范畴的发展时,应当时刻把握住:无论在现实中或在头脑中,主体——这里是现代资产阶级社会——都是既定的;因而范畴表现这个一定社会即这个主体的存在形式、存在规定,常常只是个别的侧面……"[②]在这里,"现实的起点"对于理解中国道路来说是至关重要的,因为它已先行指定了由实在主体即特定的、既与的社会来制定方向

---

① 参看《马克思恩格斯选集》第二卷,第19页。
② 同上书,第24页。

的具体化。

在这一具体化的展开行程中,最关本质的要义乃是把握"实在主体"或既与社会的特殊性,亦即其特定的实体性内容。如果说外部反思的抽象理智只是抹杀任何一种特殊性,那么具体化纲领恰恰就是深入特殊的现实之中并将这种特殊反映在思维之具体的再现中。特殊性只是在差别中显示出来,正像中国道路的特殊性只是在与他国道路的差别中显示出来一样。没有差别,就没有联系和发展,就没有任何一种具体化。所以"差别的内在发生"以及由差别来规定的特殊性就成为思辨辩证法最关本质的东西。"在普遍性里,思维得到自身的满足,但假如思维对于特殊性采取漠视态度,从而思维对于它自身的发展,也就采取漠视态度了。"①同样,在马克思看来,虽说语言的一般规律和规定是存在的,但构成语言发展的恰恰是有别于这个一般和共同点的差别。生产也是如此:"对生产一般适用的种种规定所以要抽出来,也正是为了不致因为有了统一……而忘记本质的差别。那些证明现存社会关系永存与和谐的现代经济学家的全部智慧,就在于忘记这种差别。"②因此,对于中国道路的切近把握,只有在科学的抽象能够深入本质的差别和特殊的内容之中时,也就是说,使之在独特的社会——历史规定中实现其全面的具体化时,才是真正可能的。没有以社会现实为定向的具体化,所谓中国道路就是完全未被理解甚或完全不可理解的。黑格尔在《法哲学》和《历史哲学》中都曾讲到,拿破仑想要把法国的自由制度先验地强加给西班牙人,结果把事情弄得一塌糊涂——他是不能不失败的。在这里确实有必要就社会现实之差别与特殊性去思考的问题是:法国和西班牙的社会——历史差别有多大,中国和西方的社会——历史差别有多大?并且进一步去思考:如果我们或者公开、或者隐蔽地想要把西方的道路(以及由之而来的种种制度)先验地强加给中国人,这在何种意义上以及在何种程度上是可能的?我们在这里不可能就问题给出完整的答案,因

---

① [德]黑格尔:《小逻辑》,贺麟译,第53页,并参看第55页。
② 《马克思恩格斯选集》第二卷,第3页。

为这样的答案只有在具体化纲领得到充分展开的时候才会真正出现。但具体化纲领本身已经能够提示的是:"如果要先验地给一个民族以一种国家制度,即使其内容多少是合乎理性的,这种想法恰恰忽视了一个因素,这个因素使国家制度成为不仅仅是一个思想上的事物而已。所以每一个民族都有适合于它本身而属于它的国家制度。"①

最后,在马克思那里,以社会现实来定向的具体化纲领要贯彻并落实到对实在主体或既与对象的实证研究之中。之所以如此,是因为对马克思来说,现实的本质性不在理念世界中,而在人们的现实生活过程中;现实的特殊性也不是源自理念世界之"差别的内在发生",而是源自"实在主体"本身之感性活动及活动方式等等的本质差别。因此,马克思现实观的具体化纲领不是已经在理念中完成自身的实体之外化的过程,而是通过对实在主体的研究和描述使之被构成起来的过程。这意味着,除非这样的研究和描述得以展开和实施,否则的话,以社会现实为定向的具体化就转变为它的对立物,也就是说,转变为某种单纯形式的或思辨的抽象物。所以,在马克思恩格斯看来,"科学的抽象"决不意味着终止对实在主体的研究以及由之而来的困难;相反,只是当我们面对实在主体并试图真正描述现实时,困难才开始出现。"这些困难的排除受到种种前提的制约,这些前提在这里是根本不可能提供出来的,而只能从对每个时代的个人的现实生活过程和活动的研究中产生。"②在这个意义上,如果我们的既与对象是"中国道路",如果我们试图从社会现实方面去把握并从而向着未来筹划这一道路,那就必须深入地研究中国社会,研究它的历史、独特性和当代处境。

因此,从社会现实的角度对独特的中国社会做出更加深入更加具体的研究和阐述,乃是一项重要而紧迫的任务。可以通过一个例子来说明:在专注于"现实"的中国社会研究中,我们对中国道路的理解会发生怎样的变迁与深化。时下有不少"假设历史"的主观想法,其中的一种观点说,国民

---

① [德]黑格尔:《法哲学原理》,范扬、张企泰译,第291页。
② 《马克思恩格斯选集》第一卷,第74页。

党在大陆的失败是军事失败。军事失败的意思是什么呢？意思是说：它既不是政治失败，也不是社会失败，而只不过是——极为偶然的——军事失败。但如果我们试图从社会现实方面去把握中国革命的历史进程，立即就会意识到这种说法实在是太幼稚太肤浅了。现实性是本质的东西，是在展开过程中的必然性；就此应当把握的问题是：中国的现代化事业何以必须通过一场社会革命来为其奠基？而这一社会革命又何以最终取得新民主主义—社会主义的基本定向？费正清在写《伟大的中国革命》时，是体会到某种特别地属于中国道路的东西了。他写道，杜威当年访问中国时对他的学生胡适说，军阀和现代教育不可能并行不悖。这个说法当然不错，但费正清接着写道，我研究中国革命得出的结论是：美国的自由主义和中国革命不可能并行不悖；对于中国革命来说，中国人所需要的不是杜威的教义，而是某些别的东西①。由此可以追问的是：这些别的东西是什么？它对中国革命的进程及其基本定向起了何种作用？不消说，这样的问题最关本质地牵涉到中国道路在展开过程中的必然性；同样不消说，这样的问题只有在实际地研究当时的中国社会并通过具体化而切中其独特现实的情况下才可能找到真正的答案。

因此，笔者的基本结论是：马克思的现实观不仅构成唯物史观的思想核心，而且开展出把握特定社会现实的三重境域，即科学的抽象、具体化的纲领以及对实在主体的研究；唯在这三重境域的综合理解中，对"中国道路"之真正现实的理论把握和实践筹划才可能被积极地开启出来。这个领域中有着无比丰富的题材和巨大的思想空间，我们深切地瞩望由之而来的学术成果不久就能大量地涌现出来。

(2014 年)

---

① 参看[美]费正清：《伟大的中国革命(1800—1985)》，刘尊棋译，世界知识出版社，2000 年，第242—243 页。

十、论马克思学说的黑格尔渊源

笔者所要探讨的马克思学说的黑格尔渊源，并不仅仅是指一个关系到思想史中马克思是否——或在多大程度上——受到黑格尔影响的问题。这样的影响，毫无疑问是存在的。这里的真正问题只是从表面上看起来像是一个单纯的思想史问题，而其实质却总已最为深入地牵涉到对马克思学说的整体阐述，尤其是牵涉到对马克思学说之基本性质的判断了。无论是西方马克思主义的早期领袖同第二国际理论家的重大论战，还是自伯恩施坦以来直到最近那些尝试使马克思在哲学上直接衔接康德的企图，都在很大程度上围绕着马克思学说的黑格尔渊源来展开——或者是力图恢复这一渊源，或者是力图排除这一渊源。因此，下文的重点是就马克思学说的基本性质来探讨这一所谓"黑格尔渊源"问题，并试图说明：（1）在对马克思主义的阐说中，恢复或排除其黑格尔渊源究竟意味着什么？（2）应当怎样来理解马克思学说的黑格尔渊源？（3）这样一种基本理解对于我们今天的时代之思来说具有什么意义？

一

只是当卢卡奇在《历史与阶级意识》中以其特有的尖锐性对第二国际的"庸俗马克思主义"进行猛烈抨击之时，马克思学说的黑格尔渊源问题才获得了一种超越于一般思想史意义的重要性：它标示着对马克思学说及其性质之相当不同的理解方式和阐说方式。在卢卡奇看来，第二国际的理论家是深陷于机械论、单纯直观和实证主义的泥淖中了，因而他们完全阉割了马克思学说之批判的和革命的方面，并从而建立起一整套对马克思主义理论的庸俗解释。既然这种庸俗的解释方案从思想源头上来说是直接依循费尔巴哈的定向来实现的，既然马克思学说的批判性和革命性从思想源头上来说是直接通过对黑格尔哲学的改造来实现的，那么，拒斥第二国际理论家的庸俗化就意味着再度开启并重新阐释马克思学说的黑格尔渊源。正是这样的思想—理论斗争把所谓渊源问题提升到有关马克思学说之性质的高度:"对任何想要回到马克思主义的人来说,恢复马克思主义的黑格尔传统是一项迫切的义务。《历史与阶级意识》代表了当时想要通过更新和发展黑格尔的辩证法和方法论来恢复马克思理论的革命本质的也许是最激进的尝试。"①

这一激进的尝试势必会在思想史议题上提出下述问题:以马克思的名字命名的学说究竟是直接衔接着费尔巴哈,还是直接衔接着黑格尔?如果仅仅从一般的思想史着眼,那么这个问题似乎是不恰当的,甚至是无意义的;但是,倘若这一议题如前所述是牵扯到对马克思学说之不同的理解方案和阐说立场,那么,该议题就不仅具有哲学理论上的重要性,而且必须对之做出关乎理论性质之判断的正面应答了。

正是针对第二国际理论家——首先是"梅林—普列汉诺夫正统"——过高估计了费尔巴哈作为黑格尔与马克思之间的中介作用,卢卡奇才提出了"马克思直接衔接着黑格尔"这一观点②。当卢卡奇以这种方式同第二国际的庸俗马克思主义相对立时,他是正确的和有道理的。因为就像梅林一再完全无批判地为机械唯物主义或自然科学唯物主义辩护③一样,普列汉诺夫不仅把费尔巴哈、马克思和恩格斯统称为"现代唯物主义",把这种唯物主义的基础退行性地经由十八世纪而归结为斯宾诺莎的"实体",而且声称:马克思在所谓"哲学本身的问题"上始终保持着与费尔巴哈相同的观点,而马克思的认识论实际上就是费尔巴哈的认识论④。这样一种理解和阐释定向确实使黑格尔对马克思学说的重大意义完全湮灭无闻了,并且也确实成为第二国际理论家最终沦于直观性质的唯物主义和实证主义的

---

① [匈牙利]卢卡奇:《历史与阶级意识》,杜章智等译,商务印书馆,1995年,第15—16页。
② 参看[匈牙利]卢卡奇:《历史与阶级意识》,杜章智等译,第16页;并参看[俄]普列汉诺夫:《普列汉诺夫哲学著作选集》第3卷,汝信等译,生活·读书·新知三联书店,1962年,第138、778页。
③ 参看[德]梅林:《保卫马克思主义》,吉洪译,人民出版社,1982年,第99、146页。
④ 参看[俄]普列汉诺夫:《普列汉诺夫哲学著作选集》第3卷,汝信等译,第138—139、146—147、779—780页。

重要缘由。诚然,此种情形并不妨碍这些理论家在思想史上或多或少地承认黑格尔对马克思学说的影响。比如说梅林这位德国社会民主党"唯一的哲学通",作为《马克思传》的伟大作者,作为马克思恩格斯遗著的最早编纂者,的确曾异常生动地谈论过黑格尔这位老师对马克思所产生的多重影响。至于普列汉诺夫,则更是在其著作中大谈黑格尔的辩证法,对之做出了许多热情洋溢的阐述与发挥,并留下了这样的赞语:"总之,辩证唯心主义把宇宙看成一个有机的总体,这个总体是'从它自己的概念中发展出来的'。认识这个总体,揭露它的发展过程,乃是哲学家所担当的任务。这是一个多么高贵、多么宏大、多么可羡的任务啊!"[①]

然而尽管如此,卢卡奇却仍然认为普列汉诺夫(甚至恩格斯)的努力"也未见成效"[②]。之所以如此,是因为尽管"梅林—普列汉诺夫正统"可以到处谈论黑格尔辩证法的影响和意义,但这种辩证法在要求被纠正之际却完全被理解为某种对其哲学存在论(ontology)之基础而言是纯粹外在的东西。正因为如此,所以辩证法也可以被随意安置在任何一种唯物主义——例如费尔巴哈的唯物主义——的基地之上;也正因为如此,所以梅林便把"没有辩证法的实际认识"和"没有实际认识的辩证法"对立起来,以便随时准备为了捍卫"实际认识"而撤消那个本来就属于外在附丽的辩证法[③]。就明确指证这一点而言,卢卡奇仍然是正确的。因为第二国际理论家的要害正在于:他们把辩证法理解成一种纯粹形式的——与任何实体性内容都无关的——空疏方法,也就是在通常所谓"科学方法论主义"中盛行的那种方法。由于这样的方法是纯形式的,所以它理所当然可以加诸任何一种内容(包括任何一种哲学基础)之上;但也正因为如此,这样的方法便完全从属于空疏的理智或抽象的知性,因而根本不是——也不可能是——真正的辩证法(甚或可以用一种富于表现力的说法来讲,它是"反辩

---

① [俄]普列汉诺夫:《普列汉诺夫哲学著作选集》第2卷,汝信等译,生活·读书·新知三联书店,1961年,第147页。
② 参看[匈牙利]卢卡奇:《历史与阶级意识》,杜章智等译,第42—43页。
③ 参看[德]梅林:《保卫马克思主义》,吉洪译,第155—156、160—161页。

证法的")。海德格尔曾正确地指出,辩证方法在黑格尔那里既不是一种表象工具,也不仅只是哲学探讨的某种方式。"'方法'乃是主体性的最内在的运动,是'存在之灵魂',是绝对者之现实性整体的组织由以发挥作用的生产过程。"①这意味着:黑格尔的思辨辩证法是与其哲学的存在论基础本质相关、互为表里的;这也意味着,马克思的辩证法唯通过其存在论的革命性变革方始是可能的,方始能够成立。梅林和普列汉诺夫之所以无能于真正把握马克思的辩证法,是因为他们完全不理解马克思的存在论变革,以及由这一变革而来的新唯物主义基础;其结果是:一方面把辩证法弄成完全无内容的抽象的理智方法,另一方面则把这种形式方法纯全外在地加诸"一般"唯物主义的基础之上。

因此,在第二国际理论家那里,马克思学说的黑格尔渊源确实被严重遮蔽了(如果不是完全被遮蔽的话)。在他们对马克思主义的理解和阐说中,唯一真正起作用的渊源因素是费尔巴哈。但是,由于在理论立场上遗忘和丧失了黑格尔渊源的那一度,即便是对费尔巴哈意义的估价也出现了严重的偏差:费尔巴哈的唯物主义被视为马克思学说矗立其上的现成基础——这一基础被抽象的理智看作是"一般唯物主义",从而为退行性地理解马克思哲学的存在论基础大开方便之门。"梅林-普列汉诺夫正统"的理论缺陷——机械主义、直观性和实证主义等等——是与这种哲学立场本质相关的。因此,当卢卡奇、柯尔施、葛兰西等西方马克思主义的早期领袖同第二国际理论家展开激烈的哲学论战时,那个仿佛仅仅从属于思想史的"渊源"议题便成为斗争的焦点了。虽说在这场斗争中费尔巴哈多少是无辜的(就像在近代开端之际的思想斗争中亚里士多德多少是无辜的一样),但卢卡奇等人借此指证第二国际理论家的严重局限,并试图由之重新开启"马克思主义的黑格尔传统",则无论如何是其重要的理论贡献,并且确实是意义深远的。

此等贡献及意义不仅在于通过有关"渊源"的议题来高扬马克思学说

---

① [德]海德格尔:《路标》,孙周兴译,商务印书馆,2000年,第511页。

的批判性和革命性,而且尤其在于试图通过黑格尔传统的恢复来重建马克思学说的"科学"(即《德意志意识形态》中所谓"历史科学"①意义上的科学)基地。这种科学与一般所谓知性科学是相当不同的(或许可以说是根本不同的),唯当现代意识形态把知性科学看作是唯一真正的科学并将其奉为神明之际,马克思学说的"黑格尔传统"才被当成赘疣且必欲割之而后快了。正是在这种虚假观念的氛围下,似乎是为了在"科学"方面拯救马克思的学说,该学说也就被设想为完全无批判的实证主义科学了。因此,在涉及关于"渊源"的理论斗争中,费尔巴哈与黑格尔的对立意味着:当前者被看成是马克思主义科学之真正的立脚点时,后者就被当作是这种科学的死敌。虽然马克思在作为费尔巴哈信徒时的某些言论会给人多少留下这样的印象,但如果仅仅依循此种外部对立来理解马克思的学说并从中彻底排除其黑格尔渊源的话,那我们就会完全错估马克思学说的哲学基础以及由这一基础来定向的科学的性质了。因为即便仅就马克思的"历史科学"而言,虽说它无疑占有了费尔巴哈哲学的革命性成果,但却根本无法真正倚靠费尔巴哈。按洛维特的说法,如果我们用黑格尔的"精神"历史的尺度来作一衡量,就很容易发现,费尔巴哈粗鲁的感觉主义较之于黑格尔以概念方式组织起来的理念,只是显示出一种"倒退",一种"用夸张和意向来取代内容的思维野蛮化"②。事实上恩格斯早就表达过类似的见解:在法哲学领域,"同黑格尔比较起来,费尔巴哈惊人的贫乏又使我们诧异。黑格尔的伦理学或关于伦理的学说就是法哲学……在这里,形式是唯心主义的,内容是实在论的。法、经济、政治的全部领域连同道德都包括进去了。在费尔巴哈那里情况恰恰相反"③。确实,如果我们将费尔巴哈关于宗教、道德、政治、社会、历史等等的学说同黑格尔的"科学"——例如《法哲学》或《历史哲学》——比较一下的话,那么费尔巴哈无疑将遭到毁灭性的打击。

---

① 参看《马克思恩格斯选集》第一卷,人民出版社,1995年,第66页注②。
② 参看[德]洛维特:《从黑格尔到尼采》,李秋零译,生活·读书·新知三联书店,2006年,第107页。
③ 《马克思恩格斯选集》第四卷,人民出版社,1995年,第236页。

也许这里还应补充一句的是：此间的比较决不仅限于视域的宽阔程度或知识的渊博程度，问题更深刻地植根于"科学"以之作为前提并立足其上的哲学基础本身。

二

在西方马克思主义的早期领袖对第二国际理论家的猛烈袭击中，"马克思学说的黑格尔渊源"可说是在超越一般思想史争议的意义上被再度课题化了。我们之所以说"再度"，是因为这一课题并不是首次出现。甚至马克思在世时就已泛滥起那种一力拒斥黑格尔哲学的潮流——"把黑格尔当死狗来打"，以至于马克思要公然声言自己是这位大哲的学生，以便明确地认肯其学说的师承渊源。如果说，卢卡奇等人在二十世纪初的庸俗马克思主义那里再度见到那种对黑格尔哲学的或者明确，或者委婉的拒绝，那么，大体说来，今天的理论状况——无论是在马克思主义学界的内部还是外部——并没有太多改变。一种情形是：表面上完全承认马克思学说的黑格尔渊源，但实际上却根本没有使之在理论的根柢上被消化和吸收；另一种情形是：以任何一种方式或口实来根除和规避这一渊源，以便使马克思主义彻底地"非黑格尔化"——其中的一种看起来颇为时髦的做法是，声称马克思的学说直接与康德相衔接，从而在"渊源"的议题上匆匆越过（实则是退行性地抹杀）黑格尔。因此，需要予以追究的问题是：在哲学上遗忘或拒斥黑格尔究竟意味着什么？更加具体地说来，在马克思学说的理解方案中排除或废止其"黑格尔渊源"究竟意味着什么？

让我们非常明确且简要地来回答问题：只要不是在黑格尔哲学已经达到的那个制高点上开展政治的或其他的好恶而来的简单拒斥等等，总只意味着——而且不能不意味着——哲学理论上的单纯倒退。这种倒退的力量是相当强大的，因为它事实上是以汪洋大海般的现代性意识的平庸形式为基本背景并由之而得到不断推动的。这里所说的现代性意识的平庸形式是指什么呢？是指以空疏的理智或抽象的知性为基础的"主观思想"——其主要的和赋有特征的活动方式即"外部反思"。当黑格尔哲学无论以何种方式有可能触犯或威胁到这种意识之平庸性的安全时,它就会遭到强势拒绝,而"被当作死狗来打"也就成为其经常的命运了。因此,一方面是黑格尔哲学本身时常遭遇着某种平庸化从而使之或多或少成为"无害的",另一方面则是现代性意识的平庸形式总是力图占据并恢复其在一切知识领域中的统治地位。恩格斯甚至在1859年就谈到了这种情况:当官方的黑格尔学派将老师的遗产仅仅当作可以用来套在任何论题上的刻板公式时,"……陈腐的旧科学由于具有实证知识方面的优势而保持着它的地盘;只是在费尔巴哈宣布废弃思辨概念以后,黑格尔学派才逐渐销声匿迹,于是,旧的形而上学及其固定不变的范畴似乎在科学中又重新开始了它的统治"①。

虽然黑格尔哲学一次次遭遇遗忘和排斥,但也一次次被重新提起或再度发现(无论它是否作为马克思学说的"渊源"而被提起或发现)。这恰恰是因为我们仍然面临着唯经由黑格尔的制高点方始能够同我们照面的时代课题。伽达默尔在《20世纪的哲学基础》一文中声言,我们必须更尖锐地提出的时代问题是:在一个完全由科学支配的社会现实中人如何能够理解自己?而为了准备对问题的应答,就必得经过黑格尔。"因为黑格尔哲学通过对主观意识观点进行清晰的批判,开辟了一条理解人类社会现实的道路,而我们今天仍然生活在这样的社会现实中。"②这里所挑明的关键之点在于:主观意识或主观思想的观点对于"社会现实"的理解来说是完全无能为力的,或者竟可以说,这样的观点实在是以遮掩和躲避真正的社会现实为前提的;唯当黑格尔对主观思想进行了持续不断的(有时甚至是苛刻的)批判时,一条深入地——深入社会历史之实体性内容本身之中的——理解人类社会现实的道路才第一次被开辟出来。

这里所谓主观思想的观点实际上早已同"旧的形而上学及其固定不变

---

① 《马克思恩格斯选集》第二卷,人民出版社,1995年,第40页。
② [德]伽达默尔:《哲学解释学》,夏镇平、宋建平译,上海译文出版社,1994年,第111页。

的范畴"合流了。如果说它们的立足点乃是空疏的理智或抽象的知性,那么其基本的运作方式便被黑格尔称之为"外部反思"。作为一种忽此忽彼的推理能力,外部反思不会深入特定的实体性内容之中;但它知道一般的——抽象的——原则,而且知道把一般原则运用到任何内容之上。很明显,这种外部反思既同固定不变之范畴的抽象运用相一致,又同哲学上所谓无内容的形式主义相吻合①。当空疏的理智以为外部反思及其抽象范畴具有真正的客观性并以无关乎内容的空洞形式为优越性而自诩时,黑格尔则明确地指证其从属于主观思想,并因而只是表现出确定不移的主观主义性质②。"……认识不是把内容当作一种外来物对待的活动,不是从内容那里走出来而返回于自身的反思;科学不是那样的一种唯心主义,这种唯心主义以一种提供保证的或确信其自身的独断主义来代替那作出断言的独断主义……"③这里谈到的正是外部反思的主观主义性质,而所谓"确信其自身的独断主义",则意指以康德和费希特为源头的批判哲学——这种哲学同样被封闭在主观思想之中。因此,黑格尔把仅仅知道外部反思而不懂更高反思概念的人称为"门外汉",把主观地将给定事物任意纳入抽象原则之下的外部反思看作是诡辩论的现代形式,看作是浪漫主义思想及其虚弱本质的病态表现。

在这样的思想背景和理论格局中,一般地拒斥黑格尔哲学,或特殊地在马克思的学说中排除其"黑格尔渊源",这究竟意味着什么呢?在一种缺失原则高度并因而完全是非批判的退行性理解中,它只能意味着向主观思想及其外部反思的回返,意味着空疏理智及其主观主义在一切知识领域中

---

① 参看[德]黑格尔:《小逻辑》,贺麟译,商务印书馆,1980年,第96—97页。
② 参看[德]黑格尔:《逻辑学》下卷,杨一之译,商务印书馆,1976年,第19—22页;并请参看[德]黑格尔:《精神现象学》上卷,贺麟、王玖兴译,商务印书馆,1979年,第40页的下述说法:"与此相反,另一种思维,即形式推理,乃以脱离内容为自由;并以超出内容而骄傲。""这种推理,乃是返回于空虚的自我的反思,乃是表示自我知识的虚浮。……这种反思既然不以它自己的否定性本身为内容,它就根本不居于事物之内,而总是漂浮于其上;它因此就自以为它只作空洞无内容的断言总比一种带有内容的看法要深远一层。"
③ [德]黑格尔:《精神现象学》上卷,贺麟、王玖兴译,第37页。

的成功复辟,意味着抽象的原则、教条或公式等等在马克思学说的阐述中占据主导地位。并不需要太多的聪明就可以看出,黑格尔每一次如此这般地被"当作死狗来打",几乎都是和外部反思——其根本性质是主观主义——为维护其统治的思想斗争密切相关的。如果说现代性意识的顽强的自我保护总是自发地拒斥那种试图超越主观思想及其外部反思的一切"危险"因素(我们在知性科学的自发活动中经常可以看到这一点),那么,阉割马克思学说的黑格尔渊源则无疑意味着使这一学说公然进入倒退和分裂的状态中,意味着使马克思的学说完全从属于主观思想,并因而仅只可能对其先行已被抽象所败坏的原理进行外部反思的运用。为了阻止这种完全无思想的粗暴倒退,我们必须首先弄清楚黑格尔力图超越主观思想并从而使外部反思瓦解的那个前进步伐。

那个超出主观思想,从而超出外部反思的哲学立场,在黑格尔那里是通过"客观思想"或"客观精神"的概念而得到充分阐述的。在黑格尔看来,"客观思想一词最能够表明真理",而真理不仅是哲学所追求的目标,它尤其是哲学研究的绝对对象[①]。客观精神超越主观思想,或者竟可以说,主观思想是为客观精神——它不仅具有思想的形式,而且本身就是精神的实体性内容——所决定的。"这是一种围绕着我们所有人,但谁对它都不具有一种反思自由的精神。这个概念的含义对黑格尔具有根本的意义。道德精神、民族精神的概念、黑格尔的整个法哲学——所有这一切都依赖存在于人类共同体秩序中的主观精神的超越性。"[②]当黑格尔把对主观精神的超越理解为客观精神时,他也就把主观思想的本质性导回到以客观精神为活动领域的社会现实中去了。对于这一现实的活动领域及其丰富内容,只要提一下黑格尔的历史哲学和法哲学就可以给我们留下一个大致的印象。要言之,在黑格尔哲学中,客观精神乃主观思想的真理。这意味着,主观思想决不是本身自足的东西,相反,它植根于被名之为"客观精神"的社

---

① 参看[德]黑格尔:《小逻辑》,贺麟译,第93页。
② [德]伽达默尔:《哲学解释学》,夏镇平、宋建平译,第112—113页。

会现实中,并由之而得到规定并被赋予特殊的内容,就像《法哲学原理》中抽象法(外在的法)、道德(主观的法)植根于伦理(现实的和必然的法——其基本环节为家庭、市民社会和国家)①一样。

这是一个伟大的变革。尽管这一变革直到今天尚未被知识界和学术界真正消化吸收,但可以肯定的是,正是由于批判地占有了这一成果,马克思才成其为伟大的(比较一下费尔巴哈,这一点就更加明显)。就马克思的"渊源"而言,在这里援引康德的权威也是根本无济于事的;因为在这一点上,此种援引不能不意味着某种最严重的甚至是毁灭性的倒退——伯恩施坦就曾希望以"科学"的名义把黑格尔辩证法的一切遗迹从马克思主义中清除出去,而今天那些尝试使马克思学说直接衔接康德的企图,往往采取一种意识形态的"判教"方式,在令康德哲学的真正伟大之处湮没无闻之际,却让马克思的学说沦落到关于启蒙的最平庸的说教和最空洞的吁求中。在德国古典哲学乃至在整个近代哲学中,当客观精神的概念尚未真正立足时,社会—历史的那一度就根本还未曾出现;主观思想及其外部反思无能理解和把握这一度,相反倒是以无视并排除社会—历史之实体性内容为立脚点的。因此,当黑格尔用客观精神来标明真理时,他便就此点最尖锐地指斥康德的那些庸浅浮薄的后继者说:"最后所谓批判哲学曾经把这种对永恒和神圣对象的无知当成了良知,因为它确信曾证明了我们对永恒、神圣、真理什么也不知道。这种臆想的知识甚至也自诩为哲学。"②而当社会—历史的实体性内容完全被摒除而根本不可能映入眼帘之时,"应有"(应当)与"现有"(是)的无限分离和对立就是不可避免的;于是康德的那些庸浅浮薄的后继者们便把在现实面前尤为软弱无力的纯粹"应当"当作真正优越的东西来炫耀:"但惯于运用理智的人特别喜欢把理念与现实分离开,他们把理智的抽象作用所产生的梦想当成真实可靠,以命令式的'应当'自诩,并且尤其喜欢在政治领域中去规定'应当'。这个世界好像是

---

① 参看[德]黑格尔:《法哲学原理》,范扬、张企泰译,商务印书馆,1961年,第41页。
② [德]黑格尔:《小逻辑》,贺麟译,第34页。

在静候他们的睿智,以便向他们学习什么是应当的,但又是这个世界所未曾达到的。"①黑格尔的这两段话清晰地指明了主观思想及其哲学的基本性质与特征,我们务请那些试图使马克思学说直接衔接康德的善意者三复斯言。因为从中很容易看清,使马克思学说直接衔接康德的企图无非意味着:将这一学说的黑格尔渊源完全排除出去;而此种排除又无非意味着:在马克思的学说中全面清除社会—历史的实体性内容,使之完全丧失社会现实的那一度,并从而彻底沦入主观思想的活动领域中去。这样一来,马克思的学说当然就被康德化了,而马克思的社会主义当然也就成为纯粹的"应当",换言之,成为名副其实的伦理社会主义了。

三

正是对"现实"——特别是对社会现实——的理解构成马克思学说与黑格尔哲学之间最关本质的联系枢纽,这一枢纽不仅表明两者之间极富成果的切近,而且同样也标识出两者之间的决定性分离。黑格尔的现实概念在哲学史上是具有革命性的,因为他把"现实"理解为本质与实存的统一。这意味着,现实不仅是本质,而且同时是实存。因此,一方面,现实概念在《逻辑学》中出现在"本质论"中,而不是出现在"有论"中②;另一方面,黑格尔"……史无前例地把现实的、当前的世界提升为哲学的内容",这样一来,世界的或可经验的内容对于哲学来说就同样是具有本质性的③。不仅如此,黑格尔还史无前例地将历史性的原则全面地注入现实的概念中。——"现实性在其展开过程中表明为必然性"。正是根据这一点,恩格斯如是谈论黑格尔哲学的"真实意义"和"革命性质":"按照黑格尔的思维方法的一

---

① [德]黑格尔:《小逻辑》,贺麟译,第44—45页。
② 参看[德]黑格尔:《逻辑学》下卷,杨一之译,第177—178页;并参看[德]黑格尔:《小逻辑》,贺麟译,第295—297页。
③ 参看[德]洛维特:《从黑格尔到尼采》,李秋零译,生活·读书·新知三联书店,2006年,第184页。

切规则,凡是现实的都是合乎理性的这个命题,就变为另一个命题:凡是现存的,都一定要灭亡。"①这里的真正要义是被哲学把握为原则的历史或历史性,而不是一般所谓进入历史的领域或对象中去。我们知道,马克思乃是在"否定之否定"中识别出黑格尔"为历史的运动找到抽象的、逻辑的、思辨的表达"②,并且因为如此黑格尔哲学方始能以强大的历史感为基础;而费尔巴哈(以及黑格尔以前的哲学家)之所以无能于真正通过社会—历史的那个区域,不是因为他们一般地拒绝历史的领域或对象,而是因为他们手中还完全缺失那个在哲学高度上足以深入此等领域或对象的社会—历史原则,即辩证法。

如果说黑格尔的现实概念意味着客观精神——被扬弃了的主观思想或主观精神——在诸多的领域中展开其全面的辩证活动,那么,这个活动的最终主体乃是"绝对精神"。因为在黑格尔那里,客观精神是在为绝对精神所超越这一点上获得其根本的哲学证明的。这就是说,客观精神的本质性被导回到绝对精神之中。这种思辨思维的绝对精神,作为绝对者—上帝,很快就被费尔巴哈正确地指证为"神学的已死的精神",并被称之为"神学的最后一根理性支柱"。这意味着,黑格尔在客观精神的概念中辩证地开展出来的整个社会现实的领域,以及在这一领域中得到全面贯彻的历史原则,最终是被神秘化了。"费尔巴哈对黑格尔哲理神学的感性化和有限化绝对是我们如今所有人——有意识地或者无意识地——处身于其上的时代立场。"③马克思正是在这一点上追随费尔巴哈而开展出他对黑格尔哲学的决定性批判的。但是,当费尔巴哈以其简单粗疏的感觉论唯物主义把黑格尔"自我确立的精神"仅仅贬黜为"自我满足的思维的幻觉"、并因而全面废止了社会现实在其中展开活动的客观精神的领域时,马克思却从黑格尔的幻觉中分辨出"人的产生的活动、人的形成的历史"④等等现实的内

---

① 《马克思恩格斯选集》第四卷,人民出版社,1995年,第216页。
② 参看《马克思恩格斯全集》第3卷,人民出版社,2002年,第316页。
③ [德]洛维特:《从黑格尔到尼采》,李秋零译,第108页。
④ 参看《马克思恩格斯全集》第3卷,第316页。

容,从而拯救了那个在扬弃主观思想的同时使现实的本质性和必然性得以保持和起作用的领域。洛维特正是在这个特定的意义上说,就此点而言,马克思反对费尔巴哈的人本学,而恢复了黑格尔的客观精神学说。"他之所以针对费尔巴哈捍卫黑格尔,乃是因为黑格尔理解普遍者的决定意义,而他之所以攻击黑格尔,乃是因为黑格尔在哲学上把历史的普遍关系神秘化了。"①

因此,对于马克思来说,客观精神的领域必须被批判地加以重建。因为它不仅是遏制主观思想及其外部反思的坚固堡垒,而且是社会—历史的实体性内容在其中全面运作并赢得本质性和必然性(或所谓"普遍者的决定意义")的那个领域。这一批判性重建采取了如下的方式:当黑格尔把客观精神——社会现实领域的本质性导回到绝对精神中去的时候,马克思则将这种本质性建基于人们的现实生活过程之中:"意识[das Bewußtsein]在任何时候都只能是被意识到了的存在[das bewußt Sein],而人们的存在就是他们的现实生活过程。"②这个在存在论上具有革命意义的颠覆性批判,在拯救已通过哲学探入和把握到的社会现实领域及其全部实体性内容的同时,赋予马克思学说的"黑格尔渊源"以特殊的和本质重要的意义——就此而言,恩格斯不仅把黑格尔的历史原则称为"划时代的历史观",而且将之理解为"新的唯物主义观点的直接的理论前提"③。这意味着被黑格尔置于哲学中的现实概念和现实领域——那个在康德和费希特那里还未曾达到、而在费尔巴哈那里却再度丧失了的社会—历史之现实——被马克思牢牢地把握住了。但黑格尔与马克思的决定性分野在于:前者的现实概念是以绝对精神为本质根据和基础定向的,现实归根到底乃是理念,因而就像历史哲学终归于"神正论"一样,法哲学不过是"应用的逻辑学"。而后者的现实概念则是以人们的实际生活过程为本质根据和基础定向的,现

---

① [德]洛维特:《从黑格尔到尼采》,李秋零译,第127页注①。
② 《马克思恩格斯选集》第一卷,第72页。
③ 参看《马克思恩格斯选集》第二卷,第42页。

实归根到底是围绕着生产方式（或生活方式）的变动结构而开展出来的，因而一切历史的实存、政治的或法的实存，以及意识形态的实存等等都是以此变动结构作为本质性和必然性的。很明显，这正是《德意志意识形态》所谓"历史科学"的真正前提与基石。

为了切近地把握马克思学说的黑格尔渊源，与费尔巴哈形成比照总能最简明地提示出问题之所在。当费尔巴哈把黑格尔的思辨精神仅仅归诸"神学的恢复"而重新堵塞了通达社会现实的道路时，他却不可遏制地再度跌落到主观思想的深渊之中。单纯的直观和感觉不仅使本质的东西完全被摒除在视野之外（至多只能以外部反思之空疏抽象的普遍性为本质），而且重又回到了"应有"与"现有"的无限的分离与对立之中。费尔巴哈的"二重性的直观"表现的正是这种分离与对立：就像高级的哲学直观指向"应有"即纯粹的"应当"一样，普通直观则指向"现有"即仅仅看到眼前的东西；费尔巴哈只能在这两者之间无望地纠缠挣扎①。主观思想不仅无法克服应有与现有的外部对立，而且根本不可能达致真正本质的东西——亦即为全部实体性内容所渗透、所充实的本质的东西；而这样的本质性恰恰是黑格尔现实概念（作为实存和本质之统一）的题中应有之义。如果说马克思批判地占有了这一现实概念并从而使深入于现实之本质的思想任务得以持存，那么这正是其学说之黑格尔渊源的意义所在。海德格尔很清晰地指明了马克思学说中关于现实及其本质性一度的根本重要性。他说："因为马克思在体会到异化的时候深入到历史的本质性的一度中去了，所以马克思主义关于历史的观点比其余的历史学优越。"②他又说："……现今的'哲学'满足于跟在科学后面亦步亦趋，这种哲学误解了这个时代的两重独特现实：经济发展与这种发展所需要的架构。马克思主义懂得这［双重］现实。"③必须从此种根本的重要性方面去理解和把握马克思学说的黑格尔

---

① 参看《马克思恩格斯选集》第一卷，第 75—76 页。
② ［德］海德格尔：《海德格尔选集》上卷，孙周兴译，上海三联书店，1996 年，第 383 页。
③ 丁耘摘译：《晚期海德格尔的三天讨论班纪要》，载《哲学译丛》2001 年第 2 期，第 53 页。

渊源——正是这一渊源不仅标志着马克思与黑格尔之间最关本质的和最为切近的联系,而且也通过这种联系把批判地揭示、切中和分析当今社会现实的任务传递到我们手中。

在马克思主义的发展史中,就鲜明地打开这一联系区域并使马克思的学说直接衔接着黑格尔来加以阐说和发挥而言,卢卡奇的《历史与阶级意识》是有重要贡献的;并且由于这一著作有力地打击了第二国际理论家们以机械论、直观性和实证主义为主要特征的庸俗马克思主义,所以其意义就尤为彰明卓著。但是,通过前面的种种讨论我们同样可以发现,卢卡奇所发挥的那个"黑格尔传统"实际上最终是被引导到主观主义的定向中去了,而此种定向在马克思与黑格尔关联的语境中肯定是不正确的。《历史与阶级意识》中具有决定性意义的两个核心概念是:总体性(即总体的观点或总体范畴)和自我意识(即无产阶级的阶级意识)。这两个概念无疑具有明显的黑格尔渊源,但由于种种原因,卢卡奇为使之从绝对唯心主义的基础中剥离出来的努力却仍然错失了"社会现实"这个最关紧要的——真正联结马克思与黑格尔的——基本定向。简单来说,一方面,卢卡奇的总体范畴虽说摆脱了黑格尔的绝对者—实体概念,但却因此而成为无内容的和空疏的,亦即仅仅在形式上被把握为"整体对各个部分的全面的、决定性的统治地位(Herrschaft)";因而它实际上在存在论上是"匿名的",其空疏性和匿名状态特别明显地表现在总体范畴与"经济基础"的疏远分离这一点上①。另一方面,由于总体范畴缺乏真正的实体性内容,所以它对于"自我意识"来说实际上是没有约束力的;这既使黑格尔先行统一起来的实体与自我意识再度分裂开来(我们在青年黑格尔运动中见到过这种分裂),又因而使卢卡奇在将"自我意识"改造为"无产阶级的阶级意识"时,脱离开那个尚待进入和探究的现实领域而只是诉诸了单纯的主观意志。就哲学的存在论根基而言,卢卡奇后来的自我批评是符合实情的:"因此,将无产阶级看作真正人类历史的同一的主体—客体并不是一种克服唯心主义体系

---

① 参看[匈牙利]卢卡奇:《历史与阶级意识》,杜章智等译,第76、11页。

的唯物主义实现,而是一种想比黑格尔更加黑格尔的尝试,是大胆地凌驾于一切现实之上,在客观上试图超越大师本身。"①而这种力图凌驾于一切现实之上的尝试,不能不意味着"革命救世主义的唯心主义和乌托邦主义",意味着"重新陷入唯心主义的直观之中",意味着将"被赋予的意识"变成革命的实践,从而意味着复活费希特式的"抽象的、唯心主义的实践概念"②。为了从这种主观主义的偏谬中摆脱出来,首先必须把握到使马克思与黑格尔联系起来的原则要求是:那理应取代单纯形式的、匿名的总体性的东西正就是作为总体的现实(社会—历史之现实),而一切有限的自我意识(无论是个人的,还是集团的或阶级的自我意识)都是从这个富有实体性内容的现实之总体发源并得到规定的,但同时又通过意识自身的行动而参与、推动并构成这个现实本身。

当"马克思的黑格尔渊源"以如此这般的方式展现其哲学理论上——而不仅仅是思想史上——的重要性时,这个主题对于我们今天来说依然应当被理解为一项有待进一步开展和深化的思想—理论任务。之所以这么说,是因为:(1)主观思想及其外部反思仍然强有力地统治着知识界和学术界,以至于黑格尔和马克思学说的要义不是被遗忘和拒斥,就是难免落入主观化和抽象化的命运。这不能不意味着一种长期的思想理论斗争,而唯有在这一斗争中,马克思主义与黑格尔哲学的"联盟"才将日益显示其优越性和巨大威力。(2)在黑格尔和马克思的现实概念中起方法论支撑作用的全面的具体化(这种具体化的纲领及其实施),还几乎完全没有得到深入的揭示和讨论。如果我们在这里提示性地把这种具体化纲领简要地称之为辩证法,那么无论在马克思那里还是在黑格尔那里,这种方法论纲领都不是"空疏的辩证法",即抽象的形式方法;而是"充实的辩证法",亦即是具有实体性内容的现实之自身活动的具体化过程——唯当这种具体化纲领及其实施被牢牢地装进思想的武库中时,马克思学说的黑格尔渊源才能被

---

① 参看[匈牙利]卢卡奇:《历史与阶级意识》,杜章智等译,第18页。
② 同上书,第8、12—13页。

真正把握住。(3)最后,如果说马克思和黑格尔的辩证法—具体化纲领在存在论上不仅不同,而且"截然相反",那么,当黑格尔的现实概念的具体化得以在绝对精神的太空中驻足并由此找到其最终的哲学论证时,马克思对社会现实的把握则必须一双脚站在"现实生活过程"的大地上来展开其全面的具体化——这意味着:马克思主义者不能不面临研究感性的社会现实的各种任务,就像讲中国语的马克思主义者不能不面临着真正研究当今中国之社会现实的各种任务一样。

(2015 年)

十一、马克思的历史道路理论及其具体化纲领

长期以来，马克思的历史道路理论在很大程度上被曲解和误解了。人们普遍地把这一理论仅仅当作一种极简的抽象化纲目，而完全忽视了其内在具有并且本质重要的具体化纲领——这一纲领深刻地植根于马克思历史理论的基础之中。在如此这般地屈从于现代理智形而上学的解释方案中，马克思的历史道路理论在丧失其具体化纲领的同时，绝望地变成了一种纯粹抽象的和僵化的历史哲学公式。这种历史哲学公式，按其基本性质来说，不仅必然是超历史的，而且只能从属于前黑格尔的主观思想及其外部反思。换言之，它变成了与历史现实分离隔绝的空洞躯壳，亦即与历史的实体性内容了无关涉的抽象形式；据说这样的形式可以被无条件地运用到任何历史进程和历史阶段的内容之上。而当这种完全无头脑的运用被看成是马克思历史理论的题中应有之义时，那些同样无头脑的实证主义者便似乎找到了合适的理由，来抨击这种理论是"马克思主义借以强奸事实的空洞结构"了。为了有效地澄清这种理论状况，笔者试图在哲学的基础上，亦即从历史唯物主义的根据中，来阐说马克思的历史道路理论，尤其是试图进一步阐明作为这一理论之内在本质的具体化纲领。如果这一探讨能从主要之点上有助于正确把握马克思的历史道路理论及其具体化纲领，那么，它对于深入揭示中国历史进程的独特性质，对于更加切近地理解当今正在展开着的"中国道路"，将会是不无裨益的。

一

　　马克思历史理论的核心，是将整个人类历史的本质性把握为生产方式的变动结构，亦即把握为以生产力和生产关系为主轴的社会基本结构的演化进程。因此，马克思的历史道路理论，便理所当然地依循生产方式的基础定向来展开。其经典的表述，出现在1859年的《〈政治经济学批判〉序言》中："物质生活的生产方式制约着整个社会生活、政治生活和精神生活的过程。……大体说来,亚细亚的、古代的、封建的和现代资产阶级的生产方式可以看作是经济的社会形态演进的几个时代。"①这一表述,确实非常清晰地揭示了人类历史的基本发展道路。如有必要的话,还可以按照马克思的学说,在上述诸生产方式的前端和末端,分别添加原始公社制的生产方式以及社会主义(或共产主义)的生产方式。这样一来,整个人类历史道路的梗概就大体完备了。

关键在于把握这一梗概的基本性质。它实际上很快被把握为一种受自然规律支配的进程:在一部分历史学——特别是马克思主义历史学——的理论与实践中,这一历史发展道路的梗概确实是在其严格和完整的意义上被当作自然规律来理解的。似乎支持这种理解的是马克思的下述说法:"我的观点是把经济的社会形态的发展理解为一种自然史的过程。"不仅如此,"一个社会即使探索到了本身运动的自然规律……它还是既不能跳过也不能用法令取消自然的发展阶段"②。

资本主义生产方式所具有的普遍的世界历史意义,似乎进一步强化并突出了人类历史道路之受制于一般"自然规律"的进程。这样的自然规律是如此强大有力,以至于它正在开展着并一往无前地实现着对全世界的征服。马克思在《共产党宣言》中说,资产阶级把一切民族甚至最野蛮的民族都卷入文明进程中来了,"正像它使农村从属于城市一样,它使未开化和半开化的国家从属于文明的国家,使农民的民族从属于资产阶级的民族,使东方从属于西方"③。而在《资本论》第一版序言中,马克思又写道,尽管他在理论阐述上主要以资本主义生产方式的典型地点即英国为例证,但如果德国读者以为本国的情况远不像英国那样糟糕而乐观地自我安慰,那么他将会向这些读者指明:"这里说的正是阁下自己的事情"。因为"问题本身并不在于资本主义生产的自然规律所引起的社会对抗的发展程度的高低。

---

① 《马克思恩格斯选集》第二卷,人民出版社,1995年,第33页。
② 《马克思恩格斯选集》第二卷,第101—102页。
③ 《马克思恩格斯选集》第一卷,人民出版社,1995年,第277页。

问题在于这些规律本身,在于这些以铁的必然性发生作用并且正在实现的趋势。工业较发达的国家向工业较不发达的国家所显示的,只是后者未来的景象"①。

根据对这样一些观点的多重阐释,大部分历史学的理论与实践从总体上构成了将马克思历史道路理论作为"自然规律"来加以论述和发挥的理解方案。根据这种理解方案,从纵向上来讲,亚细亚的—古代的—封建的—资本主义的生产方式,作为一种不可移易的自然必然性来展开和完成;从横向上来讲,至少是资本主义生产方式,同样作为一种不可移易的自然必然性实现并贯彻在一切民族或文明的实体中,从而使其一切实体性的内容统统瓦解并最终抵达一种彻底的齐一性。虽说在理论的实际运用方面可能要求某种必要的调整,但理论本身的逻辑看来就是如此。在这样的逻辑中,特别是在这种逻辑的根本性质中,马克思的历史道路理论毫无疑问地,并且是无可挽回地变成了某种地地道道的"一般历史哲学理论"。然而,在这里构成使上述理论逻辑得以通行无阻的严重障碍是,马克思本人非常明确也非常坚决地拒斥和反对任何一种"一般历史哲学理论",尽管人们似乎很愿意将这种理论强加给马克思。

1877年,在给《祖国纪事》杂志的那封著名信件中,马克思谈到了他的一位俄国批评家米海洛夫斯基。"他一定要把我关于西欧资本主义起源的历史概述彻底变成一般发展道路的历史哲学理论,一切民族,不管它们所处的历史环境如何,都注定要走这条道路,——以便最后都达到在保证社会劳动生产力极高度发展的同时又保证每个生产者个人最全面的发展的这样一种经济形态。但是我要请他原谅。他这样做,会给我过多的荣誉,同时也会给我过多的侮辱。"②我们确实有必要反复领会这番话的每一个字,以便透彻地反思自己的先行理解——它是否已把马克思关于西欧资本主义起源的历史概述变成了关于"一般发展道路的历史哲学理论"。而马

---

① 《马克思恩格斯选集》第二卷,第100页。
② 同上书,第341—342页。

克思之所以坚拒"一般历史哲学理论这一把万能钥匙",是因为它永远达不到对特定的具体历史现象的真正理解,"这种历史哲学理论的最大长处就在于它是超历史的"①。

即使在这封极简短的信中,马克思也从两个方面否定了那种仅仅以"自然规律"的抽象性为基础定向的关于"一般发展道路的历史哲学理论"。马克思写道,《资本论》关于原始积累的那一章只不过是描述"西欧的资本主义经济制度"从封建主义经济制度内部产生出来的途径。全部过程的基础是对农民的剥夺,这种剥夺既使生产者同其生产资料分离而成为雇佣工人,又使生产资料占有者变成资本家。这个过程只是在英国才彻底完成了,但"西欧的其他一切国家"都在经历着同样的运动。对这一概述——作为历史道路理论的重要组成部分——的运用主要包含两个方面。一个方面是横向的,大体牵涉不同民族或不同国家的历史进程。马克思指出,当米海洛夫斯基把这个历史概述应用到俄国去时,真正可以应用的东西只不过是:(1)如果俄国想要遵照西欧各国的先例成为一个资本主义国家,它就必须首先把很大一部分农民变成无产者;(2)如果俄国一旦倒进资本主义的怀抱,它就必然受资本主义生产方式那些铁面无情的规律支配。可以肯定的就是这些,并且仅仅是这些——任何超出这些的企图都不能不沦为"超历史的"历史哲学公式②。另一个方面是纵向的,大体牵涉历史进程的不同阶段。《资本论》曾多次提到,古代罗马平民的被剥夺,同样既造成了除自己劳动力外一无所有的自由人,又出现了能利用其劳动并占有所创造出的全部财富的人。但"结果怎样呢?罗马的无产者并没有变成雇佣工人,却成为无所事事的游民……和他们同时发展起来的生产方式不是资本主义的,而是奴隶制的。因此,极为相似的事变发生在不同的历史环境中就引起了完全不同的结果"③。在这里显而易见的是,历史进程,无论是对

---

① 《马克思恩格斯选集》第二卷,第 342 页。
② 参看《马克思恩格斯选集》第三卷,人民出版社,1995 年,第 341 页。
③ 《马克思恩格斯选集》第三卷,第 342 页。

同一时代的不同民族或不同国家来说，还是对相似事变在不同历史阶段中的结果来说，都不具有——而且也不可能具有——"自然规律"的性质。依照自然规律，任何一个标准气压下的水在100℃时沸腾，任何一个自由落体所跌落的高度都等于$\frac{1}{2}gt^2$，这在西欧和俄国不可能有任何不同，就像它们在罗马世界和现代世界中不可能有任何不同一样。因此，马克思的历史道路理论看来并不意味着历史进程具有自然规律意义上的那种自然必然性。

但是，这样一来，我们对马克思历史道路理论的理解便似乎陷入了一种高度紧张的二律背反。"正题"说：人类历史的本质进程是一种自然史过程，因而是受"铁的必然性"规律支配的；而"反题"则说：人类历史的发展进程是错综的、多重的和具体的，因而根本不可能通过被想象为自然规律的必然性来得到真正的把握。这两个方面，看来都能从马克思的理论中找到根据；而两者确乎又都本质重要地关涉到对历史发展道路的基本理解。在对马克思历史道路理论的阐释中，如果说"正题"在较早的时期几乎占据压倒性优势，那么我们后来还看到，"反题"的声音也逐渐大了起来。在第二国际的理论家以及西方马克思主义的早期代表那里，特别是在这二者的参照和比对中，可以清晰地见到这种情形。虽说站在二律背反的一端反对另一端的观点并不鲜见，但调和的意见或许更占上风——尽管这种意见的很大部分仅只是游移徘徊在两个极端之间。我们就此且举出三种典型的观点。

一种观点认为，马克思早期在历史道路理论中更倾向于正题，而随着研究的深入和阅历的扩展，他在晚年开始更多地关注历史发展道路的复杂性、生动性和具体性，因而或多或少地改变了（或至少是补充和丰富了）其先前的历史道路理论。例如，俄罗斯学者亚历山大·韦贝尔最近指出，在马克思的理论遗产中存在着某种两面性；马克思早年过于相信"抽象能力"。进入中年后，马克思的思想更为成熟，对年轻时的某些观点进行了修正。"在生命的最后时光，马克思的脑海中或许浮现了新的研究计划，他希望更为具体地分析、解读历史进程。他放下手头未最后完工的《资本论》第二卷和第三卷,转而攻读起卷帙浩繁的世界历史来。他认真阅读德国历史学家施洛塞尔的 18 卷《世界史》以及其他史学巨著,留下大量读书笔记。从中不难窥见,他试图透彻理解数百年来各大洲的政治、社会和宗教发展历史。这也令他的思维能够另辟蹊径,跳脱过去。"① 根据这样的观点,对于马克思晚年的人类学(或所谓民族学)研究,或许也应做出同样的评估。这种观点试图通过思想史进程来进行一定程度的调和:某种较为抽象的历史道路理论被更为丰富、具体和多重化的历史见解所修正、补充或提升了。

另一种观点则试图对马克思的历史道路理论进行严格的限定,以便使之在特定的范围内既作为形式的规律起作用,又同时能够容纳相关历史的经验内容。一般的做法是将马克思的历史道路理论限定在西欧的历史进程中,而更为激进的限定则使之仅仅适用于西欧资本主义生产方式的形成过程。按照伊林·费彻尔的观点,黑格尔就把真正历史的发展限定于西方;而马克思则比黑格尔更加明确、更加自觉地从他所处的现实出发,以便把这一现实阐释为先前发展过程的结果。这种发展绝不像我们所耳闻的那样表现为绝对必然的。资本主义生产关系恰好首先在英国充分发展起来,这依赖于特殊的历史条件的总和;但这种生产方式一旦确立后便迅速战胜先前所有的生产方式,在一定程度上又是"合乎规律的"。不仅如此,"严格说来,马克思的历史理论仅仅适用于历史发展的两个时代:从封建社会向资本主义社会的过渡以及未来的资本主义社会向社会主义社会的过渡"②。这种观点时下开始增多起来,它试图通过限制历史领域的范围来实现形式规律与经验内容的某种调和。

第三种观点与此不同,它不是通过限制历史领域的范围,而是试图通

---

① [俄]韦贝尔:《马克思的预言是正确的》,载《参考消息》2013 年 3 月 14 日。
② [德]费彻尔:《马克思与马克思主义:从经济学批判到世界观》,赵玉兰译,北京师范大学出版社,2009 年,第 29 页。

过调整(扩张)形式规律本身的外延,来使之更广泛地适用于整个世界历史的经验内容。其典型的并且是经常被采用的方案是:马克思的历史道路理论大体说来是五阶段的,即亚细亚的—古代的—封建的—资本主义的—社会主义的生产方式,但这一历史道路理论的本质内涵实际上是"三阶段论"。即(1)人的依赖关系构成最初的社会形式:在这一形式下,人的生产能力只是在狭小的范围内和孤立的地点上发展的。(2)以物的依赖性为基础的人的独立性:在这一形式下,才形成普遍的社会物质变换、全面的关系、多方面的需要以及全面的能力的体系。(3)以自由个性为特征的第三阶段:这一阶段的自由个性是以人的全面发展和他们共同的、社会的生产能力成为从属于他们的社会财富为基础的①。因此,作为历史道路理论,虽说五阶段的进程对于历史的现实情形来说有可能出现跳跃、混杂或绕行等等错综的——因而需要作出某种调整的——局面,但三阶段的历史道路则是必然的和不可移易的。在此意义上,关于历史道路的理论就不仅能够依然保持其作为自然必然性的形式规律,而且能够更多地容受全部世界历史的经验内容。

在对马克思的历史道路理论的阐释中,上述三种调和的观点时而作为单一的见解得到表述,更多的时候则作为相关的见解彼此交叉重叠。应当承认,这样的观点在一定的范围内是有道理的,而且就理论的特定部分来说也是有根据的。但是,这些观点在其既与的形态上则依然还是表面的——它们只是在表面上调和了历史道路理论的所谓形式规律与经验内容的对立。就此而言,这些调和的观点不仅是姑息性的,而且对马克思历史道路理论的基础和本质来说,还是纯全外在的。

二

全部问题的核心在于从历史唯物主义的基础和本质中来阐述马克思

---

① 参看《马克思恩格斯全集》第30卷,人民出版社,1995年,第107—108页。

的历史道路理论,并辨明其基本性质。对这一历史道路理论之既与的或现成的理解,已经先行在很大程度上沉浸于理智形而上学的思维方式和普遍氛围中,因而它实际地造成比如说形式规律和经验内容的对立(事实上当然还包括其他的对立),本来就是不可避免的。在这样的前提下,意欲消除其两歧并调和其对立的企图,就不能不是姑息性的和纯全外在的。这里的关键之点在于把握哲学上的历史原则本身——在这一历史原则得到真正阐明的地方,历史的形式规律与经验内容的分离或对立,从一开始就是不能成立的,或至少是相当可疑的。

历史唯物主义不只是以历史为对象的唯物主义,它首先是并且特别是以历史为原则的唯物主义。把一般唯物主义推广到历史领域或应用于历史对象,尽管这种做法极其普遍,但却从来不曾由此产生出历史唯物主义。未能以历史原则武装自己的唯物主义者,从拉美特利到摩莱肖特,从爱尔维修到费尔巴哈,总是把他们的唯物主义一如既往地在历史领域中加以推广和应用,但其结果则是众所周知的。真正的历史原则,亦即在哲学上得到充分把握的历史原则,首先是在黑格尔那里得到全面阐述的。正如恩格斯所说,黑格尔是第一个想证明历史中有一种发展、有一种内在联系的人。他的学说"有巨大的历史感作基础";在其所有著作中,到处贯穿着这种宏伟的历史原则,并且到处要求依循这一原则来处理各种材料和解决全部问题。因此,黑格尔哲学的历史原则被恩格斯称为"划时代的历史观",并且正是这种划时代的历史观构成历史唯物主义的"直接的理论前提"①。

黑格尔的历史原则是以"现实"为基础定向的。所谓现实,一方面是"实存"与"本质"的统一,另一方面是在展开过程中表现为必然性的东西。因此,在其基础定向中,这一历史原则可以被简要地概述为:"生成表现为存在的真理,过程表现为事物的真理。这就意味着,历史发展的倾向构成比经验事实更高的现实。"②而在这样的历史原则中,内与外、形式与内容,

---

① 参看《马克思恩格斯选集》第二卷,第42页。
② [匈牙利]卢卡奇:《历史与阶级意识》,杜章智等译,商务印书馆,1995年,第268—269页。

或先前所涉及的历史之形式规律与经验内容的分离或对立等等,是本身不能持立的,确切些说,是先行已被扬弃了的东西。这意味着,在黑格尔那里,为了能够真正把握历史的现实,必须首先扬弃上述的那些对立,而历史原则就是这种扬弃本身。

因此,如果说,我们在前面讨论历史道路理论时,实际上是遭遇了历史的形式规律与经验内容之间的对立所带来的严重困境,那么,消除这种困境的可能性首先在黑格尔的历史原则中被提示出来了。对于非历史的观点来说,这样的困境是不可避免的;因为它实际上起源于理智形而上学的局限性,起源于形式知性的独断主义的局限性。由于理智形而上学的目的是要使抽象化了的形式能够对内容进行形式上的切割与强制,就像外部反思试图把一般的抽象原则运用到任何内容之上一样,所以它就必须把这种内容定义为与自身完全分离隔绝的和不可改变的。与此相反,在黑格尔那里,历史原则意味着必须把全部现实把握为历史,而历史问题的真正核心便是实际内容的生成(werden)。正是历史的生成迫使认识把概念结构建立在内容之上;同时,"只有历史的生成才真正消除事物和事物概念的——真实的——独立性及因此而造成的僵硬性"①。因此,对于黑格尔来说,脱离历史之经验内容的形式规律从根本上来说是不现实的,它们至多不过是主观思想的空洞抽象罢了;同样,充分把握并支配着经验内容的历史规律因此就不是单纯形式的,而是在扬弃了形式与内容之抽象对立的意义上确立自身为思辨的。我们在这里看到了辩证法——例如形式与内容的辩证法——的活动。如果说,"历史是辩证方法的自然的、唯一可能的生存因素"②,那么,在黑格尔那里,历史原则也就是辩证法。确切些说,历史的具体化方式揭示自身为辩证运动的过程。

这种历史原则—辩证法是有其存在论(或本体论,ontology)基础的。黑格尔在"实体即主体"的命题中概述了这一基础的要义:"一切问题的关

---

① [匈牙利]卢卡奇:《历史与阶级意识》,杜章智等译,第 222 页。
② 同上书,第 225 页。

键在于：不仅把真实的东西或真理理解和表述为实体，而且同样理解和表述为主体。"①因此，一方面，黑格尔史无前例地把现实的、当前的世界提升为哲学的内容。"哲学的内容就是现实（Wirklichkeit）。……所以哲学必然与现实和经验相一致。"②这种一致甚至可以被看成是哲学真理的外在试金石。另一方面，由于把作为哲学内容的现实本身理解为自我活动，理解为现实在自身中展开和实现的过程，所以这一自我活动过程就显现为历史原则——辩证法。马克思正是在这个意义上揭示了黑格尔思辨方法的基本特征：它建立在绝对主体之自我活动的基础之上，而这一基础的存在论性质"就是把实体了解为主体，了解为内部的过程，了解为绝对的人格"③。

正因为如此，所以黑格尔历史原则必然内在地包含一个严格的具体化纲领，而这个严格的具体化纲领就是思辨的辩证法。唯有这样的具体化纲领，才意味着作为内容的现实本身的自我活动，才能保障自觉的理性与存在于事物中的理性的和解，亦即理性与现实的和解。唯有通过这一历史原则及其具体化纲领，我们才能理解，为什么在黑格尔那里，"形式尽管是那么抽象和唯心，他的思想发展却总是与世界历史的发展平行着"；为什么"真正的关系因此颠倒了，头脚倒置了，可是实在的内容却到处渗透到哲学中"④；以及为什么在社会历史领域，"同黑格尔比较起来，费尔巴哈的惊人的贫乏又使我们诧异"⑤。

至于黑格尔的历史原则及其具体化纲领的"头脚倒置"，我们放到后面去谈。这里要说的是：在一般所谓"历史"或"世界历史"的领域中，这一历史原则及其具体化纲领一方面要求着全面的贯彻与实行，另一方面又本质重要地改变了对于历史规律本身的理解。就前一个方面而言，世界历史的本质性被导回到"世界精神"，而这一精神的历史性既通过历史哲学的诸环

---

① ［德］黑格尔：《精神现象学》上卷，贺麟、王玖兴译，商务印书馆，1979年，第10页。
② ［德］黑格尔：《小逻辑》，贺麟译，商务印书馆，1980年，第43页。
③ 《马克思恩格斯全集》第2卷，人民出版社，1957年，第75页。
④ 参看《马克思恩格斯选集》第二卷，第42页。
⑤ 参看《马克思恩格斯选集》第四卷，人民出版社，1995年，第236页。

节,又通过法哲学的诸环节来实现其具体化——《法哲学》的最后部分就是"世界历史"①。而在世界历史的领域中,世界精神或世界理性的具体化主要依循"民族精神"的定向来展开。"在国家内表现它自己,而且使自己被认识的普遍的原则……就是构成一国文化的那个一般原则。但是取得普遍性的形式,并且存在于那个叫做国家的具体现实里的——那个确定的内容就是'民族精神'本身。"②因此,在黑格尔的历史哲学构想中,各民族及其民族精神便得以形成并展开为世界精神的全面的具体化。在这种具体化的指引下,就像各民族精神作为历史诸环节之不断丰富起来的规定一样,历史行程的道路本身是为民族精神的实体性内容所不断开辟、不断充实的。

更加重要的另一方面是由此而来的对历史规律之理解的改变。根据黑格尔的历史原则及其具体化纲领,关于历史空洞的形式规律,尤其是这种形式规律与经验内容的对立是完全抽象的,因而是不能真正持立的。这种本身是无内容的、但据说又能被运用到一切内容之上的形式——原则、规划、规律等等,不过是从属于主观思想的抽象观念,并因而仅仅能够被外部反思来加以主观的运用。黑格尔把仅只知道外部反思的人叫做"门外汉";对门外汉来说,"反思就是忽此忽彼地活动着的推理能力,它不会停在某个特定的内容之上,但知道如何把一般原则运用到任何内容之上。黑格尔认为这种外部反思的过程是诡辩论的现代形式,因为它任意地把给定的事物纳入一般原则之下"③。在这样的意义上,完全抽象的、与内容本身分离隔绝的形式规律不仅是空洞的,而且是依循具体化原则把握真正历史规律的桎梏。对黑格尔来说,规律是事物的理性,全部问题就在于作为自我意识的理性能够深入于并且把握住作为现实世界的理性。其依据在于:思想(或理性)不只是我们的思想(或理性),而且是"事物的自身(an sich)"。在这个意义上,历史规律不是抽象的形式,而毋宁就是作为事物

---

① 参看[德]黑格尔:《法哲学原理》,范扬、张企泰译,商务印书馆,1961年,第351—360页。
② [德]黑格尔:《历史哲学》,王造时译,上海世纪出版集团 上海书店出版社,2006年,第46页。
③ [德]伽达默尔:《哲学解释学》,夏镇平、宋建平译,上海译文出版社,1994年,第111页。

十一、马克思的历史道路理论及其具体化纲领

自身的理性,即展开着的实体性内容本身。"这也就构成形式和内容统一……的更为具体的意义,因为在其最基本的意义上,形式就是作为概念认识的那种理性,而内容是作为伦理现实和自然现实的实体性的本质的那种理性,两者自觉的同一就是哲学理念。"①因此,在黑格尔关于历史原则及其具体化纲领的哲学观念中,抽象的形式规律是不起实质作用的,它们至多只是作为某种被扬弃了的环节提示出一些简单的初步规定。

正是基于形式与内容在理念中的统一,黑格尔把作为理念之展开的现实理解为一个过程,从而把历史的现实把握为精神——作为无限的基质和无限的机能——的"自我活动",把握为"差别的内在发生",把握为由此开展出来的一系列阶段的具体化。这个根本性的历史原则在关于历史道路的理解上产生了两方面的重要后果。一方面,历史的发展是有规律的,这规律就是事物的理性,历史的道路是依循规律(理性)的;但事物的理性本身就是实体性的,因而不是抽象的形式规律支配内容,而是实体性的内容本身在为自己开辟道路的进程中获取其本己的形式。在这样的意义上,历史道路也就是理性之自我运动的具体化及其路径。由于这一具体化在历史哲学中主要是依循"民族"来定向的,所以世界历史的发展道路就通过诸"世界历史民族"来揭示和展开其基本的和主要的阶段,并通过在这些阶段中诸民族实体的活动来形成进一步的具体化。黑格尔甚至直接用"世界历史民族"来标识历史发展道路的主要阶段:东方世界—希腊世界—罗马世界—日耳曼世界。更加重要的是,由于其历史原则内在地包含具体化纲领,所以历史发展道路的规律不仅不褫夺内容本身的差别与特殊性,相反却是以差别的内在发生、以内容本身的特殊性为前提的。这意味着:在历史道路理论中,抽象形式的规律被思辨辩证法的规律所取代。因此,黑格尔能够在历史道路的一般阐述中最坚决地维护一个国家或民族之具体的特殊性:"在世界精神所进行的这种事业中,国家、民族和个人都各按其特殊的和特定的原则而兴起,这种原则在它们的国家制度和生活状况的全部

---

① [德]黑格尔:《法哲学原理》,范扬、张企泰译,第13页。

广大范围中获得它的解释和现实性。"①因为在黑格尔看来,各民族作为"实存着的个体",只有在它们的特殊性中才具有其客观现实性和自我意识。我们可以由此来识别两种完全不同的历史道路理论。一种理论主张,普遍的世界精神只是在特殊的民族精神之辩证的发展过程中产生并被揭示,历史道路只可能通过历史之现实内容的充分具体化才得以开辟出来并显现出来;所以黑格尔能够在比如说宗教改革的进程中分辨出罗马民族和日耳曼民族的不同道路,在近代政治革命的进程中分辨出法兰西和西班牙,甚至法兰西和英格兰的不同道路②。另一种理论则认为,普遍的形式是没有内容并且以实际地铲除一切特殊内容为前提的,标志历史道路的形式规律能够先验地主宰并强制一切具体的事物;所以持这种理论的人会主张,比如说在近代世界中各民族必然会走英国和法国的道路,或者暗中假定中国必然会和美国(这里美国只是被当作标记来使用)走同一条道路。这样的假定是如此普遍,以至于我们可以在社会科学的几乎每一个领域中到处发现其或者较为明显或者较为隐蔽的各种标本。

  黑格尔的历史原则所造成的另一个重要的理论后果是:这一原则是完全植根于绝对唯心主义的存在论基础的;虽然它本身具有严格的具体化纲领,但这一纲领作为绝对精神的自我活动——自我外化、自我差别化和具体化,最终必然是神秘的(绝对精神的创世说)。洛维特说得对,马克思之所以在历史的主题上针对费尔巴哈捍卫黑格尔,是因为黑格尔理解普遍者的决定性意义;而马克思之所以攻击黑格尔,是因为黑格尔在哲学上把历史的普遍关系神秘化了③。在马克思看来,绝对精神的思辨创世是一种

---

① [德]黑格尔:《法哲学原理》,范扬、张企泰译,第 353 页。并参看《历史哲学》的下述说法:"雅典或者罗马国家之所以成为雅典或者罗马,完全由于当时各该民族间通行的异教的特殊形式而后才有可能,就像一个天主教国家所有的精神和宪法跟一个耶稣教国家所有的精神和宪法是不同的。"[德]黑格尔:《历史哲学》,王造时译,第 47 页)
② 参看[德]黑格尔:《历史哲学》,王造时译,第 393、423—425 页);并参看[德]黑格尔:《法哲学原理》,范扬、张企泰译,第 291—292 页。
③ 参看[德]洛维特:《从黑格尔到尼采》,李秋零译,生活·读书·新知三联书店,2006 年,第 127 页注①。

十一、马克思的历史道路理论及其具体化纲领

真正的奇迹:黑格尔仿佛是从"一般果实"这个非现实的、理智的本质造出了现实的自然的实物如苹果、梨等等;而这种创世之所以可能,是因为"一般果实"并不是僵化的、无差别的、静止的本质,而是活生生的、自相区别的、能动的本质[①]。这里所谈论的正是黑格尔历史原则及其具体化纲领的存在论基础。在这样的基地上,关于历史道路的理解最终必然包括:(1)现实历史的道路归根到底是由作为绝对者的上帝开展出来的;就像历史是"上帝自己的作品"一样,历史哲学是"真正的辨神论"[②]。(2)由于世界历史的行程本质上是精神的历史,由于伴随着精神在绝对的哲学体系中依上帝的目的达于完成,所以黑格尔也在一种终极史(endgeschichtlich)意义上规定历史道路的终点;随着精神历史的完成,自由的历史也就实现了[③]。(3)因此,黑格尔的历史道路理论,就像其历史原则及其具体化纲领一样,归根到底是超历史的(在历史之外或之上的)。世界历史的进程包含有一连串关于自由的"事实的概念",而"那个'概念'的一般逻辑的本性,和更加显著的辩证法的本性……在逻辑中被认识出来"[④]。这意味着,历史的领域就像法的领域一样,最终属于"应用的逻辑学",也就是说,最终属于那超历史的、精神之纯粹活动领域的"阴影的王国"。

三

如果说,历史唯物主义首先是以历史为原则的唯物主义,如果说,黑格尔的历史原则构成历史唯物主义的"直接的理论前提",那么,对于马克思历史道路理论的较为切近的理解,就理所当然地要从批判黑格尔的历史原

[①] 参看《马克思恩格斯全集》第2卷,第71—73页;并参看第73页的下述说法:"苹果、梨、扁桃相互之间的差别,正是'果实'的自我差别,这些差别使各种特殊的果实正好成为'一般果实'生活过程中的千差万别的环节。这样,'果实'就不再是无内容、无差别的统一体,而是作为总和、作为各种果实的'总体'的统一体,这些果实构成一个'被有机地划分为各个环节的系列'。"
[②] 参看[德]黑格尔:《历史哲学》,王造时译,第426页。
[③] 参看[德]洛维特:《从黑格尔到尼采》,李秋零译,第40—41页。
[④] [德]黑格尔:《历史哲学》,王造时译,第59页。

则入手。正如我们在前面已大略揭示的那样,思辨唯心主义史无前例地达成了哲学高度上的历史原则,并卓越地阐述了作为其内在本质的具体化纲领;但所有这一切在存在论上都是颠倒的、头足倒置的,因而其历史原则在起点和终点上都不能不是超历史的,并且正是在这种超历史的意义上构成所谓"历史哲学"。正如马克思在《1844年经济学哲学手稿》中追究思辨辩证法的基础时所说的那样:黑格尔"只是为历史运动找到抽象的、逻辑的、思辨的表达";之所以如此,是因为"全部外化历史和外化的全部消除,不过是抽象的、绝对的思维的生产史,即逻辑的思辨的思维的生产史"①。这是一个由存在论基础而来的根本性批判,马克思对黑格尔历史原则或辩证方法的其他批判,都是从这一根本之点上发端的。我们可以在马克思的无数著作中读到这类批判。

如果说,黑格尔的历史原则是抽象思辨的并因而最终是神秘的,那么,从存在论上被颠倒过来的马克思的历史原则又当怎样理解呢?这首先意味着马克思同其直接的理论前提(即思辨的历史原则)的批判性脱离,这一脱离通过下述命题被清晰地揭示出来:"意识[das Bewußtsein]在任何时候都只能是被意识到了的存在[das bewußt Sein],而人们的存在就是他们的现实生活过程。"②更加简洁地说来,"不是意识决定生活,而是生活决定意识"③。这个存在论上的革命性变革意味着:当黑格尔把历史原则的本质性归诸世界精神或绝对理性时,马克思则把这种本质性导回到人们的现实生活过程之中。换言之,现实的历史或历史的现实性不是从精神或理性的自我运动中发源的,而是从人们的现实生活过程发源的。因此,"这种历史观和唯心主义历史观不同,它不是在每个时代中寻找某种范畴,而是始终站在现实历史的基础上,不是从观念出发来解释实践,而是从物质实践出发来解释观念的形成……"④

---

① 《马克思恩格斯全集》第3卷,人民出版社,2002年,第316、318页。
② 《马克思恩格斯选集》第一卷,第72页。
③ 同上书,第73页。
④ 同上书,第92页。

十一、马克思的历史道路理论及其具体化纲领

这样一来,世界历史的现实性或本质性领域就从"绝对精神"被迁移到"人民生活"之中;从而,黑格尔历史原则的具体化纲领的基础——绝对精神的自我运动、自我差别和自我展开等等——也就被废止了。但是,在这种情况下,在正应当深究马克思历史理论之本质基础的场合,一般无头脑的观点却过分轻易地把黑格尔当作"死狗",自然而然地屈从于理智形而上学的抽象立场,并且立即把现实的具体化纲领从马克思的历史理论中驱逐出去;按照这种观点,马克思关于历史道路的概述就变成了超历史的抽象形式——"自然规律",而作为全部内容的"人们的现实生活过程",就不过是有待外部裁剪的"惰性的"质料。这样一来,对于历史道路的理解就以下述形式表现出来:通过外部反思把作为抽象形式的一般原则运用到任何内容之上。在大多数场合,马克思的历史道路理论确实是这样被理解的,各种各样姑息性的调和在这里也无济于事——它们没有改变问题的实质。于是,马克思历史道路理论的整个具体化纲领就被终止了,它仅只变成先验地强制内容的外部反思,就像拿破仑曾经失败地尝试将法国的自由制度先验地强加给西班牙人一样。然而,对马克思历史道路理论的这种理解方案不仅是根本的和全局性的错误,而且是时代的错误——它大踏步地退回到黑格尔之前。因为在历史道路理论中去除其具体化的纲领,就是去除历史原则本身;虽说黑格尔的思辨唯心主义最终也把历史归结为超历史的"历史哲学",但这并不妨碍他卓越地阐述了历史原则及其具体化纲领。

马克思固然摧毁了黑格尔历史原则的存在论基础,但这绝不意味着同时埋葬历史原则本身;毋宁说,这一原则及其具体化纲领是被改造并且被拯救出来了,《1844年经济学哲学手稿》和《资本论》最为清晰地表明了这一点。如果说,客观精神的领域乃是历史之实体性内容自身活动与展开的领域,那么,在黑格尔将其本质性归诸绝对精神的地方,马克思则将这种本质性归诸人们的现实生活过程。在这里,"人民生活"绝不是外部反思的抽象原则可以任意处置或剪裁的单纯"质料",而是历史的真正的发源地,并因而被揭示为历史原则的存在论基础。总之,在任何情况下,只要关于历史道路的理论或者公开或者隐蔽地表现为外部反思的抽象原则,它就必定

是非历史或反历史的;它就必定既不是马克思的,也不是黑格尔的,而只能是从属于主观思想的,亦即前黑格尔的。

外部反思的观点在"自然规律"的表象中找到了适合其滞留并制造超历史抽象的藏身之所,而完全曲解了马克思在谈论历史进程时关于"自然规律"或"自然史过程"等说法的真实涵义。在马克思那里,这些说法意味着——并且仅仅意味着——历史现象如同自然现象一样,是受客观规律或"铁的必然性"支配的,而这样的规律或必然性是不以人的意志为转移的。除开此点,这些说法在马克思那里没有任何别的意义。事实上,这同样是黑格尔的观点——黑格尔承认历史的客观进程和规律;承认普遍者的决定力量。但如果以为马克思或黑格尔因此便把历史规律等同于或还原为自然规律,这无异于痴人说梦。至于历史必然性与自然必然性的差别,无论是黑格尔还是马克思,都说得够多了;因此就无庸赘述,而只需补充一点:在马克思看来,历史规律,即如同自然规律一般的铁的必然性,就其本身而言也是历史的。例如,马克思在谈到所谓"铁的工资规律"时说,"如果我废除了雇佣劳动,我当然也就废除了它的规律,不管这些规律是'铁的',还是海绵的"①。总之,超出上述那个唯一恰当的关于自然必然性的含义(事实上这只是类比的含义)来理解或谈论历史规律,都只能意味着历史原则及其具体化纲领的实际消除,并因而只能成为一种图谋以非历史或超历史的方式来对待历史的确切标志。

在马克思的历史理论——从而历史道路理论——中,唯物主义的历史原则具有决定性的意义。它不仅克服了黑格尔最终使历史收摄到绝对精神中去的辩神论和逻辑图式主义,而且使从属于主观思想的外部反思成为荒谬的和陈腐透顶的。只是由于现代性意识形态的强势掩盖,由于理智形而上学在知识界中的支配地位,才使得马克思对黑格尔历史原则的超越被如此广泛地理解为向主观思想—外部反思的倒退。由于历史—辩证法原则确定无疑地具有其本质重要的具体化纲领,因而这一纲领的去留可以成

---

① 《马克思恩格斯选集》第三卷,第310页。

为历史原则存亡的试金石。如果说在黑格尔那里,历史原则的具体化起源于"绝对精神"的自我活动和自我差别,那么对马克思来说,这一具体化只能从"人民生活"的自我活动和自我差别中获得其基础定向。我们可以从"差别"——特别是"差别的内在发生"——的原理中最为清晰地把握到历史原则的具体化纲领。马克思写道:"……如果说最发达的语言和最不发达的语言共同具有一些规律和规定,那么构成语言发展的恰恰是有别于这个一般和共同点的差别。对生产一般适用的种种规定所以要抽出来,也正是为了不致因为有了统一……而忘记本质的差别。那些证明现存社会关系永存与和谐的现代经济学家的全部智慧,就在于忘记这种差别。"①

很明显,既然构成发展的恰恰是有别于一般和共同点的差别,那么,取消差别就意味着取消历史发展本身;同样明显的是,既然外部反思的活动方式就是把一般原则强加到任何内容之上,那么,这种方式的主旨就是"夷平",即取消一切差别。外部反思只有在彻底消除历史原则及其具体化纲领的前提下才是可能的;也就是说,只有在使其一般原则成为非历史或超历史的情况下才是可能的。因此,外部反思的观点总已先行地将其一般原则想象为"一般人类规律"或"永恒的自然规律"。正如马克思所说,经济学家总是"把一切历史差别混合或融化在一般人类规律之中";例如,"他们所要说的是,生产不同于分配等等(参看穆勒的著作),应当被描写成局限在与历史无关的永恒自然规律之内的事情,于是资产阶级关系就被乘机当作社会一般的颠扑不破的自然规律偷偷地塞了进来"②。在这里,所谓"永恒自然规律"的实质就在于它是超历史的,即一般历史哲学公式的对等物;尽管在外部反思中,它还往往只是某种粗陋的、从属于主观思想的对等物。

就历史道路理论而言,外部反思的观点决不会因为它们涉及历史道路的主题就自发地成为历史的。在对马克思历史道路理论的理解和阐释中,只要我们将之当作外部反思的一般原则,亦即当作某种意义上的先验图

---

① 《马克思恩格斯选集》第二卷,第3页。
② 同上书,第5页。

式,那就必错无疑;因为这将使此一理论先行丧失历史原则及其具体化纲领。在这里,"三阶段论"和"五阶段论"的差别是无关紧要的;因为不管是几阶段论,只要它们是仅仅作为外部反思的抽象原则或先验图式,就已经从根本上脱离马克思历史理论的真正基础了。如果有人以为"三阶段论"较之于"五阶段论"更适合于作为一般原则被运用到任何内容之上,那么这个出发点本身就是错误的;因为它并不意味着"三阶段论"有什么优越性,而仅只意味着由之进行外部反思的优越性。对此我们可以说,在马克思的历史道路理论中,不同的阶段划分是在不同的主题和领域中起作用的,本身并无什么优劣之分——问题的真正核心不在这里。

全部问题以及问题的核心在于:从马克思历史理论——历史唯物主义——的根基处来阐明其所有原理及观点的基本性质。那么,马克思关于历史道路诸阶段的概述究竟具有怎样的性质呢?回答是:和其所有关于历史的基本原理及其概述一样,它们是一些抽象;确切些说,是一些在特定条件下的科学的抽象。如果说,在马克思那里,关于历史的原理只能从人们的现实生活过程中加以揭示,那么,其基本原理的各种概说总是首先表现为一些抽象,亦即使得"描述人们实践活动和实际发展过程"成为可能的一些抽象。"对现实的描述会使独立的哲学失去生存环境,能够取而代之的充其量不过是从对人类历史发展的考察中抽象出来的最一般结果的概括。这些抽象本身离开了现实的历史就没有任何价值。它们只能对整理历史资料提供某些方便,指出历史资料的各个层次的顺序。但是这些抽象与哲学不同,它们绝不提供可以适用于各个历史时代的药方或公式。"[①]这一说法再清楚不过地指证出马克思关于历史道路之概述的基本性质;对这类概述的任何理解、发挥与运用,务必三复斯言!它们是一些抽象或抽象之结果的概括,因而绝不提供可以适用于各个历史时代的药方或公式。此种情形,正如马克思在谈论"一切生产的一般条件"时所说的那样,"总之:一切生产阶段所共有的、被思维当作一般规定而确定下来的规定,是存在

---

① 《马克思恩格斯选集》第一卷,第 73—74 页。

的,但是所谓一切生产的一般条件,不过是这些抽象要素,用这些要素不可能理解任何一个现实的历史的生产阶段"①。

那么,这是否就意味着马克思关于历史道路的大体概述就几乎没有什么意义呢?如果这样的概述仅仅被当作外部反思的抽象原则来加以理解或使用,那么它确实没有什么意义。此种情形,亦如马克思在谈到经济学关于一切生产的基本要素时所说,"这些要素实际上归纳起来不过是几个十分简单的规定,而这些规定却扩展成浅薄的同义反复"②。但是,我们知道,马克思的历史道路理论是以最坚决的历史原则为基础的,而这样的历史原则必然伴随着——确切些说,同时就是——最彻底的具体化纲领。由于马克思同黑格尔历史原则的批判性脱离,因而其具体化纲领绝不表现为精神活动的自我展开,而是相反地表现为深入人们的现实生活过程之中;易言之,这一具体化纲领不能由思辨的逻辑而来,只能向现实的生活而去。因此,对于马克思来说,上述的那些抽象之成为"科学抽象"的前提是:把对现实生活本身的研究作为其具体化纲领来加以充分的实现。离开了这一具体化纲领,那些抽象就立即成为恶劣的教条,也就是说,成为历史唯物主义的对立物。在这个意义上,对现实生活本身进行研究的具体化,必然成为唯物史观的"绝对命令"。如果说,马克思关于历史道路的概述乃是一些抽象,而这些抽象本身离开了现实的历史就没有任何价值,那么,它们的真正价值就在于通过其具体化纲领而深入现实的对象中去。这样的对象可以是凯撒时代的罗马,也可以是汉武帝时代的中国;可以是整个西欧的历史进程,也可以是近代以来的中国道路。在对这样一些现实对象的研究中,仅凭一些稀薄的抽象(它们只能满足外部反思的观点)是无济于事的;因为正是在对现实对象的研究中,在实际阐述资料的时候,困难才开始出现(这种困难对于外部反思来说是不存在的)。"这些困难的排除受到种种前提的制约,这些前提在这里是根本不可能提供出来的,而只能从对每个

---

① 《马克思恩格斯选集》第二卷,第6页。
② 同上书,第4页。

时代的个人的现实生活过程和活动的研究中产生。"①在这个意义上可以说,正是马克思历史道路理论的具体化纲领最关本质地要求着对植根于生活本身的现实对象的研究,并在这种研究的开展中实际地排除其必然遭遇到的种种困难(这里的困难由现实本身的差别而来,它们是不可能被稀薄的抽象或绝对的思辨所溶解的)。

然而,这并不意味着马克思关于历史道路的一般概述因此就是无关紧要的。这样的概述一方面依循生产方式的变动结构作为基本定向,从而为唯物主义地阐述历史道路奠定了基础;另一方面又以历史本身已经形成了的世界史枢轴为出发点,从而为站在时代焦点上把握历史道路提供了可能。但所有这一切,必以其历史道路理论之具体化纲领的实施为后盾;离开了这一后盾,关于历史道路的一般概述就不得不转变为外部反思的抽象公式,因而就既不可能是唯物主义的,也不可能具有时代的高度。一个再清楚不过的事实是:马克思本人从未把这样的概述当作可用于任何内容之上的先验公式。例如,当查苏里奇向马克思询问俄国革命的道路时,马克思不仅慎之又慎,而且实际上只是根据他对俄国现实的了解就其现实的可能性——其中的一种可能性就是"跨越卡夫丁峡谷"——提示了若干指引,而将实体性的答案让渡给具体对象的研究本身。马克思甚至没有设想德国会走英、法的道路(参看《黑格尔法哲学批判导言》),即便在1876年,当马克思对德国读者说"这正是说的阁下的事情"时,其用意也只在于揭明资本主义在西欧发展的必然性,而并不意味着德国在发展道路上与英国的齐一性。在这里出现的正是不同类型和尺度的差别,是唯有通过具体化纲领所引导的研究方才能够真正把握的东西。谁遗忘了这些差别,谁也就在不同的类型和尺度上陷入抽象的外部反思中。

如果说,马克思的历史道路理论具有一个严格的——事实上是性命攸关的——具体化纲领,那么这还意味着具体化必须在一切本质差别的领域中全面地展开。因为只要任何一个本质向度的具体化被忽略或掩盖,整个

---

① 《马克思恩格斯选集》第一卷,第74页。

具体化纲领的实施也就被中止了。有一种非常普遍、但实际上却误入歧途的观点认为,在对世界历史的阐释中,黑格尔具体化纲领的主导线索是民族(世界历史性的民族),而马克思具体化纲领的主导线索是阶级(仿佛是世界历史性的阶级),因此马克思是用阶级的具体化取代了民族的具体化。伊林·费彻尔就持这种观点①。但这样的观点是皮相的和没有根据的。如果说黑格尔由于其历史原则疏隔于物质生活过程因而其具体化纲领中未曾本质重要地出现阶级的规定,那么,对于马克思来说,民族的具体化线索(其主要方面是语言、宗教、民族精神等等)固然要求被置放在生产方式及其阶级关系之具体化的基础之上,但却没有任何理由殆忽这样的具体化并使之湮没无闻。这里的问题从根本上来说也不在于马克思是否更多地关注阶级关系,或者是否晚年又开始对民族学或人类学发生兴趣;关注或兴趣程度等等对于理论的实质来说是偶然的,而马克思历史道路理论的实质在于:它必然包含民族的具体化在自身之内。进而言之,对于确定每一个现实对象的历史道路而言,不仅阶级、民族定向的具体化是非常必要的,甚至意识形态定向的具体化也是非常必要的。只要我们对意识形态不是采取如柯尔施所说的"先验的蔑视"态度,我们就能在马克思历史道路理论的基础上,准确地把握其作用的范围和意义。例如,马克思在分析路易·波拿巴时期的法国的历史进程时,不仅要求把握其阶级和社会状况,而且要求考察其观念的领域——传统的观念、"拿破仑观念"等等。而在1843年探讨德国的历史道路时,马克思甚至明确要求联系"副本"(德国的国家哲学和法哲学),而不是联系"原本"(德国的现状[status quo]本身)来作出分析。之所以如此,是因为"这一探讨是联系德国进行的",而"德国的国家哲学和法哲学是唯一与正式的当代现实保持在同等水平[al pari]上的德国历史"②。

---

① 参看[德]费彻尔:《马克思与马克思主义:从经济学批判到世界观》,赵玉兰译,第28—29、69页。
② 《马克思恩格斯选集》第一卷,第2、7页。

从前述的整个讨论中可以看到,马克思的历史道路理论实质上包括两个主要方面。其一是关于世界历史进程之诸阶段的若干概说;其二是一个必须贯彻始终的具体化纲领。前者是一些必要的抽象,后者是对具体对象开展出深入于现实本身的研究要求,是使这些抽象成为科学之"指引"的根本方法。尤为重要的是,这两者在马克思的历史道路理论中是内在关联、不可须臾相失的要件。如果愿意的话,可以说这两者根本就是一回事。就像没有科学抽象作为"指引"的历史研究会沉没到"僵死的事实的汇集"[①]中去一样,脱离具体化纲领的抽象必将沦为用主观思想去强制历史内容的外部反思。因此,比如说,为了真正把握中国历史的发展道路,我们必得借重于某些科学抽象,即一定意义上的一般规定或共同之点;但对于我们的研究来说,仅凭这样的规定根本不足以理解和把握中国独特的发展道路。除非我们同时能够依循马克思历史道路理论的具体化纲领,在本质重要的差别之点上最坚决地深入中国的社会现实中去,并通过这种深入以实现整个研究的具体化,所谓"中国道路"的历史真相才有可能被揭示着前来同我们照面。

(2013 年)

[①] 参看《马克思恩格斯选集》第一卷,第 73 页。

十二、论马克思主义哲学的学术向度

改革开放以来,经过三十年的探索和积累,我国的马克思主义哲学研究取得了一系列的积极进展。正是由于这样的进展,马克思主义哲学研究的学术向度似乎逐渐地凸显出来,而这一学术向度本身也有可能被课题化了。正像任何课题总意味着问题将要被提出来并获得追究一样,笔者所要追究的问题是:(1)马克思主义哲学是否具有一个本质重要的学术向度?(2)如果有的话,这一学术向度具有怎样的性质?(3)依循这样的性质,在学术立场上,具有反身特征的马克思主义哲学研究将向自己提出怎样的学术要求和学术任务?很显然,这样一些问题在今天并未完全得到解决,而它们又决不是无关紧要的。如果说这些问题的澄清将在很大程度上影响到我国未来的马克思主义哲学研究,那么,下文即使仅仅把问题提示出来,也会是一项十分有意义的工作了。

一

我们首先面临的问题是,马克思主义哲学是否具有一个学术向度,是否包含其特有的学术领域和学术性质?这个问题初看起来似乎并不难回答。至少对于马克思和恩格斯来说,他们无疑是兼具学者和革命家的双重品格的。马克思不仅亲历并投身于当时变革社会的历史性实践,而且经常退回书房。"1853年末,在共产主义者同盟的临终痉挛之后,马克思曾经回到自己的书房;同样,1873年,在国际的临终痉挛之后,马克思又回到了书房。"[①]显而易见,这书房并不暗示一个仅供间歇喘息或休憩的场所,它毋宁意味着:学术的那一度对于马克思主义创始人来说是不可相失的。恩格斯在谈到晚年马克思的工作时说,为了使关于地租的探讨空前地完善,马克思彻底地研究了原始社会史、农艺学、俄国的和美国的土地关系,

---

① [德]梅林:《马克思传》,罗稷南译,人民出版社,1973年,第638页。

以及地质学等等——这一切对于马克思来说是很自然的,因为他试图从历史的起源和发展条件来考察每一件事物。

然而,进一步的问题在于:学术的向度对于马克思主义哲学本身来说是不是本质重要的?换言之,学术的向度是否内在地植根于这一哲学的本质之中?这里的问题就不是那么简单了。众所周知,可以用来概括马克思哲学之本质的一个基本命题是:"哲学家们只是用不同的方式解释世界,问题在于改变世界。"①由此甚至不难推论出:马克思的"哲学"真正说来毋宁是"反哲学"的,并且在同样的意义上也是"反学术"的。这个推论在一定的意义上也是不错的。因为马克思确实发动了一场思想史上的革命性变革,凭藉这一革命,他不仅超越了作为现代形而上学的哲学,而且超越了为现代性意识形态神话所支配的学术。

但上述推论并不是无条件的。其决定性的条件恰恰在于:如果缺乏一种哲学根基上之最彻底的批判的澄清,那么"废止哲学"或"拒斥哲学"的任何一种图谋都将最可靠地栖身于某种实际上是极端幼稚的哲学之中(无论这种哲学是学术的还是非学术的),就像拒斥形而上学的激进反动曾最广泛地依赖于作为实证主义的完全无批判的形而上学一样。只要我们懂得这里问题的实质并不是术语学上的争论,那么,我们就根本不能指望一种本身晦暗而不涉及哲学根基之澄清的"意见"有可能去切中现代形而上学的中枢,并且有可能去瓦解为意识形态幻觉所伪装的学术。就这一点而言,柯尔施说得对:把马克思主义"废除哲学"解释为用抽象的和非辩证的实证科学的体系去取代哲学,可以说是肤浅的极致;在这个意义上倒毋宁说,马克思主义就其基本性质而言,乃是"彻头彻尾的哲学"②。

有一个例子可以清晰地表明,学术的向度对于马克思主义哲学来说不能不是本质重要的(尽管所谓"哲学""学术"在马克思那里已然得到全新的

---

① 《马克思恩格斯选集》第一卷,人民出版社,1995年,第57页。
② 参看[德]柯尔施:《马克思主义和哲学》,王南湜、荣新海译,重庆出版社,1989年,第32—37页。

领会）。如果说"实践"原则最关本质地表现为马克思主义哲学之独特的纲领，那么，真切地把握这一纲领对于理解整个马克思主义哲学来说就必然是本质重要的。然而，普列汉诺夫在其《从唯心主义到唯物主义》一文中却把马克思的实践原则与费尔巴哈的"实践"概念混为一谈："马克思指责费尔巴哈不了解'实践批判'活动，这是不对的。费尔巴哈是了解它的。"①确实，无可否认的是，费尔巴哈不仅经常提到"实践"与"生活"，而且指认哲学较之于实践来说只是"不可避免的不幸"。但是，只要稍稍浏览一下《关于费尔巴哈的提纲》和《德意志意识形态》，就很容易发现，马克思批评费尔巴哈的几乎每一个字，都可以归结为这样一个判断，即费尔巴哈不了解"实践批判"活动的意义。这里不可能详尽地讨论这个问题，而只需指出这样一点，即普列汉诺夫恰恰未能理解：尽管费尔巴哈可以和马克思同样经常地使用"实践"一词，但其意义在哲学世界观方面却是根本不同的。普列汉诺夫之所以认为马克思误解了费尔巴哈，只是由于他自己的误解——对"新世界观"实践原则的误解。

不仅如此，对应于"普列汉诺夫正统"的误解，又出现了与之相对立的极端，亦即对马克思实践原则的主观主义误解。卢卡奇在《历史与阶级意识》中构造了一种"抽象的、唯心主义的实践概念"。正如卢卡奇本人后来在该书的新版序言中所指认的那样，这一实践概念虽然对机械唯物主义"提出了强烈的抗议"，却不仅遗忘了"劳动"，而且重新陷入了"唯心主义的直观"之中。如此这般地构造起来的实践概念毋宁说是特别接近于费希特主义的，它意味着试图以一种"极左的主观主义的行动主义"来解除世界的必然性②。不难看出，在这个具有根本重要性的核心概念上，普列汉诺夫和卢卡奇的对立，虽说主要地表现为不同的理论倾向，却深刻地意味着马克思主义哲学的"基础"从中间被粗暴地分裂开来；并且正是由于这种分

---

① 参看［俄］普列汉诺夫：《普列汉诺夫哲学著作选集》第3卷，汝信等译，生活・读书・新知三联书店，1962年，第776—777页。
② 参看［匈牙利］卢卡奇：《历史与阶级意识》，杜章智等译，商务印书馆，1995年，第12—13页。

裂,才使得普列汉诺夫和卢卡奇能够各执一端,才使得"抽象的、唯心主义的实践概念"能够与同样抽象的、庸俗唯物主义的"实践"概念成为既彼此对峙又彼此补充的理论现象。

如果说,马克思的实践原则对于理解整个马克思主义哲学来说几乎是性命攸关的,如果说,这一实践原则本身并不停顿滞留于普列汉诺夫或卢卡奇的解说图式之中,那么,我们就不能不在理论上要求对之做出彻底的澄清,而这种澄清又不能不是一项艰巨的学术任务。尽管伴随着理论要求而来的学术任务从根本上来说是由更加深刻的历史实践发源的,但迄今任何实际的理论要求只能直接地通过学术活动来满足和实现。在这个意义上,理解马克思主义哲学之所以是——当然仅只部分地是——一项学术任务,正是因为马克思主义哲学本身包含一个本质重要的学术向度。

因此,就理论方面而言,马克思主义哲学的生成与发展正是其特有的学术向度的实际展开,就像对这一哲学的理解和阐释也不能缺失其学术向度一样。虽然要承认这一点并不困难,但要在实际中使之得到内在巩固的把握和贯彻却并不容易。1877 年在哥达召开的德国社会民主党代表大会,因为恩格斯在《前进报》上发表了一系列反驳杜林的文章,几乎要把恩格斯当作异端来审判。最后通过的一个折中提案允许这场"学术争论"继续下去,但不是在《前进报》正刊上进行,而是在该报的学术副刊上进行。对于大会决定出版一种新的学术双周刊《未来》,"恩格斯认为,代表大会的决议,不管在实际宣传方面怎样值得尊重,在科学方面却一钱不值,不足以使这个杂志具有科学性,因为科学性是根本不能靠法令来建立的。一个没有确定不移的科学倾向的社会主义科学杂志是完全不可想象的"①。但是,即使对于亲笔写下这段文字的梅林来说,也未曾真正理解此话的深义。这位第二国际的重要理论家、德国党的"唯一的哲学通",不仅从根本上曲解了《哥达纲领批判》的缘由和根据,而且几乎完全不理解马克思在批评当时法国社会主义者时所说的那句名言——"我所知道的一切,就是我不是

---

① [德]梅林:《马克思传》,罗稷南译,第 653 页。

马克思主义者"①。大体上可以说,对于理论的轻视,对于马克思主义哲学之学术向度的粗疏,构成了第二国际主要领袖和理论家的致命伤。

列宁曾经说过,如果不读黑格尔的《逻辑学》,就无法真正读懂《资本论》。这个简要的判断不仅是正确的,而且从根本上提示了马克思主义学说的学术向度。只要问题涉及真正的理论方面,这个向度对于马克思主义来说就必然是本质重要的。在这个意义上,不理解马克思对现代形而上学的总批判就无法理解他的政治经济学批判,不理解德国唯心主义的"自我意识"和费尔巴哈的"感性—对象性",就无法真正理解马克思的实践原则,就像不研究当代哲学家诸如尼采和海德格尔,就无法彻底阐说马克思主义哲学的当代性质和当代意义一样。

二

如果说,马克思主义哲学的理论方面是学术性质的,那么,应当怎样来确切地理解这种学术性质呢? 正是由于马克思在哲学史上所实现的革命性变革,哲学学术本身的性质和意义也随之发生了根本的改变。这种改变突出地表现在以下两个方面:第一,哲学学术以深入地揭示并切中社会现实为根本旨归;第二,哲学学术的纯粹自律性不过是现代性意识形态的幻觉。

引导上述改变的先驱者是黑格尔。在黑格尔看来,学术无非是思想的形式,而哲学无非是把握在思想中的时代。黑格尔之所以能够达成这种重要的识见,是由于他在对主观意识哲学的尖锐批判中,把发现和揭示社会现实作为一项根本的哲学任务提示出来了。按照伽达默尔的概括,继续克服主观意识的哲学乃是二十世纪哲学的基本主题,而这一主题从渊源上来说实出自黑格尔的伟大遗产。"因为黑格尔通过对主观意识观点进行清晰的批判,开辟了一条理解人类社会现实的道路,而我们今天仍然生活在这

---

① 参看[德]梅林:《马克思传》,罗稷南译,第647—649、675页。

样的社会现实中。"①在这里,伽达默尔很敏锐也很正确地把对主观意识的批判同"社会现实"的首次发现联系起来。这当然也在反面意味着:在主观意识哲学占据统治地位的地方,社会现实是完全滞留于被遮蔽的晦暗之中的。

黑格尔思辨唯心主义的鲜明特点突出地表现为:它对主观意识的观点做出了系统的、深入的、有时甚至是苛刻的批判,这种批判几乎构成其全部著作之正面观点的"复调"。黑格尔指出,主观意识或主观思想的观点盛行于所谓"反思哲学"中,而这种哲学的要害就是"外部反思":作为忽此忽彼地活动着的推理能力,外部反思不会停留于、深入于特定的内容之中,而只是把一般的抽象原则生硬地强加到任何内容之上。我们很容易看到,这种从属于主观思想的外部反思是在现代性意识形态的支持下以科学之名到处泛滥的。黑格尔指出,这种外部反思从来不可能真正触及并揭示出社会的现实,相反却使之完全被掩盖起来,因而它实际上只不过是诡辩论的现代形式。以道德哲学为例,在黑格尔看来,道德与其说意味着某种我们具有对它进行反思的内在自由的情境,毋宁说道德即在于按照某个国家的习惯生活。如果说,这个看起来有点简单粗鲁的说法已含蓄地包含着客观精神的概念,那么,正是通过这一概念方始有社会现实的积极绽出,就像客观精神在为绝对精神的超越中方始获得其哲学上的证明一样。思辨唯心主义正是试图以这样一种方式使陷于主观意识顽固包围之中的"现实"(真理、理性)能够显现出来,于是它便尖锐地嘲笑并无情地抨击了主观意识的哲学。例如,黑格尔说,所谓"批判哲学"只是把对现实、真理的无知当作良知,而这样的臆造居然还自诩为哲学②。

今天当然很容易看出黑格尔所提出的任务是不可能以其思辨唯心主义的方式来实现的,但是,通过对主观意识观点的批判来揭示社会现实的努力却被继承了下来,并被牢牢地置入当代哲学的意识中。正是马克思首

---

① [德]伽达默尔:《哲学解释学》,夏镇平、宋建平译,上海译文出版社,1994年,第111页。
② 参看[德]黑格尔:《小逻辑》,贺麟译,商务印书馆,1978年,第34页。

先批判地完成了这个拯救行动。在马克思看来,思辨唯心主义的"罪过",绝不在于它要求超越主观思想的窠臼而达于现实、真理,而恰恰在于这一哲学最终不得不重新阻断通达于真正现实的道路。马克思对黑格尔哲学的全部批判,包括对这一哲学各个支脉——施特劳斯、鲍威尔、费尔巴哈、施蒂纳等——的全部批判,归结到一点,就是现代形而上学的本质对社会现实的根本性遮蔽。虽然黑格尔提示了在哲学上揭示社会现实的任务,但思辨唯心主义依其本性而言,最终只能把所谓现实仅仅置放在理性(实在的理性或意识到的理性)之中,把本质性导回到纯粹的思维(思辨的思维)之中。就此而言,思辨唯心主义不仅未能瓦解现代形而上学的基本建制,即意识的内在性,相反倒是以之作为基本前提的("我思"或"自我意识"——围绕自身的不停息的旋转;从这种纯粹活动转而创造对象世界等等)。在这个意义上,思辨唯心主义与其说是主观意识的终结者,毋宁说是主观意识在现代形而上学范围内的完成者。只有从根本上把握住这一点,我们才有可能真正理解马克思对黑格尔哲学的批判性脱离和决定性超越。就像黑格尔把康德意义上的"思想的客观性"判决为本质上的主观性一样,马克思把黑格尔意义上的社会现实归结为本质上的抽象物—思想物。于是,决定性的转折便以这样一种方式被道说出来:"意识[das Bewußtsein]在任何时候只能是被意识到了的存在[das bewußt Sein],而人们的存在就是他们的现实生活过程。"①

  正是从这里开始,马克思主义哲学方始获得决定性的奠基,我们方始有可能去触及和领会由马克思的批判才第一次同我们照面的社会现实本身。马克思在哲学上的"伟大发现"就是历史唯物主义。历史唯物主义意味着什么呢?它无非意味着——一言以蔽之——社会现实的真正发现。如果有人对此感到惊讶,以为社会现实是任何人都能随便见到和触到的东西,根本无需乎什么哲学、理论、学术去"发现",那么,他便不妨去深思一下,为什么整个近代哲学都遗忘并错失了"社会现实",为什么费尔巴哈这

---

① 《马克思恩格斯选集》第一卷,第72页。

位看起来最现实的哲学家一进入社会历史领域便背叛自身,并且较之于黑格尔还显示出"惊人的贫乏"。

即使在二十世纪的哲学学术中,社会现实也还时常隐遁于顽强的意识形态浓雾中。就此而言,马克思主义哲学依其实质来说,不仅独特地经由社会现实的取向规定着自己的学术任务,而且这一任务始终是有原则高度的。海德格尔见到并明确指证了这一点,他写道:"马克思在体会到异化的时候深入到历史的本质性的一度中去了,所以马克思主义关于历史的观点比其余的历史学优越。但因为胡塞尔没有,据我看来萨特也没有在存在中认识到历史事物的本质性,所以现象学没有、存在主义也没有达到这样的一度中,在此一度中才有可能有资格和马克思主义交谈。"①这里所说的"历史的本质性的一度"或"历史事物的本质性"是什么意思呢?其意思无非是:社会现实。1969年,海德格尔在其哲学讨论班上再次提到类似的问题。他说,现今的所谓哲学只是满足于跟在知性科学后面亦步亦趋,却完全误解了我们这个时代的两重独特现实,即经济发展以及这种发展所需要的架构;而马克思主义懂得这双重的现实②。

既然社会现实的真正发现意味着马克思主义哲学的决定性奠基,既然这一哲学又包含着本质重要的学术向度,那么,马克思主义哲学的学术向度就必然与社会现实保持最关根本、最为切近的联系。换句话说,马克思主义的哲学学术按其本性来说始终不能与当下的社会现实须臾相失,因为维系这种哲学学术的根本之点就是时时将社会现实映入眼帘,并使其持之不堕。马克思在《〈政治经济学批判〉导言》中曾详尽地阐说了他的方法,而这种方法始终围绕着旋转的那个枢轴,如果不是社会现实的开启与揭示,又会是什么呢?总而言之,对于马克思主义的哲学学术而言,除非它能够不断地唤起社会现实的积极呈现,否则的话它就不能真正持存。根据这一本质规定,马克思主义的哲学学术就必然在经院哲学的任何一种样式中看

---

① [德]海德格尔:《海德格尔选集》上卷,孙周兴译,上海三联书店,1996年,第383页。
② 参看丁耘摘译:《晚期海德格尔的三天讨论班纪要》,载《哲学译丛》2001年第3期。

到它的死敌。如果执马克思主义之名的哲学学术竟然表现为某种经院哲学——无论采取什么形式,那么它实际上肯定已经转变为马克思主义哲学——历史唯物主义——的对立物了。

不消说,正是马克思主义在哲学上的变革第一次自觉地把发现社会现实的任务交给了哲学学术;同样不消说,正是由于这个变革,马克思主义第一次粉碎了笼罩在哲学学术上的意识形态神话。按照这种神话,仿佛哲学——尤其是哲学学术——是由"无人身的理性"孕育出来的,并且还可以永远躺在"无人身的理性"的怀抱中。由于这种"圣灵成胎",所以哲学学术与社会现实的接触不啻是"污泥生殖"。由此而产生的幻觉是:哲学学术理应是"客观的"——就其不为内容所动是纯粹形式的、自律的,就其无所偏袒是完全中性的、中立的。然而,这样一种所谓的学术客观性(德罗伊森曾颇为尖刻地称之为"阉人般的客观性")在今天还能够是有根据的吗?如果说老黑格尔已经使之遭遇重创并岌岌可危,那么马克思的意识形态批判则从这种"客观性"身上剥下一张又一张的伪装,直至把它揭示为某种本身植根于特定社会现实、但却反转过来掩盖其现实根源的意识形态偏见。事实上,每一种哲学——包括这种哲学的学术本身——归根到底都是社会现实在观念形态上的理论表现,都在社会内部的冲突和历史实践的处境中有其现实的根苗。对于任何一种哲学学术来说,这里的差别仅只在于:它自身植根于其中的那种社会现实是被意识形态的神话学所掩盖呢,还是被自觉地意识到并被透彻地揭示出来。哲学学术的真正客观性当然是存在的,但它的深厚基础和强大保障恰恰是由特定的历史性实践中不断生成的社会现实之内容来提供的;而那种"阉人般的客观性"却只不过是为哲学学术表面上的自律性和中立性所迷惑的主观意识杜撰出来的。

席美尔有一次曾慨叹道:从哲学史中居然看不到人类的苦难——这是哲学的耻辱。这话的意思无非是说,哲学实际上是与人类的苦难密切地交织在一起的,但这种苦难却被哲学学术掩盖起来并从而沉入黑暗之中。确实如此。只有当哲学能够真正瓦解紧缚在自身之上的各种意识形态桎梏,并把揭示和切中社会现实当作自己最根本的任务时,哲学学术才能够自觉地打开"人类苦难"的领域,才能够彻底洗刷它过去的耻辱。

三

在前面的讨论中我们指证了与主题相关的两个基本要点:第一,马克思主义哲学具有一个本质重要的学术向度;第二,这个学术向度的根本任务和根本目的就是深入到社会现实中去。因此,对于马克思主义哲学来说,其学术必以社会现实为旨归。如果没有其学术的向度,马克思主义哲学就不可能揭示并切中社会现实;反之,如果不能揭示并切中社会现实,就没有也谈不上真正的马克思主义哲学学术。关于前者,我们可以设想一下,马克思何以能够成为《资本论》的作者,何以能够如此这般地成为政治经济学的批判家?如果没有其划时代的哲学学术,马克思在最好的情况下也就是一位凄楚哀婉的浪漫主义批判家,而根本不可能在对政治经济学的批判过程中使当下的社会现实被揭示着前来同我们照面。关于后者,众所周知,无论是马克思还是恩格斯,对于那些执历史唯物主义之名的拙劣赝品是从来毫不容情的,这些赝品部分是黑格尔主义的,更多的则只是从属于主观意识的外部反思。伽达默尔曾经说过,海德格尔的那种富于激情的大刀阔斧的批判——从哲学上对自由主义的虔诚文化和流行的学院派哲学的总批判,绝不是某种外行的鲁莽行为。对于马克思来说同样如此。虽然和尼采一样,马克思也时常被看作是学院以外的哲学家,但这与其说是由于其学术的薄弱,毋宁说倒是证明了其学术的优越:马克思经常以轻蔑的口吻谈论"哲学教授",他是有理由这么做的,因为那些教授们的学术确实已经完全陈腐了。

既然切中社会现实构成马克思主义哲学学术的拱心石,那么,这种哲学学术就必然拒绝下述的那种分裂倾向:其一端执学术之名遗忘现实,其另一端则执现实之名鄙薄学术。然而,如此分裂对峙的两端却实际地分享着共同的理论前提,即哲学与时代的分离隔绝,学术与现实的漠不相关。正是马克思(在某种意义上还有黑格尔)使上述理论前提分崩离析,并从这种分崩离析中开启出"回到社会现实本身"的学术向度。如果说,马克思的哲学在瓦解现代形而上学之际已将所谓"纯学术"的本质性导回到社会现实,那么,这一哲学本身的学术向度就必然是依社会现实的揭示来制定方向的。就这一点而言,按照一般学术的尺度来衡量马克思的哲学学术几乎完全无效,尽管这种哲学学术在上述尺度下依然可以是纯正的、标准的学术。因为马克思主义哲学事实上提出了一个更高的学术要求,确切些说,提出了一个具有原则高度的学术要求,这个原则高度是以通达社会现实的尺度来确定的。指出这一点是重要的,因为如果只是依循一般学术的尺度来做马克思主义哲学研究,那么这种做法尽管可以是学术的,甚至可以是很学术的,但却已然错失了马克思主义哲学学术的原则高度。在这里就会出现"马克思主义哲学的学术研究"和"关于马克思主义哲学的学术研究"之间的差别。后者诚然可能采取有差别的学术立场,但前者在学术立场上却具有"反身的"特征,亦即站在马克思主义哲学本身的学术立场上,来做一切哲学的研究,包括来做关于马克思主义哲学的学术研究。

那么,具有反身特征的马克思主义哲学研究将面临怎样的学术任务呢?换句话说,在现有的学术状况下,以及在这种状况下所需强调的东西能够被具体化的背景下,最为基本也最为迫切的学术任务有哪些呢?这样的任务也许可以被表述为如下三项"对话",即与经典著作的积极对话;与当代哲学的积极对话;以及与时代状况或时代课题的积极对话。我们在这里之所以把这种学术研究任务突出地表述为"对话",不仅是因为我们在这些方面的实际对话和对话能力还相当薄弱,而且是因为非常有必要将我们所面临的任务理解为一个过程,理解为一个马克思主义哲学学术在其中得以展开的实际过程,而这一过程的基本样式是:一系列的问题及其不断深入的应答。

首先是与经典著作的积极对话。这一任务时而也被表述为"文本解读",但是,在这里应当特别强调的既是返回经典,又是解释学意义上的对话式研究。所谓返回经典,绝不意味着一个类似于原教旨主义的步骤,而毋宁说是一切真正的学术研究——特别是严谨而深入的学术研究——始终必须经常采取的实质性步骤。就像一个依然具有活力和创造性的文明在遭遇重大挑战时有能力去反思其历史并从为其奠基的原始智慧中汲取新的动力一样,一种依然活着并且能够不断进取的学术必然始终与其源头保持着紧密的内在联系,并且始终使这种联系能够生动活跃地显现出来。这里的重点倒不全在于"第一手的"经典在学术上具有无可比拟的优越性。问题不是表面上的学术重要性,而是所谓"经典"的意义以这样一种方式得到揭示:哲学经典作为学术典范,集中地并且深刻地反映着时代的精神状况和人民生活的重大变迁——笛卡儿的哲学学术是如此,康德、黑格尔的哲学学术是如此,马克思主义的哲学学术同样如此。

然而尽管如此,哲学学术自身的"形式方面"依然会保持着,并且依然会作为某种"学术规律"显现出来。缺失或丧失这种形式方面,此间的对象可以是任何别的什么东西,但唯独不再是哲学学术了。在这种情况下,虽说马克思主义的哲学学术在现实的历史实践中有其深刻的根源,但其更加直接和切近的来历却表现为某种在哲学思想史中的逻辑联系。因此,与经典著作的积极对话根本不会局限于马克思主义哲学领域的内部,它势必将扩展为一种从中枢向外延伸的"阶梯":就像不理解斯宾诺莎和费希特就无法理解黑格尔一样,不读黑格尔和费尔巴哈就不能真正读懂马克思的经典。在这一度上,我们的马克思主义哲学的学术研究必须有迅速的和持续不断的深化;对于这一度的遗忘,无异于在学术上的自我打击。顺便说说,我们之所以特别强调与经典著作的积极对话,是因为这样一个基本事实:文本解读理所当然地要求着的"客观意义",根本不可能被幽闭在孤立的文本内部,而是在对话的解释学循环中被历史地构成的。就此而言,德里达说得对:"如果遗产的可阅读性是给定的、自然的、透明的、单义的,如果这种可阅读性既不要求同时也不对抗解释,那我们就没有什么可以从中继承的东西了。"①

其次应当提到的是:与当代哲学的积极对话。马克思主义的哲学学

---

① [法]德里达:《马克思的幽灵》,何一译,中国人民大学出版社,1999年,第25页。

术不可能"孤立主义"地得到发展,那种以自我封闭为前提的自夸大狂,以及作为这种自夸大狂之补充的怠惰无为,只是使这种学术本该具有的当代性质湮没无闻,使其生命力消蚀殆尽。马克思主义哲学只有在与当代哲学思潮的积极的、批判性的对话中,方能使其当代意义得以昭彰显著,方能使其学术话语空间获得真正的开拓和巩固。从根本上来说,当代哲学思潮也无非是当代社会生活及其问题的理论表现,无论这种表现采取多么迂回曲折的形式。因此,依照马克思主义哲学的学术立场,这种对话之积极开展的重要性也不全在于一般所谓的知识扩张和学养积累,其根本的主旨倒是在于:通过这种积极的对话,在当代问题的核心之处,开启出马克思主义哲学学术的意义领域。

马克思主义哲学与当代哲学的对话必然是批判性的,这无疑是一个艰巨的任务。就哲学学术而言,对话的前提是理解和把握对方的立场,而对话之所以能够是批判性的,取决于不丧失自身的立场,以及这一立场本身在原则高度上是批判的。因此,无论是提问还是应答,这里所要求的对话总是只有在批判地阐明当代哲学之理论立场的同时,使自身的哲学立场得到充分而深入的阐明。举例来说,如果马克思主义哲学在本质上决不囿于现代形而上学,因而也决不囿于黑格尔和费尔巴哈的立场(以及二者之任何一种"比例"的混合),那就必须使这一点在存在论的基础上得到最深刻的阐明。鉴于这一点迄今为止在很大程度上仍然是蔽而不明的,鉴于当代哲学对此的判断在很大程度上也仍然是晦暗混乱的,因而我们主张马克思主义哲学与当代哲学的批判性对话——它应当切近地深入于存在论的根基处,以便使一种寻根究底的学术阐释能够通达马克思主义哲学之当代意义的敞开状态。

最后,也是最重要的,是与时代状况及其问题的积极对话。很显然,这一要求是与我们在前面已经做了详尽阐述的基本论点——马克思主义哲学最本质的学术向度就是揭示并切中社会现实——密切相关的。对于马克思主义哲学的学术而言,无论是与经典著作的积极对话,还是与当代哲学的积极对话,归根到底都服务于揭示并切中当下的社会现实这一主旨,因而必然开展出与时代状况及其问题的积极对话。只有通过这种经常不断和循环往复的对话,生活世界的地平线才有可能渐次显现出来,我们这个时代所谓问题所在的那个核心也才有可能充分绽露出来。虽然任何一种真正的哲学都植根于它所生活于其中的那个时代,但唯独马克思主义哲学才把揭示出来的社会现实理解为哲学思想的深刻基础,并把自觉地面向这一基础的任务标示为哲学学术的根本。在这个意义上,与时代状况及其问题的积极对话甚至构成马克思主义哲学学术的生命线,离开了这条生命线,就既无马克思主义哲学可言,也无这一哲学的任何学术可言。

关于这一基本方面,我们已经讲了很多。这里只需补充一点,即马克思主义哲学的学术向度从根本上来说要求着这一哲学与时代状况的积极对话,但这绝不意味着这种对话可以任意地摆脱哲学自身的学术方式,也绝不意味着围绕着这一核心对话而被使用的其他学术工具可以一概剪除。事实上,与时代问题的自觉对话以及这种对话的多重方式共同构成马克思主义哲学之学术向度的总体,而推进与深化这一总体的发展则构成马克思主义哲学学术研究的基本任务。

(2008 年)

附录　马克思的存在论革命与通达社会现实的道路
——我的学术路径回顾

当我有机会来回顾一下自己的学术研究进路及"路标"时，我是颇费踌躇的。因为并没有什么显著的成绩，只是在探索的小径上尝试了几步。可以用来描画这些探索的要点是：我对马克思哲学的研究致力于阐述这一哲学的当代性质和当代意义。由于注意到第二国际理论家和西方马克思主义早期领袖在对马克思主义哲学阐述中的尖锐对立，我试图将问题的探讨和应答引入到存在论的基础之中。因此，研究的重点便是马克思的存在论革命及其对现代形而上学的决定性超越。当这一存在论革命同时成为历史唯物主义的真正奠基时，马克思主义哲学便史无前例地开辟出一条通达社会现实的道路。正是这条道路意味着最坚决地反对主观思想及其外部反思，从而为理解和把握当今中国的社会现实、积极地构成中国问题和中国经验奠定了思想理论基础。

一

对我来说，研究马克思主义哲学的存在论基础一事起源于某些颇为深入的理论矛盾，而且随着思考的逐渐展开，这样的矛盾似乎表现得愈益尖锐起来。我们今天可以清晰地看到：在对马克思哲学的阐释过程中，第二国际的理论家和西方马克思主义者（首先是其早期领袖）是多方面彼此对立的。当前者依循"经济决定论"类型的实证科学定向来理解和发挥马克思主义哲学时，后者则猛烈抨击了"梅林—普列汉诺夫正统"的"庸俗马克思主义"倾向，并试图从所谓"批判的"和"革命的"方面来对马克思的哲学做出决定性的阐述，从而与前者那种非批判的实证主义构成显著的对立。

这样的对立在某种意义上又似乎都能成立。也就是说，彼此相反的方面——实证的和批判的、客观定向和主观定向、科学因素和价值因素等等——似乎都可以在马克思的思想中找到根据，就像施特劳斯的"实体"和鲍威尔的"自我意识"都可以在黑格尔的哲学中找到根据一样。这样一来，上述的对立是否就因此解除了呢？某种轻易的观点可以出来调解说，其实两者之间并不存在真正的对立，它们是能够"辩证地"统一的。这种说法固然"不错"，但却实在是不及根本的。关键的问题总在于：如果上述的对立是可以统一的，那么，它们在马克思那里将立足于怎样的哲学基础之上方始能够实现其统一？不及根本的调和不是遗忘就是匆匆越过了这个重大问题，而把种种尖锐对立的原因想象得太表面化和太无内在联系了。

事实上，在研究能够被深化的地方，我们会发现：第二国际理论家和西方马克思主义早期领袖之间的诸多对立最终将不可避免地被归结为某种更加根本的、哲学基础上的对立——主要表现为二者在对马克思哲学基础之理解和阐释上的对立。让我们首先指明：这里所说的"哲学基础"，主要是指哲学存在论（ontology，或译本体论）之基础。马克思的哲学存在论基础是唯物主义的，这似乎没有疑问，但实际的理解方案和解释方案却大相径庭。第二国际理论家的重点是费尔巴哈，是依循费尔巴哈来阐释马克思的哲学存在论基础：梅林论证了机械唯物主义和历史唯物主义在"基础"上的同一性，而当普列汉诺夫将马克思和费尔巴哈的唯物主义等同起来时，他一方面将这种唯物主义经由十八世纪一直追溯到斯宾诺莎那里，另一方面又在"基础"的外部附加了黑格尔的辩证法。这样一种阐释定向很快遭到了来自西方马克思主义早期领袖——首先是卢卡奇和柯尔施——的坚决反驳，他们的重点是黑格尔，他们否认费尔巴哈具有本质重要的作用而要求使对"基础"的理解直接衔接着黑格尔。这意味着：黑格尔的辩证法不能被设定在马克思哲学存在论的外部，而应当直接成为其内部的本质与核心。但这样一种哲学存在论将如何构成，并在何种意义上方始能够是唯物主义的？

流俗的见解看来同样易于使上述的对立调和起来：唯物主义和辩证法、费尔巴哈和黑格尔，据说将它们混合起来就有了马克思的哲学唯物主义基础。至于混合物的比例，在配制的谱系中可以各有不同，它的一端似乎是梅林,另一端是卢卡奇,而调和的观点总是最可靠地居于两者之间。但是,在这样的情形下,马克思的哲学存在论基础依然是蔽而不明的,它不可能得到真正的阐述,就像我们不可能仅仅通过一般地"混合"斯宾诺莎和费希特而对黑格尔的哲学基础做出真正的阐明一样。无论如何,在对马克思哲学唯物主义基础的理解方面,事实上存在着尖锐的对立,而这种对立看来并不是可以轻易解除的,除非我们能够就此做出远为深入的和批判性的存在论考察。下述例证是很能说明问题的:《关于费尔巴哈的提纲》的实践"概念"——感性的活动或对象性的(gegenständliche)活动——无疑在马克思的哲学存在论中居于决定性的地位,但是,当普列汉诺夫将这一实践概念与费尔巴哈所呼之同名者混为一谈时,卢卡奇却将马克思的实践原则发挥为费希特式的、主观主义的"行动主义"。

正是在这样的背景中,我试图在存在论的根基处对马克思的哲学唯物主义进行更加深入的探讨,并由此对马克思哲学革命的性质和意义做出积极的重估。我认为,就事情的实质而言,对马克思哲学进行阐释的上述两个基本路向都未能真正摆脱近代哲学的主导框架,亦即都从属于现代形而上学的基本建制。就像第二国际的理论家把马克思哲学的本质性导回到前康德的唯物主义基础中去一样,西方马克思主义的早期领袖依循黑格尔主义(或是其整体,或是其主观片段)来为重新阐释制定方向。需要补充一句的是:这种彼此对立的但同时又都是退化的理解方案并不仅仅从属于上述的两个"派别",毋宁说,它们是非常普遍的,几乎可以说是渗入整个对马克思哲学的解释领域。在这种情况下,马克思哲学的存在论基础就陷入晦暗之中,而马克思的哲学革命也在本质上湮没无闻了——它退化或弱化为现代形而上学框架之内可以容纳的东西,其残存下来的点滴意义至多就像费希特纠正康德或黑格尔纠正谢林一样。

为了对马克思的存在论革命做出深入的和积极的阐述,我在不断返回马克思主义经典及其思想史过程的同时,力主马克思主义哲学与当代哲学的对话;这种广泛的批判性对话应当深入于存在论的根基处,以便使一种寻根究底的探究能够通达马克思哲学之当代意义的敞开状态。在这样的探究中,首要之事乃是使全部形而上学的历史性边界再度明确起来,而马克思率先竖立起来的界标——全部形而上学终结于一般意识形态的虚假性之中——只是在这种边界之再度明确起来的过程中,方能使其当代的并因而也是历史的意义昭彰显著。因此,必须追问的是:马克思的哲学革命是如何在存在论上达致一个超越现代形而上学之区域的?马克思强有力的思想曾第一次决定性地开启过这个区域,而当代的一些卓越思想家亦曾尝试以不同的方式开拓通达此区域的路径。这些年的研究工作使我深切感到,在以形而上学为枢轴的现代性(modernity)所构筑的"庞大之物"的笼罩下,不断被湮没的当代的——后形而上学的——思想只有在不断的重新开启中才能保持其本已的意义,而此种不断的重新开启恰恰居留于同当代思想之切近的批判性对话中。马克思主义哲学具有进入这种对话的能力与承当,并借此使其变革意义充分显示出来。

对马克思主义哲学之存在论的深入研究,最终将本质重要地围绕着现代形而上学的"基本建制"来获得开展,因为这里的根本之点或要害之点就是现代形而上学之基本建制的持存或瓦解,是它的被保有或被击穿。这种基本建制,就其大要而言,可以被概括在"意识的内在性"一词中。进一步的说明则如海德格尔所言:"只要人们从 Ego cogito(我思)出发,便根本无法再来贯穿对象领域;因为根据我思的基本建制(正如根据莱布尼兹的单子基本建制),它根本没有某物得以进出的窗户。就此而言,我思是一个封闭的区域。"[①]我们之所以将这一建制特别地强调为考察检审的核心,是因为它构成理解当代哲学变革之基本性质的真正尺度。只要"我思"作为意识的内在性依然被保持着,即便是以一种变相的形式被保持着,现代形而上学就没有从根本上被触动;那些仅只从外部被打碎的哲学片段就会依然环绕着那个拱心石旋转,并再度构成一种本质上向其核心回返的形而上学。因此,只要重估马克思的哲学革命从而把握其唯物主义基础的任务仍然真实地存在着,那么,这一任务在今天就根本不可能避开"意识的内在

[①] 丁耘摘译:《晚期海德格尔的三天讨论班纪要》,载《哲学译丛》2001 年第 3 期。

性"这个核心之点而获得其存在论意义上的彻底澄清。

二

对马克思哲学变革的存在论考察一方面使我们深入一些最基本的、看起来似乎是深奥的哲学问题中,另一方面又使得所有哲学问题似乎都敞开于、勾连于"生活世界"(前概念、前逻辑和前反思的世界),并聚集到"社会现实"的主题之上。时下的见解往往得其一面,它们将"学术"与"现实"割裂开来,甚至对立起来:或者是以前者之名鄙薄后者,或者是以后者之名拒斥前者。殊不知马克思主义的哲学学术——即便是最"深奥的"存在论学术——在任何情况下总意味着开辟出一条通达于社会现实的道路。离开了这条道路,也就谈不上真正的马克思主义哲学学术了。雷蒙·阿隆在谈到西方马克思主义的现象学—存在主义学派和结构主义学派时说,这两个学派与其说对历史实在感兴趣,毋宁说对哲学的先天条件感兴趣。萨特和阿尔都塞都未曾试图把《资本论》的批判分析运用于我们的时代。"他们考察的问题看来不是马克思的著作或思想和我们生活在其中的社会之间的关系,而是巴黎高等师范学校学生称之为康德的问题,恩格斯可能称之为小资产阶级的问题:'马克思主义何以是可能的?'"①

然而,如果以为"现实"(或"社会现实")是无论什么人随随便便就可以把握到的东西,是无需乎理论思维就能前来同我们照面的东西,那么这同样是一种幻觉;而且,由于广为流传的实证主义意识形态的遮蔽,这甚至可说是一种相当普遍的幻觉。人们往往漫不经心地将"事实"和"现实"混为一谈,但这两者在哲学上却是相当不同的。所谓"事实",是某种可以在知觉中被直接给予我们的东西;而所谓"现实"(wirklichkeit),按黑格尔的说法,乃是本质与实存的统一。因此,"现实"的概念在《逻辑学》中不是出现在"存在论"中,而是出现在"本质论"中;或按黑格尔的另一说法,现实性在

---

① [法]雷蒙·阿隆:《想象的马克思主义》,姜志辉译,上海译文出版社,2007年,第98页。

其展开过程中表现为必然性。这意味着：除非我们能够真正进入本质性或必然性的领域，否则的话，"现实"本身就会在我们的视野之外，就不可能为我们所把握。卢卡奇在《历史与阶级意识》中曾颇为精详地分辨过"事实"与"现实"，并就立足于二者之上的不同的"科学"进行了哲学上的批判性分析，这一分析成果是值得高度关注的。

我对马克思的哲学革命及其唯物主义基础的研究导致了这样一个结果：就思想渊源而言，社会现实的发现，是黑格尔与马克思在哲学思想上最为本质也最为切近的联系线索；无论是黑格尔哲学的积极成果，还是马克思对黑格尔哲学的决定性批判，都是依循此一线索来制定方向的。就哲学的基本性质而言，马克思的存在论革命直接导致（直接意味着）历史唯物主义的决定性奠基，而这一基础本身将表明，社会现实的积极呈现构成其整个理论思维的真正枢轴和生命线。

由此看来，现实本身能否被揭示着前来同我们照面，在很大程度上是取决于某种基本的哲学定向的；而要从哲学上来谈论社会现实的发现，必须首先涉及黑格尔。因为比较切近地说来，正是黑格尔在现代形而上学的范围内，第一次把理解社会现实作为一项真正的哲学任务标举出来。在《20世纪的哲学基础》一文中，伽达默尔很敏锐也很正确地把对主观意识的批判与"人类社会现实"的首次发现联系起来，并把继续批判主观意识（或主观思想）的任务理解为二十世纪哲学的基本主题——这一主题真正来说乃是从黑格尔哲学的遗产发源的："因为黑格尔哲学通过对主观意识观点进行清晰的批判，开辟了一条理解人类社会现实的道路，而我们今天仍然生活在这样的社会现实中"①。

黑格尔对主观意识或主观思想进行批判的哲学立场是思辨唯心主义的：哲学以真理为对象，而这就意味着，哲学的真正内容就是"现实"。换句话说，在黑格尔看来，作为真理的现实就是理念，而哲学的任务就在于深入理念中去揭示真正的现实。当黑格尔由此把他的批判矛头一般地指向

---

① ［德］伽达默尔：《哲学解释学》，夏镇平、宋建平译，上海译文出版社，1994年，第111页。

全部知性形而上学时,他也把这一矛头特别地指向了以康德为代表的批判哲学。因为这一哲学可说是达到了主观意识的极致:它把对现实(即真理、理念)的无知当成良知,从而弃绝了通达和理解现实的道路。批判哲学"……确信曾证明了我们对永恒、神圣、真理什么也不知道。这种臆想的知识甚至也自诩为哲学"①。

因此,黑格尔对主观思想的全部批判,从本质上来说要求一种与康德哲学相当不同的"思想的客观性",亦即要求使思想完全进入事物的客观内容之中。而这种"完全进入"的存在论根据在于:思想不只是我们的思想,而且是事物的自身(an sich)。以此为基础,黑格尔在谈论思想的真正客观性时声称,真理乃是思想的内容与其自身的符合,"客观思想一词最能够表明真理"。客观思想意味着:思想必得深入于作为事物之实质的内容之中,而这内容就是合理的现实。在这个意义上,伽达默尔称黑格尔为哲学之客观性(Sachlichkeit)态度的"魁首"。正是以绝对唯心主义的方式,黑格尔开辟了一条理解社会现实的道路。当恩格斯说,黑格尔的法哲学"形式是唯心主义的,内容是实在论的"时,恩格斯所予肯定的,恰恰是与黑格尔的这一功绩相联系的思想成果。而在这里与之形成鲜明对照的,既可以是康德的"软弱无力的绝对命令",也可以是"费尔巴哈的惊人的贫乏"。无论如何,通过对主观思想的批判,黑格尔是把深入于社会现实的要求当作一项真正的哲学任务提示出来了。

马克思对黑格尔哲学的批判,并不在于这一哲学要求作为实体性内容的社会现实的积极呈现,而恰恰在于绝对唯心主义最终依然从根本上遮蔽了社会现实本身。正如卡尔·洛维特所说,由于黑格尔把现实领会为"本质与实存的统一",所以,他便史无前例地把现实的、当前的世界提升为哲学的内容;这样一来,真正重要的事情就在于,弄清楚哲学的内容如何就是世界的或者可经验的现实的内容。虽说马克思(以及基尔凯郭尔)尖锐抨击了黑格尔的理性与现实的和解,但这一批判本身,是依循现实实存的概

---

① [德]黑格尔:《小逻辑》,贺麟译,商务印书馆,1978年,第34页。

念来制定方向的①。在这个意义上,马克思是黑格尔这一遗产的继承者。然而,在马克思看来,黑格尔哲学对社会现实的最终遮蔽起源于这一哲学的根本性质:思辨唯心主义必然要把经验神秘化;而它之所以把经验神秘化,是因为现实最终被完全等同于理性。这种等同也就是黑格尔所谓理性与现实的和解,亦即自我意识的理性与存在着的理性的和解。正是这种神秘化使得黑格尔哲学成为一种"非批判的实证主义和同样非批判的唯心主义"②;并且正是由于这种根本上的非批判性,使得真正的社会现实再度隐遁起来。

马克思的批判表明:由于黑格尔的体系以纯粹的思辨的思想开始,并以绝对的即超人的抽象精神结束,所以这一体系不过是哲学精神的自我对象化。但是,这种哲学精神的本质作为本质,首先是绝对精神的"内部自身":它既意味着无限的自我意识在自身内部的纯粹的活动,又意味着真正的本质性被导回到"人和自然界的思辨的、思想的价值"。这样一来,作为内容的社会现实本身就不得不被抽象的思想所扼杀:那种被绝对唯心主义所认可的本质,说到底乃是人和自然界的与一切现实的规定性毫不相干地生成的本质,因而真正说来乃是其"非现实的本质"。正是围绕着这一枢轴,马克思开展出对黑格尔哲学——以及从属于"德意志意识形态"的全部"黑格尔哲学的分支"——的存在论批判,同时也开展出对"一般意识形态"的批判和对政治经济学的批判。我以为,所有这些批判,以及由此而来的整个哲学变革的真实核心和基本成果,正在于拯救社会现实本身。"意识在任何时候都只能是被意识到了的存在,而人们的存在就是他们的现实生活过程。"③历史唯物主义的这个基本命题意味着什么呢?它意味着社会现实在新唯物主义基础上的重新开启。当黑格尔把所谓的"现实"的内容转变为理性思辨的形而上学本质时,马克思将它导回到"理性前的"现实

---

① 参看[德]洛维特:《从黑格尔到尼采》,李秋零译,生活·读书·新知三联书店,2006年,第184页。
② 《马克思恩格斯全集》第3卷,人民出版社,2002年,第318页。
③ 《马克思恩格斯选集》第一卷,人民出版社,1995年,第72页。

生活过程之中。历史唯物主义的全部深刻洞见都是由此发源的。

三

因此,我近来的探讨总是力图表明,马克思主义哲学研究目前所面临的最基本的问题是:如何能够揭示并切中当今的社会现实。之所以如此这般地提出这个问题,一方面是因为马克思主义哲学的主旨最关本质地与社会现实的发现相联系——离开了这个根本之点,就再也谈不上马克思主义哲学,谈不上历史唯物主义了;另一方面则是因为现代性的意识形态总是这样那样地遮蔽或曲解社会的现实——使之重新遁入抽象观念的晦暗之中,从而为无批判的实证主义大开方便之门。关于这种情形,海德格尔在1969年曾这样说过:现今的"哲学"只是满足于跟在知性科学后面亦步亦趋,这种哲学完全误解了我们时代的两重独特现实,即经济发展以及这种发展所需要的架构;而"马克思主义懂得这双重的现实"①。在另一处,海德格尔把社会现实称之为"历史的本质性的一度",并指认对这一度的把握乃是马克思历史观点之重大的、无与伦比的优越性:"因为马克思在体会到异化的时候,深入到历史的本质性的一度中去了,所以马克思关于历史的观点比其余历史学优越。但因为胡塞尔没有,据我看来萨特也没有在存在中认识到历史事物的本质性,所以现象学没有、存在主义也没有达到这样的一度中,在此一度中才有可能有资格和马克思主义交谈。"②

然而,要能够真正把握历史的本质性的一度,也就是说,要能够真正揭示并切中当今的社会现实,直到今天仍然绝非易事。在现代形而上学依然具有普遍支配力的情形下,社会现实的遮蔽和隐匿就会成为一种顽固的常态,就像汪洋大海般的意识形态幻觉总是对现实本身进行种种伪装和掩盖一样。在这里起支配作用的仍是黑格尔毕生予以批判的主观思想:正像

---

① 参看丁耘摘译:《晚期海德格尔的三天讨论班纪要》,载《哲学译丛》2001年第3期。
② [德]海德格尔:《海德格尔选集》上卷,孙周兴译,上海三联书店,1996年,第383页。

其基本的思维形式是知性形而上学一样,它对"现实"的想象乃出自抽象的经验主义和实证主义。要是我们如此这般地来设想历史唯物主义所开启的社会现实,那么我们非但没有从黑格尔那里前进一步,相反倒是大踏步地退回到主观思想的窠臼中去了。面对着主观思想的广为流传,为要能够深入社会现实中去,马克思主义的哲学研究面领着双重任务:一方面是批判性的,另一方面是建设性的;而在其批判任务中,一方面当与黑格尔哲学结成联盟,另一方面则表现为与这一哲学的批判性脱离。

在哲学以及知性的社会科学中,主观思想之最主要、最基本和最普遍的形式是所谓"外部反思"。按黑格尔的说法,抽象的外部反思"通常是以主观的意义被认为是判断力的运动"①。这种反思是作为忽此忽彼地活动着的推理能力,它仅仅知道如何把一般原则运用到任何内容之上,却完全不知道如何深入于特定的内容之中,如何在此一深入中切中内容的真正客观性。因此,作为外部反思的主观思想从来不可能触动并揭示社会现实,相反却使之完全被掩盖起来。在这个意义上,外部反思只是在玩弄"抽象空疏的形式",而完全疏离于作为现实性的内容本身。黑格尔把这种外部反思称作诡辩论的现代形式,并指认其特征不过是浪漫主义虚弱本质的病态表现。并不需要太多的聪明就可以看出,外部反思大体上就是某种知性的形式主义,或通常被称之为"教条主义"的东西;同样并不需要太多的聪明就可以看出,那种"仅仅知道把一般原则运用到任何内容之上"的外部反思,在我们当今的知识界和学术领域是多么地盛行。人们当然还记得,曾有一些教条主义的马克思主义者是如何把抽象的一般原则强加到中国革命和建设的内容之上,从而使之遭遇到极大的危险和挫折;但却往往忘记了,他们在今天采取的是同样的外部反思的方式,只不过其抽象的一般原则则不是出自苏联,而是出自现代西方罢了。

对于从属于主观思想的外部反思来说,社会现实还根本未曾在其视野中出现,并且实际上是永远不可能出现的。对于思辨唯心主义来说,社会

---

① 参看[德]黑格尔:《逻辑学》下卷,杨一之译,商务印书馆,1981年,第20页。

现实只是在理念自身的运动中获得其颠倒的反映，并最终被溶解在思辨的思维中——"现有经验在哲学上的分解和恢复"。而对于历史唯物主义来说，社会现实乃是在人们的生活实践过程中形成和实现的全部社会关系，其根本的任务就是深入这样的社会现实之中。为了使上述较为一般的判断得到理论上的深化和具体化，就我的研究而言，目前有两方面的工作是相当迫切的。一方面，必须再度返回到马克思策动了革命性变革的存在论领域，对其整个哲学的唯物主义基础做出更加深入的澄清与阐述。因为对社会现实的全部领会，以及这种领会可能达到的深度和广度，是至为根本地与马克思的存在论革命相联系、相表里的。只有把这一革命及其后果牢牢地置入当代哲学和科学的意识中，我们才能真正理解马克思对整个现代形而上学的决定性超越，并且才有可能真正把握经由马克思的哲学变革才开始向我们显现的社会现实本身。

另一方面，必须思及当今中国的社会现实，并在此基础上思及真正的"中国问题"和"中国经验"。既然历史唯物主义以切中社会现实为旨归，那么深入这一领域也就成为马克思主义哲学研究的题中应有之义了。在这里需要特别强调的是：当中国的社会现实本身处于遮蔽状态时，就根本谈不上真正的中国问题和中国经验；同样，在中国问题和中国经验不可能被真正构成的地方，也就根本揭示不了中国的社会现实。海德格尔曾指出：重要的是做出物自身的基本经验，但如果从意识（我思）出发，就根本无法做出这种经验。我们可以在类似的意义上说，重要的是构成中国自身的问题与经验，但只要从主观思想及其外部反思出发，就再也不可能真正构成这样的问题与经验了。我们完全可以设想：当教条主义的马克思主义者试图把中国革命置入"中心城市武装起义"的原则时，中国的社会现实恰恰是被弃之不顾的，这里既没有中国问题，也没有中国经验；有的只是俄国的问题和经验，我们所面对的始终只是俄国问题和经验的变相，是其或多或少有缺陷的形式。唯当中国的社会现实在"农村包围城市"的纲领中被揭示的时候，方始有真正的中国问题和中国经验。同样的道理，在仅仅立足于抽象的西方原则而开展出来的外部反思中，中国的社会现实就会遁入晦暗之中,因而也就不再有真正的中国问题和中国经验,有的只是西方问题和经验的种种变相,是其或多或少被改变了的、但终归是有缺陷的形式。从这种外部反思的主观思想中解放出来,在切中当今中国之社会现实的同时,构成并把握真正的中国问题和中国经验将是我们的哲学社会科学目前所面临的重大任务。

很显然,这意味着开辟出一个十分巨大和意义深远的领域。在这个领域中,马克思主义哲学研究将有无比广阔的用武之地,就像领会了历史之本质性一度的社会科学将会有远大的前程一样。如果说,以往的马克思主义哲学研究终于将我们引领到了这个领域的近旁,那么,我相信今后的马克思主义学术将很快被召唤到此间的重大问题之中。面对这些问题做出积极而有效的应答,既构成马克思主义哲学研究的基本课题,又在实际上成为对这种研究的真正考验。

(2010 年)

图书在版编目(CIP)数据

论中国学术的自我主张/吴晓明著. —上海:复旦大学出版社,2016.10
ISBN 978-7-309-12494-1

Ⅰ.论… Ⅱ.吴… Ⅲ.学术思想-中国-文集 Ⅳ.B2-53

中国版本图书馆 CIP 数据核字(2016)第 188475 号

论中国学术的自我主张
吴晓明　著
封面设计/马晓霞
责任编辑/陈　军
复旦大学出版社有限公司出版发行
上海市国权路 579 号　邮编:200433
网址:fupnet@fudanpress.com　http://www.fudanpress.com
门市零售:86-21-65642857　团体订购:86-21-65118853
外埠邮购:86-21-65109143
浙江新华数码印务有限公司

开本 787×960　1/16　印张 14.5　字数 191 千
2016 年 10 月第 1 版第 1 次印刷

ISBN 978-7-309-12494-1/B·587
定价:38.00 元

如有印装质量问题,请向复旦大学出版社有限公司发行部调换。
版权所有　侵权必究